U0753779

左券财税法律丛书

税 法 哲 学

严锡忠 著

立信会计出版社
LIXIN ACCOUNTING PUBLISHING HOUSE

图书在版编目(CIP)数据

税法哲学/严锡忠著.---上海：立信会计出版社，
2015.8

（左券财税法律丛书）

ISBN 978-7-5429-4765-9

Ⅰ.①税… Ⅱ.①严… Ⅲ.①税法—研究
Ⅳ.①D912.204

中国版本图书馆 CIP 数据核字(2015)第 225095 号

策划编辑　黄成艮
责任编辑　黄成艮
封面设计　周崇文

税法哲学

出版发行	立信会计出版社			
地　　址	上海市中山西路 2230 号	邮政编码	200235	
电　　话	(021)64411389	传　　真	(021)64411325	
网　　址	www.lixinaph.com	电子邮箱	lxaph@sh163.net	
网上书店	www.shlx.net	电　　话	(021)64411071	
经　　销	各地新华书店			
印　　刷	常熟市梅李印刷有限公司			
开　　本	670 毫米×965 毫米	1/16		
印　　张	12.75	插　　页	1	
字　　数	210 千字			
版　　次	2015 年 8 月第 1 版			
印　　次	2015 年 8 月第 1 次			
书　　号	ISBN 978-7-5429-4765-9/F			
定　　价	38.00 元			

如有印订差错，请与本社联系调换

中国离"税收法定"还有多远

——序严锡忠律师新作《税法哲学》

追溯人类发展的历史沿革,税收法定原则滥觞于1215年英国《大宪章》,随后扩展至全球范围,并体现在绝大多数国家的宪法中。"税收法定"第一次走进全国人大的会议,是在2006年10月31日,当时我应邀给时任全国人大常委会委员长吴邦国和全国人大常委会的委员讲授法制课"我国的税收法律制度",在授课时专门提到税收法定原则。在2013年全国"两会"上,赵冬苓等31位全国人大代表提出税收立法权应回归全国人大,被誉为当年"最有含金量的议案"。十八届三中全会《中共中央关于全面深化改革若干重大问题的决定》第八章"加强社会主义民主政治制度建设"中专门提出"落实税收法定原则",这是党的纲领性文件里第一次明定税收法定原则。这个原则的提出对我国而言是一个巨大的进步。这与财税法学界长期以来呼吁"要素法定"、"程序合法"等税法原则是分不开的。

要在2020年前全面落实"税收法定原则",不仅仅是一件立法任务,而是如何将这一原则深耕于社会共识。这对学界而言,尚需要基础理论问题的深入研究以夯实这一来之不易的共识。例如,在2015年《立法法》的修订中,关于"税种"是否涵盖"税率"就存在所谓"父与子"之说。锡忠律师在新作《税法哲学》中,针对这一问题从基础理论的角度提出了自己的看法。根据作者的观点,税法规则由识别要素、计量要素与征收要素构成,三要素在逻辑结构上具有共时性的特点,因而必须共存于税法规则。税种与税率分别对应于识别要素与计量要素,因而两者之间就是必须共存的关系,故在《立法法》中,不仅仅是识别要素,计量要素也应当予以单独表述,这无疑使税收法定具有了更扎实的学科基础,而不只是简单的利益之争。

当下,财税法学的研究正如火如荼地在学术界逐渐铺开并深层生长着,并呈现出回暖的学术气息和春意盎然的发展势头。整个财税法学界开始以其乐见的显学目标和财税法治作为持续发展的基本取向,并初步形成了财税法学的基本架构和学科体系。但是,正由于财税法学的年轻,财税法学研究从其进入学术界视野的那一刻起,也就同时面临着各种理论自足性的质疑和假定，并在相对薄弱的理论基础和相对闭锁的研究范式上蹒跚前行。欲使财税法学成为一门真正科学而严谨完整，且形成具有相对独立性的学科体系，则很有必要注重反思和自省财税法学内在结构的逻辑性和外在特征的学理性。锡忠律师在《税法哲学》一书中，围绕税法规范的构成，就税法学内在结构的逻辑性以及外部演化的特性进行了大胆的理论探索，尤其从形式逻辑的角度研究税法规范的构成，填补了我国税法研究在这方面的空白。

尽管这是一本纯理论的书籍，但书中引用的案例、对具体问题的分析随处可见，这与作者长期从事税法实践并勤于思考是分不开的。从另一方面也说明，法律的生命在于实践。希望税法界的同仁开出更多、更好的理论与实务结合之花！当鲜花烂漫时，税收法治的春天也就来临了。

是以为序。

刘剑文

北京大学法学院教授

中国财税法学研究会会长

2015 年 8 月

前　　言

　　法律关系由主体、客体、内容三要素构成。但在税收法律关系中，由于税法的综合性特点，纳税主体既可能是一个民法意义上的法人主体，也可能是一个经济意义上的会计主体；客体既可能反映于法律事实，也可能反映于会计事实。这就形成了不同主体与客体之间的相互交错，也同时为征税主体提供了相机选择、意定的空间，从而使税收法律关系的内容变动不居，税法也变得复杂了。但复杂化不是解决一致性的根本路径，只是掩饰了一致性的缺失。这说明需要正本清源，研究税法的基础理论问题。在税法基础理论问题中，可称之于哲学问题的，莫过于税法规范的构成。研究税法规范的构成，目的在于揭示税法运行的基本逻辑关系，为芜杂的税法寻求一条返璞归真之路。

　　研究税法规范的起点，既可起于税法原则，又可始于税法规则。鉴于，一方面，原则在法实践中限于补充与解释功能，故可从税法规则先行研究。从另一方面而言，一个先验的原则总会带有价值判断，这与形式逻辑的要求有点悖逆。从形式研究的角度而言，宁可原则在税法规则的研究中"水落石出"，而不是相反。

　　税法规则是如何构成的，需要一定的假设。这一假设并不是建立在盲目观察的基础上，而是对业已发现的问题进行归类，当这些问题之间出现了分类的可能时，这种做法会带到观察中来，并通过观察求得问题归类的验证，这是一个"试错"的过程。正是通过观察才发现，民事规范、会计规范、行政规范并不是无序地影响或进入税法规则，而是各自在一些特定的领域发挥着主导作用，这说明，税法规则内部一定存在稳定的功能性要素与之起着承接或呼应的作用。

　　税法规则是如何构成的，需要一定的实证分析。这一实证分析立足于中国的税法实践。在我国税法体系中，最显著的体系特征是，《中华人民共和国税收征收管理法》具有十分重要的税收基础法律的地位，但它既不是一部纯正的程序法，更不是一部实体法，是两者之间不同程度的糅合。即使如此，仍然具有共同的特征，即是一部关于征收权力的法，由此可以提取对应的征收要素；而其他关于税种、税率的规定，散见于各税种法律、法规。就外部关系而言,这些税收法律、法规与其他部门法能够区别开来的最大特征就是税法中关于计量元素的提取,因而计量要素为税法规则必不可少;就内部关系而言,不同税种之间能够区别开来的重要因素,就是征税对象、征收范围的不同,这既包括纳税主体的识别,又包括计税事实的识别,由此识别要素成为税法规则的一部分。这三个要素至少可以满足税法的运行,又使税法显著区别于其他部门法。

税法规则是如何构成的,需要通过形式逻辑的检验。目的在于验证这些要素之间是否彼此独立、充分。在实证基础上建立的三要素为法理学的形式逻辑研究成果提供了可对接的桥梁,这是由于识别要素、计量要素内在地存在对应客观世界的"质"与"量"的特性决定的,而征收要素又具有对应于主观世界的"意志"的特征。一旦通过"形式化"、"共时性"、"历时性"的检验,三要素就站在了形式逻辑坚实的理论基础上,形式逻辑的一切研究成果与结论就可以当然地运用于三要素之上。法理学与税法的结合就开始了。这一结合非常清晰地显现识别要素、计量要素(作为逻辑结构的"前件")成为征收要素(作为逻辑结构的"后件")的前提。鉴于识别要素、计量要素与征收要素之间的联系,是人造的联系,征收要素具有非常能动性的一面,故对征收权的约束成为重点:① 创设前件应是消极的"选择";② 在同质错位的情形下,应遵循"同质等量"规则;在同量错位的情形下,应遵循"同量不同质"规则。另一方面而言,识别要素与计量要素之间的联系,是自发性的联系,两者之间具有天然的契合性。这说明要素之间,存在一对二的关系,存在私人社会整体对抗征收权的可能。

税法规则构成"前件"的客观性就已表明其来自体系外,"前件"成为了体系外概念、规则、原则等侵入税法内部的"管道",这些体系外的隐性规范对税法规则的构成要素具有体系化、先在性、包裹性优势。在隐性规范的影响下,构成要素出现系列化、系统化趋势。即使在税法体系内,要素内涵也由单一走向综合;不同规则下的要素以一种对偶或对称的形态在另一种结构形式中以更高阶的形式关联着彼此。这些内外因素的结合,使构成税法规则的单纯的、干净的要素日渐消失,取而代之的是有序的、更具包容性的要件的出现。要素向要件的转换形成了识别规范、计量规范、征收规范,这三个规范原有的功能不仅没有消失,反而出现各自强化的特征,这使它们仍然可以在相同的等式(税法规则的构成等式)下形成逻辑结构,由此构成税法规范。

在要件规范的形成与发展中,识别规范的演化路径是"对象化—概念化—体系化",计量规范的演化路径是"数字化—货币化—会计化",征收规范的演化路径是"暴力化—合理化—合法化"。每一规范并不是同步发展到对应阶段的，要件规范内涵的复杂，导致采用规范分析的方法解剖彼此之间的互动关系已力不从心，因而需要从整体的视野研究税法规范的构成，而三个要件规范的确立，使博弈分析和法理分析的结合成为可能。

当税法规范的复杂程度不足以造就"知识中介"的情形下，属于静态博弈阶段，该阶段的纳什均衡是：政府选择"弱化"征收规范，而纳税人宁愿选择"遵从"。政府没有约束权力的意愿，征收规范表现出超强的稳定性。当税法规范的复杂使"知识中介"出现时，属于动态博弈阶段，该阶段的纳什均衡是：纳税人必然作出抵制的选择，而政府必然作出弱化征收规范的选择。因而，政府自由裁量的权限不会减少，但政府的收益却陷入"合理化陷阱"不能自拔。

识别规范的"体系化"、计量规范的"会计化"，一定程度上可以限制权力的扩张，但却不能帮助政府脱离"合理化陷阱"，纳税人的利益也不能实现最大化。这说明税法规范仅依靠体系内在的逻辑推动力是难以实现完全的进化的。这难免会涉及税法入宪的问题。而选择自由应当是税法入宪的基本起点。选择自由的自然结果直接表现为宪法条文所载明的政治自由与经济自由的存在，因而，选择自由的政治结果决定了税制公平，选择自由的经济结果决定了税制效率，从这个意义上讲，征收规范承载的是公平的使命，而识别规范、计量规范承载的是效率的使命，它们在选择自由的基础上走向统一。但经博弈分析重新验证，即使政府完全实现了"法治化"，纳税人仍然会选择抵制。选择自由的政治结果仅仅在于约束了政府的行为，并没有改变征纳双方的紧张关系；社会福利虽然在总体上达到最大化，但是一个纳税人遵从税法的法治社会难以出现，"法治化陷阱"成为税法永恒的难题。

严锡忠

2015 年 8 月

于上海

目　　录

第一章 导　　论

税因其"取之于民"的特点而使税法成为公法与私法交汇的场所,同时,私人社会的迅猛发展与政治体制的间或变迁,使税法不仅仅变得有些复杂,还有些芜杂了。梳理芜杂之事,大刀阔斧虽可用,但只是政治之功。唯抽丝茧剥、探幽索微,方为学人之力。其力若"始于垒土",则为税法规范之构成。

一、问题起源

(一) 问题背景

关于税的研究,国内有经济学者(税收学者),又有税法学者,间或还有会计学者。经济学者(税收学者)研究的视野以财政政策为导向,从市场的角度研究税制问题;税法学者研究的视野以价值评判为导向,从宪政的角度研究税制问题;会计学者研究的视野以会计目标为导向,从计量技术的角度研究税制问题。

由于学科门类不同,难免出现各念各的经。学界一般通识是,经济学者研究的是宏观层面,税法学者研究的是实施层面,而会计学者研究的是计量层面,这三者处于宏观、微观、技术辅助三个不同层面,尽管各念各的经,倒也井水不犯河水,长期以来,彼此既相安无事,也互不往来。

但无论哪一学科,均以提出税制设计为皈依。因而,立法环节成为各派汇聚的焦点。尽管各国国情、政治生态迥然不同,但就税法而言,仍然有一些共同点,即税收法律制度总是或多或少受到不同学科的影响,我国也是如此。不同学科的糅合,必然导致学科的差异、概念的分歧、体系的不同齐聚于税法,税法在这个过程中变得混乱不堪。

虽然,现代税法遵循了一个总的框架,即以直接税为特征的所得税制度配之以间接税为特征的流转税制度。直接税又被称为对人税,间接税又被称为对物税。但即使在这样一个总的框架下,税法仍然处于混乱之中。以下分述之。

1. 对人税的混乱

就所得税而言，一般分为个人所得税与企业所得税。具有典型分析意义的是合伙企业，这一似企业又似个人的形态比较容易研判税法关于"人"的定义，巧合的是，我国税法关于合伙企业的规定，在不同层面吸收了不同学科的观点。

例如，2008年1月1日新实施的《中华人民共和国企业所得税法》第一条第一款规定，"在中华人民共和国境内，企业和其他取得收入的组织（以下统称企业）为企业所得税的纳税人，依照本法的规定缴纳企业所得税"，以及第二款规定，"个人独资企业、合伙企业不适用本法"。上述条款中对个人独资企业、合伙企业的排除，显然受到了法律学者关于法人定义的影响。法律学者认为，公司在法律上被认定为具有民事权利和民事义务的法律主体，具有与自然人同等的人格，可以成为纳税主体。同时，公司一般以盈利为目的，且享有独立的法人财产以区别于股东财产，进而应单独成为纳税主体。

又如，《中华人民共和国企业所得税法》第二十六条规定，"符合条件的居民企业之间的股息、红利等权益性投资收益"为免税收入，即消除经济性的重复征税，这显然受到了经济学者关于鼓励投资、促进经济增长观点的影响。

再如，《中华人民共和国税收征收管理法实施细则》第二十二条规定，"从事生产、经营的纳税人应当自领取营业执照或者发生纳税义务之日起15日内，按照国家有关规定设置账簿"，"前款所称账簿，是指总账、明细账、日记账以及其他辅助性账簿。总账、日记账应当采用订本式"，这显然遵循了会计学的簿记法。

上述三个示例，尽管出自不同学科，且分散于不同条文，甚至不同法规，但并不意味着彼此毫无瓜葛。从税法结构而言，"主体"、"客体"以及客体呈现的"数量"关系共同构成了税法的运行图景。通过分析上述示例，可以认为，所得税纳税主体的设计采纳了法律学者关于法人的观点（排除了合伙企业），课税客体的设计又考虑了经济学者的观点（对权益性投资收益免税），而在计量环节又采纳了会计学者的观点（经济实体均须建账建制，而无论是合伙企业还是企业法人）。

虽然彼此同体不同源，但是否可以通过立法技术使彼此之间和谐共处、相得益彰呢？

观察上述《中华人民共和国企业所得税法》第二十六条的条文规定可

以发现①,所谓"权益性投资收益"免税,仅限于"居民企业"之间,排除了居民企业投资于合伙企业(有限合伙)取得的权益性投资收益享有免税的优惠,这显然是考虑到了与法人税制的衔接②,或者说在经济观点与法律观点之间取得了平衡,但就是这样一个平衡的规定,却仍然没有解决"五方杂处"所带来的问题。

例如,A为企业法人,某笔分红收入来自所投资的有限合伙企业B,该有限合伙企业B收到所投资的C企业(法人)的分红款后,直接将分红款按合伙协议的认购比例分配给了A。根据上述《中华人民共和国企业所得税法》第一条及第二十六条之规定,A企业从合伙企业B取得的分红不属于免税收入(图1-1)。

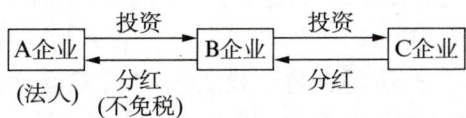

图 1 - 1　有限合伙企业分红示意图

但如果A居民企业直接从C居民企业取得对应比例的分红,而不通过合伙企业B取得,则属于免税收入(图1-2)。

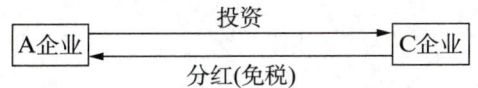

图 1 - 2　法人企业分红示意图

对此,《企业所得税法实施条例》第八十三条予以了解释,"企业所得税法第二十六条第(二)项所称符合条件的居民企业之间的股息、红利等权益性投资收益,是指居民企业直接投资于其他居民企业取得的投资收益",更进一步从公司法的角度强调了"直接投资"的限制。这使得合伙企业作为一个经济实体在传递"权益性投资收益"的过程中,出现了重复征

---

①　参见《中华人民共和国企业所得税法》(中华人民共和国主席令〔2007〕63号)第二十六条"企业的下列收入为免税收入:(三)符合条件的居民企业之间的股息、红利等权益性投资收益"。

②　参见《中华人民共和国企业所得税法》(中华人民共和国主席令〔2007〕63号)第一条第一款"在中华人民共和国境内,企业和其他取得收入的组织(以下统称企业)为企业所得税的纳税人,依照本法的规定缴纳企业所得税",第二款"个人独资企业、合伙企业不适用本法"。

税的情形,即在税法的运行中,遵循经济学与法学观点相互糅合与妥协的税法条文,却出现了双方都不能接受的结果。

之所以出现背离经济实质以及立法旨意的情形,不仅仅是法学与经济学观点的冲撞,法学与会计学观点的冲撞也是重要的原因。税法依从民商法关于法人的观点,从所得税的领域中对具有经济实体性质的合伙企业予以了完全的排除,这一点随后清晰地从有关职能部门的文件中予以了反应,如《财政部、国家税务总局关于合伙企业合伙人所得税问题的通知》(财税〔2008〕159号)第二条规定,"合伙企业以每一个合伙人为纳税义务人。合伙企业合伙人是自然人的,缴纳个人所得税;合伙人是法人和其他组织的,缴纳企业所得税",以及第三条规定,"合伙企业生产经营所得和其他所得采取'先分后税'的原则"。所谓"先分后税"原则,就是在计量环节仍然作为经济实体归集生产经营所得和其他所得,而在纳税环节将生产经营所得和其他所得分解至投资人,否定合伙企业作为一个经济实体具有所得税的纳税主体资格。即合伙企业的会计属性与法律属性出现了分离(图1-3)。

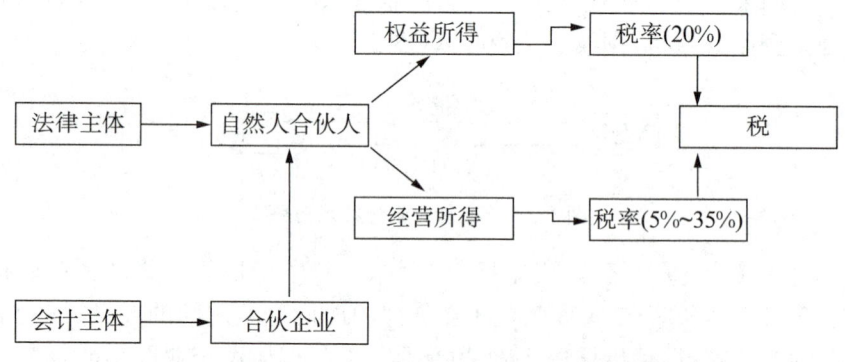

图1-3 合伙企业会计属性与法律属性对比图

换言之,在税法中,会计主体的假设消失了,但税法需要依赖的所有计量信息的基础却又来自于会计主体的假设,在逻辑上这就如同只要果子不要树。在这一条逻辑之路上,税法是否能够不顾及会计学的原理仍然运行无碍呢? 示例而言,财政部、国家税务总局《关于个人独资企业和合伙企业投资者征收个人所得税的规定》(财税〔2000〕91号)规定:

四、个人独资企业和合伙企业(以下简称企业)每一纳税年度的收入总额减除成本、费用以及损失后的余额,作为投资者个人的生产经营所得,比照个人所得税法的'个体工商户的生产经营所得'应税项目,适用 5%～35% 的五级超额累进税率,计算征收个人所得税。

前款所称收入总额,是指企业从事生产经营以及与生产经营有关的活动所取得的各项收入,包括商品(产品)销售收入、营运收入、劳务服务收入、工程价款收入、财产出租或转让收入、利息收入、其他业务收入和营业外收入。

据此,合伙企业的生产经营所得及其他所得个人所得税税率为 5%～35%,而根据《中华人民共和国个人所得税法》及其《实施条例》之规定,个人取得的股息、红利所得税税率为 20%,显然透过合伙企业取得股息、红利收入的个人所得税税率一般高于个人直接取得的股息、红利收入,这就扭曲了市场主体的投资意向,或者说,排斥了合伙企业直接或间接投资的意向。这不符合经济学者所倡导的税收中性原则。为了解决这一难题,国家税务总局又发布了《关于〈关于个人独资企业和合伙企业投资者征收个人所得税的规定〉执行口径的通知》(国税函〔2001〕84 号),该文件第二条规定:

个人独资企业和合伙企业对外投资分回的利息或者股息、红利,不并入企业的收入,而应单独作为投资者个人取得的利息、股息、红利所得,按'利息、股息、红利所得'应税项目计算缴纳个人所得税。

该文件意味着,税法被迫放弃了会计核算的一般要求(合伙企业不再作为一个"收入"的整体存在了),税法也无法通过会计手段实现对"股息、红利"的单独归集,因而不得不通过直接提取、处理计量要件代行会计职能,这使税法变得越来越片面、越来越复杂了。事实上,该文件出台之时,尚未有"有限合伙企业"。现在,法人合伙人的出现对该文件提出了挑战,文件中"不并入企业的收入"是否可以理解为"不视作企业的收入"呢? 如果是,前文提出的 A 从 B 取得的分红所得是否就应当然作为免税收入呢? 如果作为免税收入,前述《企业所得税法实施条例》第八十三条所谓之"直接投资"又作何理解? 税法在弥合不同观点的过程中走向了自相矛盾。换一个角度,文件中"不并入企业的收入"如果不能理解为"不视作企业的收入"又当如何? 这意味着,"股息、红利"仍属于企业收入的一部分,只是不与"生产经营所得的收入"并账处理。果如此,则会产生另一个问题,如果合伙企业出现了权益性投资所发生的损失,由于单列,则该投资损失就不能冲抵经营收益,而根据《国家税务总局关于企业股权投资损失所得税处理问题的公告》(国家税务总局公告 2010 年第 6 号)第一条"企业对外进行权益性(以下简称股权)投资所发生的损失,在经确认的损失发生年度,作为企业损失在计算企业应纳税所得额时一次性扣除"之规定,法人企业可以作为一个整体用投资损失冲抵经营收益,这符合会计学上关于企业持续经营的假设。对比法人企业,合伙企业若不能"冲抵",势必对合伙企业不公平(图 1-4)。

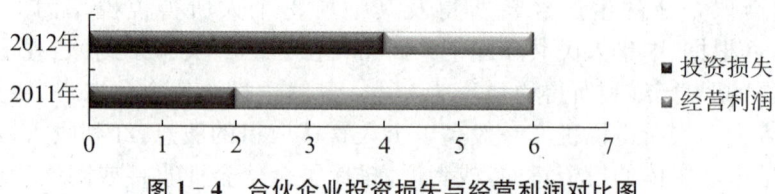

图 1-4　合伙企业投资损失与经营利润对比图

如果根据《财政部、国家税务总局关于合伙企业合伙人所得税问题的通知》(财税〔2008〕159 号)第三条提出的"先分后税"原理,"所得"是可分配至投资人的,与所得对应的亏损(可以认为是一种"负所得")也应当可以分配至投资人,这样才符合"视为合伙企业纳税主体不存在"这一法人税制认识。但《财政部、国家税务总局关于合伙企业合伙人所得税问题的通知》(财税〔2008〕159 号)第五条又规定,"合伙企业的合伙人是法人和其他组织的,合伙人在计算其缴纳企业所得税时,不得用合伙企业的亏损抵减其盈利",这意味着,合伙企业仍然要作为一个经济实体存在,而不能并入法人主体之内,以免影响法人主体的安定性。这就造成了同一个规范性文件中,对合伙企业实体性质的不同认识。

究其原因,是因为税法冲撞了合伙企业作为一个会计主体在会计计量上的一个基本会计假设:持续经营。反之,如果允许投资损益与经营损益互抵,则分配给投资人的"经营收益"只能是冲抵投资损失后的余额,这意味着利用 20% 的税率冲抵可能高达 35% 的税率,这对征税主体而言又是不公平的,对公权力形成妨碍。

以上正反假设均表明,就企业所得税而言,税法在人的设定上遵循了民法所创制的虚拟人格——法人,但在计量环节由于对现代会计的引入与依赖,又自然地引入了会计上关于经济实体的假设。或者说,会计学与法学关于实体的不同认知或假设,在税法中形成了冲突。这仅仅只是关于实体的问题,会计制度与民商法均为税法不可分割的来源,它们的矛盾如何协调?或者说它们在协调的过程中是否又会与税法目标构成冲撞,如信托实体的问题？这是研究者需要面对的基础理论问题。

2. 对物税的混乱

对物税即为对商品和行为征税。在我国的税制体系下，又以商品和行为划分为增值税与营业税。无论是增值税还是营业税，均将销售货物或提供劳务的行为称之为"经营行为"，以此与投资行为相区别。这与会计上将"经营收入"与"投资收益"分列是相一致的。这种对"物"或"行为"的分类，直接影响着税法上关于流转税征税对象的设定。

但是，2010 年 4 月 12 日《中国税务报》刊发《企业"炒股"莫忘缴纳营业税》一文，①提醒企业买卖股票取得的收入要计缴营业税。紧接着，2010 年 6 月 4 日《中国税务报》又刊发《企业炒股所得是否缴纳营业税》一文，②该文认为企业炒股所得无需缴纳营业税。这一争论肇始于 2008 年 11 月 5 日国务院第 34 次常务会议修订通过的《中华人民共和国营业税暂行条例》，该条例及细则于 2009 年 1 月 1 日起生效并实施，取消了原条例及细则关于企业和个人买卖外汇、有价证券等行为不予征收营业税的明文规定。

认为企业炒股应当缴纳营业税的理由是，原《营业税实施细则》（施行于 2009 年之前）第三条将"外汇、有价证券、期货买卖业务"的纳税人明文限定为"金融机构（包括银行和非银行金融机构）"，而将企业和个人排除在外，但根据新修订的《营业税暂行条例》（2009 年 1 月 1 日起施行）第一条、第五条，以及新修订的《营业税暂行条例实施细则》（2009 年 1 月 1 日起施行）第十八条"条例第五条第（四）项所称外汇、有价证券、期货等金融商品买卖业务，是指纳税人从事的外汇、有价证券、非货物期货和其他金融商品买卖业务"之规定，对于从事外汇、有价证券等买卖行为应予征税的主体中，明确为"纳税人"而非限定于"金融机构"，删除了原《营业税暂行条例实施细则》限于"金融机构"的条款，由此推论，新法将征税对象扩展至所有"纳税人"，也就当然包括个人、合伙企业、金融机构和非金融机构以及其他公司制或非公司制法人等。因此，股票作为有价证券的一种，企业买卖股票这一有价证券的行为，应当缴纳营业税。赞成者还进一步援引《财政部、国家税务总局关于个人金融商品买卖等营业税若干免税政策的通知》（财税〔2009〕111 号）第一条之规定，"对个人（包括个体工商户

---

① 王进、贾春涛等：《企业"炒股"莫忘缴纳营业税》，载《中国税务报》2010 年 4 月 12 日第 9 版。

② 涂媛媛：《企业炒股所得是否缴纳营业税》，载《中国税务报》2010 年 6 月 4 日第 10 版。

及其他个人，下同）从事外汇、有价证券、非货物期货和其他金融商品买卖业务取得的收入暂免征收营业税"，该文对个人股票买卖"暂免征收营业税"的表述，显然是以应当征收为前提条件，在应当征收的前提下，在特定时期专门给予免税的优惠。而对"企业"而言，并无免税规定。这也表明，对"企业"买卖股票不征营业税的观点显然与现有规定相冲突。

赞成者的观点一定程度上折射出公权力机关的意图，即扩大税收收入。

认为企业炒股不应当缴纳营业税的理由是，从炒股实质看，企业炒股表面是买卖有价证券，实质是股权转让行为。《财政部、国家税务总局关于股权转让有关营业税问题的通知》（财税〔2002〕191号）第二条规定，"对股权转让不征收营业税"。既然股权转让无需缴纳营业税，股票买卖也不应当缴纳营业税。无论是股权转让还是股票买卖，都属于企业的权益性投资行为，而非企业的经营性行为，而营业税应当针对经营性行为征收，不应对投资性行为征收。

反对者的观点无论从会计还是民法的角度而言，折射的是私法安定的理念。

上述争论已经引发了税务征管实践的混乱。因此，需要从理论的角度对上述争论问题进行研判。从理论的视角而言，营业税一般归类为流转税，而股票买卖则将之归类为投资行为。股票买卖这一表象问题，其实质就是投资行为是否属于流转税的课税对象问题。

从经济学的视角而言，商品课税曾在一段时间内以企业的销售额作为税基来课征，但随着西方税制理论的发展，学者们逐渐认识到，只有消费才能最后体现个人的效用满足，课税以个人消费量的大小为标准，更能反映公平课税原则。课税是纳税者的一种效用损失，消费的多少更能全面体现效用的大小。根据边际消费倾向递减规律，收入的多少与消费的大小，两者之间并不存在完全的正相关关系，无法根据收入的大小认定效用的满足。[1] 因而，商品税的课税对象由"销售行为"转向于"消费行为"，商品税的内涵也由"销售税"转向于"消费税"。今天所说的流转税，即肇始于西方税负转嫁理论，并以消费者最终承担为皈依。

在西方经济学中，对收入的基本定义是统一的：收入＝消费＋储蓄（投资）。收入与消费的区分，是西方经济学研究的基本起点。在马歇尔看来，"消费可以看做是负的生产。正如人所能生产的只是效用一样，人

---

① 李万甫著：《商品课税经济分析》，第95页，中国财政经济出版社，1998年。

所能消费的也只是效用而已,消费只不过是人们对其效用的减少或破坏。"①霍布斯在其所著《极权主义国家》中提出,储蓄和投资对社会是有利的,而消费则无益于社会。因此,课税应以消费(即人们从社会生产中取出的)而不应以收入(即人们投入到社会中所获的报酬)为税基。② 如果从"销售"的视角着眼,股票买卖无疑属于销售行为;如果从"消费"的视角研究,股票买卖既不是"负的生产",也不是"效用的减少或破坏",马歇尔说,"人类所能生产和消费的只是效用,而不是物质本身",③很难将投资称之为"消费"或具有"转嫁"作用。经济学从效率的角度,阐释了对消费课税于社会的意义,而不主张对储蓄或投资征税。

但在我国,税法学界并未接受经济学的观点,例如,张守文教授认为,"商品税的征收与商品的销售或消费密不可分,因此,从总体上说,所有的商品税是广义上的销售税或消费税"。④ 这说明,法律学者对"销售"与"消费"并未作区分。这一认识,直接折射于立法环节,就出现了"征"与"不征"同时并存的局面。

例如,应该对投资行为征收营业税但予以优惠的规定有:

(1) 国家税务总局《关于外商投资企业和外国企业从事金融资产处置业务有关税收问题的通知》(国税发〔2003〕3号)"四、企业处置重置资产,按以下规定征免营业税、增值税:(一)企业处置债权重置资产,不予征收营业税。(二)企业处置股权重置资产(包括债转股方式处置)所取得的收入,不予征收营业税"

(2) 财政部、国家税务总局《关于证券投资基金税收政策的通知》(财税〔2004〕78号)"自2004年1月1日起,对证券投资基金(封闭式证券投资基金,开放式证券投资基金)管理人运用基金买卖股票、债券的差价收入,继续免征营业税和企业所得税"

(3) 财政部、国务总局《关于合格境外机构投资者营业税政策的通知》(财税〔2005〕155号)"经国务院批准,现将合格境外机构投资者(以下简称QFII)有关营业税政策通知如下:对QFII委托境内公司在我国从事证券买卖业务取得的差价收入,免征营业税"

---

① 马歇尔:《经济学原理(上卷)》,商务印书馆,1964版,第82页。

② 李万甫著:《商品课税经济分析》,第94页,中国财政经济出版社,1988年版。

③ 马歇尔:《经济学原理(上卷)》,第82页。商务印书馆,1964年版。

④ 张守文著:《财税法学(第三版)》,第192页,中国人民大学出版社,2011年版。

而认为投资行为不属于课税对象，不应该对投资行为征收营业税的规定同样有：

(1)《国家税务总局关于转让企业产权不征营业税问题的批复》（国税函〔2002〕165号）"根据《中华人民共和国营业税暂行条例》及其实施细则的规定，营业税的征收范围为有偿提供应税劳务、转让无形资产或者销售不动产的行为。转让企业产权是整体转让企业资产、债权、债务及劳动力的行为，其转让价格不仅仅是由资产价值决定的，与企业销售不动产、转让无形资产的行为完全不同。因此，转让企业产权的行为不属于营业税征收范围，不应征收营业税"

(2)《财政部、国家税务总局关于营业税若干政策问题的通知》（财税〔2003〕16号）"一、关于征收范围问题（三）〈财政部、国家税务总局关于福利彩票有关税收问题的通知〉（财税〔2002〕59号）规定，'福利彩票机构发行销售福利彩票取得的收入不征收营业税'，其中的'福利彩票机构'包括福利彩票销售管理机构和与销售管理机构签有电脑福利彩票投注站代理销售协议书，并直接接受福利彩票销售管理机构的监督、管理的电脑福利彩票投注点"

(3)财政部、国家税务总局《关于奥伊尔投资管理有限责任公司从事金融资产处置业务有关营业税问题的通知》（财税〔2005〕55号）"按照现行营业税政策的有关规定，奥伊尔投资管理有限责任公司从事金融资产处置业务时，出售、转让股权不征收营业税；出售、转让债权或将其持有的债权转为股权不征收营业税"

从法学的角度分析，投资于消费的区别在于风险与对价。根据我国《营业税暂行条例实施细则》（2009年1月1日起施行）第三条规定：

条例第一条所称提供条例规定的劳务、转让无形资产或者销售不动产，是指有偿提供条例规定的劳务、有偿转让无形资产或者有偿转让不动产所有权的行为（以下称应税行为）。但单位或者个体工商户聘用的员工为本单位或者雇主提供条例规定的劳务，不包括在内。前款所称有偿，是指取得货币、货物或者其他经济利益。

据此，营业税中的"交易行为"具有"有偿性"，即具有对价性，是一种市场交换行为。就股票买卖而言，其"交易行为"就单个交易行为而言，并不完全具有对价性，或者说体现不出有偿性，而更多体现的是风险性或博弈性，是一种市场投资行为。《财政部、国家税务总局关于股权转让有关营业税问题的通知》(财税〔2002〕191号)第一条规定,"以无形资产、不动产投资入股,参与接受投资方利润分配,共同承担投资风险的行为,不征收营业税",即是对风险行为不征营业税的例证。这种观点从法规注释的角度出发,或许可以诠释营业税的课税对象特征。但就问题本身而言,也并非所有的投资行为具有风险性,例如,很难说国债买卖的风险就一定高于货物买卖的风险。

在经济学家看来,消费仅仅是指直接满足人们当前需要的资源耗费,那些满足未来需要的资源耗费被称为投资。也就是说,经济学家并不把所有的资源耗费都看作是消费,而是根据人们在资源耗费中所获得利益的时期长短区分为消费和投资。因此,可以通过长短的划分来区分投资行为与消费行为。有学者认为,在实践中,人们支付体育场馆的费用,既可能是锻炼身体的消费,也可能被看做对身体的长期投资,因而投资与消费还是难以通过长短划分来区分。① 但问题在于,从人本主义的角度而言,人尚不能作为生物资产作为被投资对象。即使将其看做对身体的长期投资,但同时也能将其看做对家庭的长期投资,因而长期投资的对象是不确定的。而唯一能够明确确定的是当前的资源耗用并实现了当前需求的满足。资源耗用是外在形式,需求满足是内在心理,外在形式向内在心理的转换就是消费过程。虽然外在形式是可观测的,但内在心理却是难以观测的。如何从一个外在的观察者把握两者之间的联系呢? 唯一的路径就是观察转换,而人的内心转换仍然是不可测的,所留给外在观察者能窥视的就只有资源或物质所发生的变化。这就是经济学者所谓,"物品价值的减损",并以此定义"消费":消费实质上是物品价值的破坏。因此,流转税法中的消费,如果不借鉴经济学的研究成果,不考量间接消费税的特点,流转税的课税对象就不能从抽象的"消费"具体为"可被消费的物或行为","可被消费的物或行为"的外在特征就是——以价值减损为归宿。譬如,任一物品因其具有有用性而流转,也因有用性而被使用,使用则导致其在最终消费环节价值的减损。又如股票买卖,股票在市场中总是在不同角色中流转,但影响其价值的不是流转或使用,或者说,流转与使用并不一定导致其价值减损。经济学者之所以通过长短的划分来区分投资行为与消费行为,主要是出于计量的考虑。

① 朱为群:《消费课税的经济分析》,第2-3页,上海财经大学出版社,2000年版。

即使从计量的角度,对股票买卖征税也会存在会计学上的配比难题。例如,股票买卖是在单笔买卖完成后征税还是在一定期间内针对整体交易的盈余征税呢? 如果在某一期间出现了亏损,是否可以冲抵下一个期间的盈利呢?

以上对流转税的分析说明,公权力在税源扩张的过程中,任何一个微小的税制变动,都会扰动经济学、法学、会计学在原有税制中的稳定状态,从而导致税法实施的混乱。如果不研究他们相互之间形成稳定状态的规律,则任何税制改革都会引发新的混乱。

3. 人税与物税的交叉影响

从前文分析可知,企业所得税法排斥了合伙企业作为纳税主体的存在,但合伙企业作为流转税的纳税主体依然以一个单一的、完整的实体对外履行增值税或营业税纳税义务,而并未将流转税纳税义务分解于各个投资者。这就造成了不同税种之间税法适用上的混乱(图1-5)。

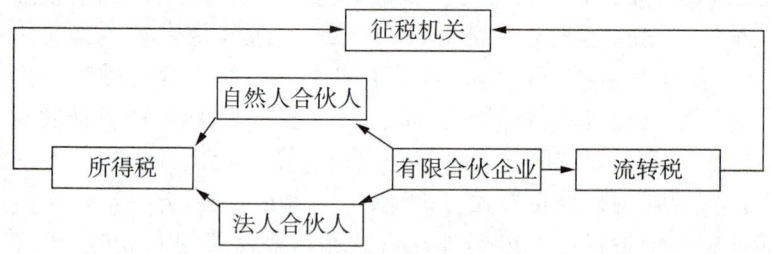

图1-5 合伙企业所得税与流转税对比图

例如,合伙企业买卖股票,如果将买卖股票的行为视为合伙企业的行为,则需缴纳营业税(假定依据我国税法需要征税),该股票买卖的收益转至自然人投资者时,意味着自然人就该笔股票买卖实际缴纳了营业税,显然不符合上述《财政部、国家税务总局关于个人金融商品买卖等营业税若干免税政策的通知》(财税〔2009〕111号)关于自然人免税之规定。如果将股票买卖的行为不视为合伙企业的行为,则会出现每一单笔股票买卖征收营业税的税基均需分解至不同的投资人的荒唐情形,在现实中既不可行,也与流转税的规定直接冲突。

以上冲突表明,课税主体与课税客体之间存在内在的联系,无论从哪一个角度出发都不一定能很好地解决问题。

通过以上直接税、间接税,以及直接税与间接税之间的对比,说明混乱的情形不仅存在于直接税、间接税等税种内部,即使在税种之间也存在混乱。因而,单纯地研究个别税种或个别混乱现象已无济于事,这使我们不得不考虑，可能还是税法深层次的一些问题没有得到清晰地洞见，方成今日之乱象。所谓"治乱还须治本"，这就是本书力图从税法基础理论展开研究的原因。

（二）研究意义

从理论意义上而言，本研究试图避开不同学科体系在税法中业已形成的强大势力，而力图从税法细微之处寻求各学科共同沉淀于河床底部的微核，也正是这些微核本身的集聚才形成了各学科载歌载舞的共同平台。对这些微核的研究，从法律的视角而言，便是对税法规范的构成研究。

从税法规范构成的角度探寻不同学科统一于税法学的理论内核，其实用价值在于化解不同学科在税法中形成的冲突现象，为税法解释提供一条清晰的道路。

长期以来，无论是东方学者还是西方学者，经济学界、法学界、会计学界对税法的研究几乎处于相互独立的状态，但这并没有特别影响税法的运行。究其原因，一是，公权力的强大足以人为地裁决任何冲突；二是，年轻的税法在形成过程中有足够的空间来调整或弥补不同学科带来的冲撞。但租税国家的兴起，法律体系的掣肘，都空前地削弱了公权力的力量；而经济全球化的影响，又使得税法日趋复杂，税法可以平衡或周转的空间日益狭小。如果没有体系化的税法理论，没有税法理论自己的内核，税法就会在复杂中无法自适。

事实上，税法在实际运行中，需要各方面的知识相互配合，如经济学思想是税法原则的重要来源，而税法规则的建构无一不受到法律体系、计量规则的约束，因而，从任何一个单一的角度研究税法，都不能反映税法真实的运行图景。如果不探寻其内在的统一的规律，则税法就会在几股力量的冲撞下混乱起来，这一点，税法实务工作者感触尤深。

面对混乱情形，各学科几乎都试图通过自身的理论研究作为建构税法的出发点。

如经济学者们试图从"公平"与"效率"的角度建构税法。围绕公平问题，现代西方经济学家如穆勒对比例纳税的探讨、埃奇沃思和庇古提出的等量边际牺牲原则等[1]；而围绕效率问题，兰姆塞（Ramsey）提出了"额外

---

[1] 〔美〕哈维·S·罗森：《财政学（第四版）》，平新乔、董勤发、杨月芳等译，中国人民大学出版社，2000 年版，第 305－306 页。

税收负担最小"标准，①米尔利斯则提出了"社会福利函数最大化"原则②。但这些西方经济学家对公平与效率的研究，其实质仍然是关于"效率"问题的研究，只不过一个关心的是"个体效率"，另一个关注的是"整体效率"，并且是从政府干预经济的角度建构税法，具有十分强烈的"权力"色彩，经济学家的观点自然乐为政府部门接受，因而在税法的建构中带有"自上而下"的特点。在中国，经济学家的思想对税法的建构具有非常重大的影响，成为税法中一些原则性条款的重要来源。

不同于经济学者，法律学者更注重正义的考量，且正义的内涵与研究方式全然不同于经济学者，这就难免造成彼此观点在融合的过程中存在差异，譬如，税法主流学者近期以来几乎都同意以"税收之债"构建税法基本理论。这一学说把税收法律关系定性为国家对纳税人请求履行税收债务的关系，国家和纳税人之间的关系乃是法律上的债权人和债务人之间的对应关系。因此税收法律关系是一种公法上的债务关系。③ 法律学者关注和强调的是"权利"内涵，更注重的是控制公权力，带有"自下而上"的民权思想，而不是经济学家"自上而下"的"顶层设计"，税法学者刘剑文教授甚至认为，税收法律关系的私法化是中国税法的发展方向。④

客观地讲，法律学者的观点，本质上仍然是单一的民事规范"理想"的反映，以"权利"对"权力"的强求并不能解释现实政治生态中的税法运动。同样，经济学者的观点也并非总能为当政者所采纳。

例如，2011 年 1 月 26 日，"新国八条"毫无征兆地出台了。第二天，上海、重庆房产税试点政策公布。房价是中国老百姓心中的痛，但为抑制房地产市场过热、房价过高，动用法律手段开征住房房产税，成为政府的选择。但如果未经法定程序，难免让法律学者疑虑法律工具主义重新抬头。

从法律的角度而言，地方开征住房房产税不具有税收立法权。2001年 5 月 1 日，《税收征收管理法》开始施行。其第三条第一款规定，"税收的开征、停征以及减税、免税、退税、补税，依照法律的规定执行；法律授权

---

① 〔美〕哈维·S·罗森：《财政学（第四版）》，平新乔、董勤发、杨月芳等译，中国人民大学出版社，2000 年版，第 298－301 页。

② 王鹏、吴慧：《米尔利斯最优税收理论模型的一种非数学表述》，载《成人高教学刊》2001 年第 2 期。

③ 刘剑文：《我国应重视税收债法的研究》，载《税务研究》2004 年第 1 期。

④ 刘剑文：《私人财产权的双重保障——兼论税法与私法的承接与调整》，载《河北法学》2008 年 12 月。

国务院规定的,依照国务院制定的行政法规的规定执行"。何谓"法律"? 根据《立法法》第七条第二款"全国人民代表大会制定和修改刑事、民事、国家机构的和其他的基本法律",以及第三款"全国人民代表大会常务委员会制定和修改除应当由全国人民代表大会制定的法律以外的其他法律"之规定,只有全国人大及其常委会依照法律程序颁布的法令,才属于"法律"。何谓"授权"? 根据《立法法》第八条"下列事项只能制定法律:(八) 基本经济制度以及财政、税收、海关、金融和外贸的基本制度",以及第九条"本法第八条规定的事项尚未制定法律的,全国人民代表大会及其常务委员会有权作出决定,授权国务院可以根据实际需要,对其中的部分事项先制定行政法规,但是有关犯罪和刑罚、对公民政治权利的剥夺和限制人身自由的强制措施和处罚、司法制度等事项除外",以及第十条"授权决定应当明确授权的目的、范围。被授权机关应当严格按照授权目的和范围行使该项权力"之规定,税收的基本制度只能制定法律,国务院仅能基于全国人大的授权决定,方能行使税收立法权。由此观之,税收立法权渊源一般基于:① 法律;② 法律授权国务院制定的行政法规。但归根结底,税收立法权只能来自法律。因为,即使授权国务院制定规定,该授权也是基于法律。故,任何税收的开征、停征以及减免,必须先由全国人大及其常委会制定法律或作出授权决定。未经全国人大及其常委会授权,国务院自行决定房产税之开征与法相悖。假设国务院已获全国人大及其常委会授权,国务院是否可以将该授权转授给地方政府部门呢? 根据《立法法》第十条第三款"被授权机关不得将该项权力转授给其他机关"之规定,国务院取得的税收立法权本身是基于授权而产生的,因此,不可能有任何地方政府部门通过国务院转授权方式获得税收立法权。因此,即使国务院同意重庆、上海等地方出台各自的房产税细则,这一行为既违背了《税收征收管理法》,也违背了《立法法》。其次,即使地方依据现有《房产税暂行条例》,也不能"旧瓶装新酒"。《房产税暂行条例》制定于1986年,当时尚未有《立法法》(2000年7月1日施行),以及2001年制定的《税收征收管理法》之约束,故在《房产税暂行条例》第十条中规定,"本条例由财政部负责解释;施行细则由省、自治区、直辖市人民政府制定,抄送财政部备案"。但这并不意味着,国务院在2000年7月1日以后仍然可以允许省、自治区、直辖市人民政府重新制定或修订施行细则,以达到开征住房房产税的目的。因为,《立法法》第七十九条规定,"法律的效力高于行政法规、地方性法规、规章"。因此,自2000年7月1日不允许转授权以后,特别是2001年5月1日《税收征收管理法》已经限制了税收立法主体以后,地方已经不再存在修改或制定房产税实施细则的立法权。因此,地方不能依据现有《房产税暂行条例》达到开征住房房产税的目的。即使国务院在现有《房产税暂行条例》之下,也不能通过解释等途径达到开征住房房产税的目的。现有的《房产税暂行条例》第五条规定,"下列房产免纳房产税:四、个人所有非营业用的房产"。该规定十分简洁、明确,无论通过何种立法解释技术也不可能改变立法旨意,除非修改现有的暂行条例。但国务院要修改暂行条例,则必须获得全国人大及其常委会的重新授权。综上,现有《房产税暂行条例》无法为重庆、上海等地开征住房房产税(个人非营业用的房产)提供法律依据。[①]

除以上观点外,其他法学学者从其他角度也提出了类似观点。[②] 由此观之,法律学者似乎可以从法律上列出一百个理由反对开征住房房产税。

从经济学的角度而言,开征住房房产税会导致重复征税的存在。我国于 1986 年 10 月 1 日开征房产税,又于 1988 年 11 月 1 日开征城镇土地使用税。从一定意义上而言,房产税的征税对象应该仅限于房屋,而不包括土地。如果房产税仅限于房屋,则房屋价值的计算会十分困难。因为,居民购买房屋的价格包含了土地价格。如果不剥离土地价格,就会因为城镇土地使用税的存在,而出现双重税赋。如果剥离了土地价格,房产税的开征对象仅限于地上建筑物,而地上建筑物逐年折旧,导致价值逐年贬损,从而导致房产税的税基逐渐减小,房产税的效用也逐渐弱化,不仅起不到改善地方财政的作用,也不具有宏观调控的价值。从另一个角度而言,开征住房房产税并不能达到调控房价的目的。类似的例子是关于印花税的调整,印花税作为一个工具,经常被政府用来对股市进行调控,实际上却更增加了股市的不稳定性和人心的浮动。2001 年 11 月 16 日,财政部决定证券交易印花税由 4‰下调到 2‰,导致当日上证综指暴涨 6.42%;2007 年 5 月 30 日,财政部决定证券交易印花税由 1‰上调到 3‰,导致当日沪综指暴跌 6.5%。从 1990 年 6 月 28 日开征证券交易印花税至 2008 年 4 月 24 日较近的一次调整,在近 18 年间,证券交易印花税历经 11 次反复上调、下调,平均一年半调整一次。印花税的增减调整并不必然导致股市的涨跌,印花税的增减调整对股市的影响是短期的,而不是长期的。但每调整一次,对市场冲击一次,每冲击一次,市场又期待着

---

① 严锡忠:《律师:重庆、上海开征房产税法律依据不足》,载 http://legal.people.com.cn/GB/13805285.html,最后访问日期 2015 年 5 月 27 日。

② 熊伟:《房地产税改革的法律逻辑》,载《税务研究》2011 年第 4 期。

以同样的手段进行下一次回调。制定政策者已不是秩序的维护者,而是秩序的重构者,市场不再是可预期的。

从税收中性原则出发,经济学者反对开征住房房产税的也大有其人①。

就政府层面而言,政府开征房产税的目的其实质还是关注于土地价值的增值,以此改变地方政府过度依赖土地出让环节的财政收入,而改为依赖土地持有环节的财政收入。据此,政府仍然强行在重庆、上海开征了房产税。这从一个侧面反映了我国税法的复杂状况。

但值得欣喜的是,至少在税法领域,各种立场与观点的对垒仍然在持续。孰是孰非,至少从住房房产税尚未走出重庆、上海看,说明这种交锋还在持续,观点之间还没有统一的迹象,这也说明理论研究的贫乏。当然,政治力量的过度介入,可以让一方压倒另一方,或者使用政治蛮力压倒所有的争议,但如果没有深入的理论研究,这种压倒优势只会是暂时的。这也就使得税法理论的研究具有特别的意义,而当下中国的税收法律、政策,演化进程迅速、各种利益相互交错,正为理论研究提供着非常丰富的素材,这也使本研究具有了可行性。

二、国内外研究现状

(一) 税法规范构成的法理研究

直接关于税法规范的法理研究并不多见,更多的是从两个层面展开法理研究的。一是关于税法解释的研究或者说税法原则运用的研究,二是关于税法原则本身的研究。

1. 税法解释

日本学者北野弘久认为,税法解释与适用的基本原理必须依托租税法律主义(地方税为租税条例主义)。如果脱离了宪法规定的租税法律主义条件下,"税法独自的法理"就是不正确的观点。在解释法律具体规定的法律含义时必须铭记税法是以市民生活秩序为前提的法律。② 具体于税法规范而言,在对法展开解释时,首先,必须从整个实定法体系角度详细研究该规定属于借用概念范畴,还是属于固有概念范畴。如果属于借

---

① 董鸿波:《税收中性与房地产税制改革》,载《哈尔滨市委党校学报》2006 年第 1 期。

② 北野弘久:《日本税法学原理(第五版)》,郭美松、陈刚译,中国检察出版社,2008 年版,第 158 页。

用概念,那么就要按照民法的一般性理解来解释该概念。如果实定法只对借用概念作了部分修正,那么,对这种部分性修正的借用概念以及固有概念,都必须严格按照租税法律主义的法理进行客观性解释。其次,如果通过以上的法的解释来阐明某一规定的法的含义,其问题是否存在该法所导入的构成要件的事实。适用税法前必须"认定"在市民生活的场合中事实上已存在过这种行为或事实,绝不意味着对非现存行为或事实可以进行形成性、创造性"认定"的含义。只要税法未作特别规定,就必须以现存的行为或事实为前提,来检讨适用法律规定的构成要件的问题。可见在税法领域中,法的解释和事实认定的构造,在理论上是相当简明的,即规定法的解释和事实认定形式的基本原理,就是租税法律主义原理。① 在北野弘久教授眼里,租税法律主义是一切税法解释的源泉,在其梳理下,一切秩序自成。即使存在问题,也是人的问题而不是法的问题。从这个意义上讲,与其研究规范问题还不如研究教育问题。这着实对法律寄托了过高的理想。

陈少英教授认为,税法必须符合税收正义的理念,而税法解释所要做的,就是将税收正义的理念具体化,并在合理的范围内矫正偏离税收正义的税法。于是,税法解释的最终目标应当是具体的税收正义,而此最终目标必须通过基本目标、规范性目标和法律滥用禁止目标等次级目标的视域融合而实现。据此,税法解释应当遵循以合法性解释为基础,以合目的性解释为补充,以法律漏洞填补为例外的原则。②

有学者认为,在我国的税法实践中,行政的税法解释取得了更大的话语权,这些出自行政部门的解释自然免不了行政部门自身利益的考虑,其解释的结果势必会出现不合理的情况。这种结果正是因为我国尚缺乏规范的税法解释体系,司法解释没有起到最后的规范作用所导致的。③

有学者从税法漏洞的角度,发现税法本身存在的罅隙和缺陷。税法漏洞的存在,使税法表现为一种不圆满的状态和违反计划性,从而对税法的适用产生影响。因而认为,可以通过类推适用、目的性限缩、目的性扩

---

① 北野弘久:《日本税法学原理(第五版)》,郭美松、陈刚译,中国检察出版社,2008 年版,第 158 - 161 页。

② 陈少英、曹晓如:《论税法解释的目标》,载《税务研究》2008 年第 1 期。

③ 潘修中、石龙:《从税法解释角度论"实质法治"与"税收法定"》,载《财会月刊》2011 年第 2 期,下旬。

张、一般法律原则和创造性补充达到法理补充的目的。①

公平正义原则、法律体系建设、司法解释运用、法律解释的一般方法，不仅仅对税法，对其他任何法律部门可能都是放之四海而皆准的有用法则，问题在于，如何建立一个有效的部门法律体系，使此部门法能与彼部门法区别开来，从而开展"对症"研究；这个部门法律体系要与其他法律体系进行有效衔接，如果忽视衔接，而这个部门法律体系是否能够在封闭的体系内构筑一个庞大、全能的概念堆砌物而不坍塌。

2. 税法原则

刘剑文教授认为，税收法定原则是现代法治国家普遍奉行的税法基本原则，与罪刑法定原则共同组成了保护公民基本权利的两大法治基石。② 税收法定原则基本要求是，税收的开征、停征及纳税人、课税对象、税基、税率、税收优惠等基本要素必须由最高立法机关制定法律决定，具体还可解析为要素法定、要素确定和征税程序合法三项要求。税收法定原则是民主法治精神在税收事项上的具体体现，它发源于 13 世纪初英国"无代表则无税"的时代呼唤，在其后的英国、美国、法国等世界近代史上的大革命中扮演了重要角色。对于正处在国家治理现代化转型关键期的我国而言，强调税收法定的意义尤为重大。这符合我国宪法尊重和保障纳税人基本权利的精神，符合全面深化改革与法治中国建设的趋势，也符合市场经济对税法的权威性与稳定性的客观需要，对于保障公民财产权益、维护社会经济稳定、促进收入公平分配都具有不可替代的重要意义。③ 熊伟教授指出，虽然我国现行立法早已确认了税收法定主义，但是，由于授权立法的大量存在，其功效未能有效发挥。结合执政党关于落实税收法定原则的要求，当前需要提请立法机关收回税收立法授权，妥善处理已有的授权立法，警惕税收行政立法的变相扩充。④

一些学者提出了税法中，除坚持税收法定主义原则外，还应补充诚实信用原则。税收法定主义原则是作为一项宪法原则出现在税法中的，因此在税法中具有最高法律原则的地位。而诚实信用原则是为了排除税收

---

① 孙健波：《税法漏洞补充理论研究》，载《中南大学学报（社会科学版）》2008年6月。

② 刘剑文、陈立诚：《税收法定原则的生命在于落实》，载《检察风云》2014年7月。

③ 同上注。

④ 熊伟：《重申税收法定主义》，载《法学杂志》2014年第2期。

法定主义原则在适用上所产生的不合理性而被适用的,其目的在于平衡国家与纳税人的利益,实现税法的正义,是税收法定主义原则必要而有益的补充。一般情况下,税收实体法和程序法的制定和执行应当适用税收法定主义原则,即便在税务行政处罚和税务行政诉讼等方面,也应当首先适用税收法定主义原则。这是因为,税务行政处罚首先必须严格依照处罚法定原则进行,而处罚法定原则可以看成是税收法定主义原则在税务处罚领域内的具体化,在处罚的构成要件、处罚的种类、处罚与否的选择方面,税务机关没有自由裁量的余地,只是在法定处罚额度范围内对课处的具体金额允许自由裁量。与税收法定主义原则不同,诚实信用原则是作为对抗个案的不公平手段适用的。因此,只有在纳税人与税务机关之间已经确立具体的税收法律关系,适用税收法定主义原则可能发生个案的不公平时,甚至危及税法的安定性时,方可考虑适用诚实信用原则。从日本、德国和我国台湾地区的司法实践看,诚实信用原则的适用主要在于纳税人信赖利益的保护,而且要具备严格的条件。如果税务机关的行为违背了纳税人的信赖利益,可以根据诚实信用原则认定其无效。至于在税收立法、税收执法过程中,诚实信用原则也会发挥一定的作用,但只限于根据其一般法理公平地分配权利义务。①

此外,还有学者提出量能原则,②或量能课税原则、③实质课税原则④等。这些税法原则无疑对于税收立法、征收实践起着重要的指导作用,但这种作用的发挥主要是从宪法、民生或者法律体系的高度进行阐述的,而对于这些原则具体如何发挥作用的内在机理,尚待深入的研究与实证观察。

有的学者是从税法的概念出发以此诠释税法原则,进而界定研究税法的本质与特征。张富强教授认为,税法的概念构成了税法原理的源头和核心,税法原理的其他部分例如税法的调整对象、基本原则、渊源和体系,等等,都是从此展开的。因此,对税法原理的研究,必须从澄清税法概

---

① 包子川、李初仕等:《诚实信用原则与税收法定主义原则》,载《税务研究》2002 年第 8 期。

② 韦清:《论量能课税与税法原则的耦合与其独立价值》,载《法制与社会》2014 年 12 月(下)。

③ 王茂庆:《量能课税原则与当代中国税法的变革》,载《广西社会科学》2010 年第 5 期。

④ 叶金玉:《税法与私法"接轨"的理念与技术配置——基于实质课税原则的反思与超越》,载《云南大学学报法学版》2014 年 5 月。

念开始。在其看来，一个科学、合理的概念，不仅应当阐明税法作为一个部门法的一般特征，即"税法是相关法律规范的总称"，而且应当同时指出税法所具有的、区别于其他部门法的本质特征。① 因此，税法的概念可以从两个层面作出概要而论，税法是调整税收关系的法律规范的总称；具体而论，税法是国家制定或者认可的，并由国家强制力保证实施的，体现反映人民最高利益的国家意志，为履行向全体社会成员提供优质公共产品的职能，调整包括税收分配关系和税收征纳关系在内的税收关系的法律规范的总称。由此认为，税法的本质是国家与社会成员之间的一种利益交换，是社会成员享受国家提供的公共产品而支付的价格费用，税负应当依照社会成员从国家服务的受益程度加以确定，而税法则是从法律层面保证这种利益交换的良好实现。正是从此意义上，把税法称为"不仅仅是国家征税之法，也是纳税人权利保障之法"。因而税法原则应当总体上表现为税收分配关系和税收征收管理关系的平衡与一致。② 这种从税法本质的角度分析问题，很容易将税法问题扩展至税收问题，将人类社会的相互依存关系放大到税法领域，则权利与权力自然就应当是平衡的，虽然隐含的"控权"思想是善良的，但这种研究不仅超越了学科界限，而且也超越了历史，很难解释当前的现实。这也说明，概念研究是存在走向泛化的危险的。

也有的学者是从税法的作用研究税法的一般运行原理。如，有学者认为，税法只是一种"部门法"，其所涉及的主体及所需调整的法律关系范围大于税法本身规范，因而其作用的发挥有赖于其他法规的配合。在税收征纳过程中，除税法本身要调整的关系外，还必然涉及刑法、行政法、经济法以及国际惯例等相关法规的内容；且无论是税法本身，还是相关法规都必须建立在宪法规范的基础之上。因而要使税法的上述作用得以切实发挥，离不开相关法规的配合。③ 近年来，我国涉税的刑事诉讼、行政诉讼中，出现税务机关败诉率较高的现象，部分案例中是由于税务机关个别工作人员执法不当；但更主要的原因则是税法与相关法规在立法阶段就存在着明显的冲突。显然，这种"法"与"法"之间的不协调对税法规范作用

① 张富强：《税法的概念、本质和特征新论》，载《安徽大学法律评论》2007年第2辑。
② 张富强：《论税权二元结构及其价值逻辑》，载《法学家》2012年第2期。
③ 黄桦：《论税法作用的法理》，载《税务研究》2008年第11期。

与社会作用的正常发挥都是一种干扰。① 该作者已经认识到税法与其他部门法的衔接问题,并寄希望于宪法规范起到统领的作用,但遗憾的是,这一研究并没有深入下去。

3. 小结

以上这些研究,既有从宪政角度、人权角度俯瞰税法问题,也有从实证角度总结、归纳税法应有的规律。在这些总揽性的认识之下,直接或间接影响着税法规范的构成。但这些研究都偏于规范性要求,或者说偏于应然性的研究,这容易在演绎中忽视了税法规范现实存在的实然规律。这使本书从实证的角度观察税法规范构成要件,在要件基础上再进行规范分析,则不失为一种有意义的尝试。

(二) 公法对税法规范的影响

1. 公法的影响与私法的冲击

早期的学术研究,一直认为税法属于公法下的部门法,公法的现状也就代表了税法的现状,税法规范与其他行政法规范基本保持一致,或者是以一种特别法的情形出现,这种情形可以通过观察 1992 年 9 月 4 日第七届全国人民代表大会常务委员会第二十七次会议通过的《中华人民共和国税收征收管理法》关于"复议和诉讼不停止执行"的条款,②无疑受到了1989 年 4 月 4 日第七届全国人民代表大会常务委员会第二次会议通过的《中华人民共和国行政诉讼法》第四十四条的影响。③

---

① 黄桦:《论税法作用的法理》,载《税务研究》2008 年第 11 期。

② 参见《中华人民共和国税收征收管理法》(1993 年 1 月 1 日起施行)第五十六条第二款"当事人对税务机关的处罚决定、强制执行措施或者税收保全措施不服的,可以在接到处罚通知之日起或者税务机关采取强制执行措施、税收保全措施之日起十五日内向作出处罚决定或者采取强制执行措施、税收保全措施的机关的上一级机关申请复议;对复议决定不服的,可以在接到复议决定之日起十五日内向人民法院起诉。当事人也可以在接到处罚通知之日起或者税务机关采取强制执行措施、税收保全措施之日起十五日内直接向人民法院起诉。复议和诉讼期间,强制执行措施和税收保全措施不停止执行"。

③ 参见《中华人民共和国行政诉讼法》(1990 年 1 月 1 日实施)第四十四条"第四十四条诉讼期间,不停止具体行政行为的执行。但有下列情形之一的,停止具体行政行为的执行:(一)被告认为需要停止执行的;(二)原告申请停止执行,人民法院认为该具体行政行为的执行会造成难以弥补的损失,并且停止执行不损害社会公共利益,裁定停止执行的;(三)法律、法规规定停止执行的"。

随着"税收法定主义"的引入①，直至"税收之债"学术理论的兴起②，税法学的研究开始从"权力关系"说向"债务关系"说转化③，税法也大有私法化的倾向④，但终究因为征税主体为行政机关的缘故，税法的研究总也无法全部脱离公法的范畴，在这一现实面前，"税收之债"的研究也从高歌猛进日渐趋于冷静与理智，进而开始探寻和谐之路，重新思考官与民的平衡⑤，但这样也出现了无为或无奈的局面。近些年来，"税收之债"学派开始采取积极进取的态度，将公民与政府的关系植入更宏观的公共财政的背景下，将税法中追求的纳税人与政府之间的"契约关系"，向"社会契约关系"提升和迈进，并将公法体系中与财产法律关系相关联的部门法串联起来，以此打造公共财产权的概念，⑥这就形成了由原单一的税法部门吁请"权利"转化为多个部门（包括预算法、国有资产管理法等）共同吁请"权利"的局面，并以"财政法定原则"为共同旗帜和核心纽带。⑦ 上述学术研究，间或对税收立法形成了一些影响，该阶段的一些税法规范也带有这些印迹，如"税收代位权"⑧等条款的出现。

反之，有学者认为，税法是公法范畴，公法主要是以社会和公共利益为目的的法，是国家法。在公法关系上，公法法律主体一方或双方是国家或者代表国家的国家机构，这些国家机构在公法关系中始终起着主导作用，有决定国家行为的公定力。即在公法关系上，国家或政府作为主体，其意志与行为有决定或认定公法关系的权力，这种决定或认定在法律上具有拘束或支配另一方当事人的力量，而另一方当事人如公民、法人、社会组织处于被动地位，只能服从国家这种权力或制定的法律规范。税法

① 张守文：《论税收法定主义》，载《法学研究》1996年6月。
② 刘剑文：《我国应重视税收债法的研究》，载《税务研究》2004年第1期。
③ 陶翀、孟繁超：《论税收之债》，载《行政与法》2003年7月。
④ 汤茵洁：《税收之债与法治理念分析》，载《税务研究》2005年第4期。
⑤ 刘剑文：《收入分配改革与财税法制创新》，载《中国法学》2011年第5期。
⑥ 刘剑文、王桦宇：《公共财产权的概念及其法治逻辑》，载《中国社会科学》2014年第8期。
⑦ 刘剑文：《论财政法定原则——一种权力法治化的现代探索》，载《法学家》2014年第4期。
⑧ 参见《中华人民共和国税收征收管理法》（2001年5月1日施行）第五十条第一款"欠缴税款的纳税人因怠于行使到期债权，或者放弃到期债权，或者无偿转让财产，或者以明显不合理的低价转让财产而受让人知道该情形，对国家税收造成损害的，税务机关可以依照合同法第七十三条、第七十四条的规定行使代位权、撤销权"。

作为公法,具有上述公法的属性与特征。在税收的征收方面,体现国家单方面意志,具有强制性。在私法关系中,民商法中的契约并不具备上述公法特性,契约是平等民事主体之间经过自愿协商,双方意思表示一致的协议。很显然,国家与纳税者之间的税收征纳关系不是民商法所称的一种契约关系。在公法中的税法关系中,国家或政府与纳税者之间的关系既不是财产的交易关系,也不是交换关系,是国家或政府为了实现其职能,凭借其政治权力依法强制地、无偿地、固定地或定量地从纳税者处取得财政收入的特殊的分配关系。由此可见,国家或政府对纳税者的税收征收没有协商余地,也不体现当事人之间的意思自治原则,这种特殊的分配关系反映了纳税者的财产权向国家单方面转移的特点。国家或政府作为征税者,其享有的权利与承担的义务同纳税者享有的权利与承担的义务显然是不对称的,包括经济权益和信息均不对称。这是由国家税法的性质特征以及法律主体的法律地位等因素所决定的。当然,税法作为国家公法,既要维护与保障国家和社会公共利益,又要保障纳税者或人民的利益,因此,税法必须是保障上述两种利益为一体而存在的公法,该法主要是从国家宏观经济调控的角度调整国家与纳税者之间的税收征收与缴纳关系。[1] 尽管公法与私法在性质属性上不同,但存在着共通性的东西,即存在着共通性的法理或制度,不是专属于哪个法的部门所独有,这些法理和制度公法与私法都可以适用。因此,私法上的规范部分内容在某些条件下引用到公法关系上,说明两者存在着共通性的东西,而税法则是其中一例,但不能因此说明公法私法化。[2] 该学者由此认为,税法与私法无涉,纯然是公法的一种。这必然会得出税法规范均是公法下的规范的结论。

也有学者从具体条款出发,针对《中华人民共和国税收征收管理法》(2001年5月1日实施)关于"税收担保优先权"的规定,[3]从公法的视野重新思考税法上"债"的属性。该学者认为,税收作为一种公法之债,它当然也应具有债的一般属性,如相对性,即税收之债只能约束税收法律关系

---

① 蔺翠牌:《对中国税法理论的突破与创新的几点疑问》,载《税务研究》2005年第2期。

② 同上注。

③ 参见《中华人民共和国税收征收管理法》(2001年5月1日施行)第四十五条第一款"税务机关征收税款,税收优先于无担保债权,法律另有规定的除外;纳税人欠缴的税款发生在纳税人以其财产设定抵押、质押或者纳税人的财产被留置之前的,税收应当先于抵押权、质权、留置权执行"。

主体,主要是税务机关和纳税人,而不能对税收法律关系以外的主体产生约束力。纳税人的纳税义务实现的方式主要有纳税人自动缴纳税款,以及税务机关采取税收保全措施、强制执行措施等来保证实现。但当纳税人不自动缴纳税款,其财产又明显不足,而又滥用其财产处分权使其责任财产减少时,税务机关采取税收保全措施、强制执行措施就失去了对象,国家税款就有无法实现的危险。这时,就必须突破债的相对性原则,扩展债的效力,设立税收撤销权制度,对纳税人滥用财产处分权的行为予以限制,使税收之债的效力能够最终得到实现。① 由此认为,设立税收撤销权,就是公权力的扩展。

2. 行政法原则的持续影响

公法对税法规范的影响,莫过于行政法规范的影响最大。很多学者也是借鉴行政法的原理提出税法规范的构建。

刘剑文教授提出税收执法应当引入权力制约机制。他认为,权力制约理论将国家的权力予以均衡地划分,并由此保持一种稳定的关系。国家只是被动地执行保护公民权利的工具。随着政治、经济、科技的迅猛发展,人类事务的日益复杂和人类利益的日趋多元化,客观上要求国家更积极、主动的介入社会生活。因此,国家权力尤其是行政权力的扩张乃是不可避免的趋势。按照权力运作的一般规律,缺乏制约的权力必然导致权力的滥用。在我国法治建设过程中,建立专门的法律监督机制,是为了防止权力的滥用。法律监督权的设置,是权力制衡的必然要求,符合权力运作的普遍规律。而征税权是一种典型的公共权力。国家课税权的行使在于使国家以法律所确定的方式和程度参与国民收入的分配,国家课税权必然是以侵权为手段的权力形式。② 为提高税务机关的执法效率,税法赋予税务机关以税务行政处罚权,以惩治纳税人的税收违法行为。但由于税务行政处罚的强制性和先予执行性,更可能对纳税人的合法权益造成极大的侵害。由于征税权本身包含了国家对纳税人的财产请求权的内涵,如果征税权的行使缺乏必要的监督和控制,税务机关可能受自身利益驱动或外部环境的影响,滥用手中的权力,甚至可能利用手中的权力谋取利益,损害纳税人的合法权利。税收执法内控机制通过监督和控制税务机关依法行使征税权和税务行政处罚权,保障税法的执行和适用,对税务

---

① 张瑞琰:《公法视角下的税收撤销权制度解构》,载《税务经济》2007年第5期。

② 刘剑文:《税收执法内控机制刍论》,载《中国政法大学学报》2009年第4期。

机关征税权的行使予以合理的制约,对国家财政收入的顺利实现、纳税人权利的保护乃至和谐税收征管秩序的形成都有着重要的影响。①

施正文教授提出税法应当引入行政法中的"皇冠原则"——比例原则。他认为,比例原则是公法上普遍适用的法律原则。公法主体在行使公权力时,要在保护与平衡的意义上,对个人利益与公共利益仔细进行斟酌,尤其是要具体斟酌国家与公民利益在冲突状况下的失衡度,以得到较为合理的结果,防止过分、错误的立法与行政决定。② 由于立法者无法全部以构成要件、法律效果明确的方式为法律规范,而须允许一定程度的以开放式构成要件及法律效果为内涵的法律规范存在,借此释放出一定的行为自主性空间予行政机关,以确保权力分立体制下,权力分工的理想能达成。由此,立法者于法律效果的部分视情况而给予行政机关裁量权遂难以避免。税收征纳活动过程中选择和决定的理性化是程序正义的一个基本要求。而正像税收法定原则在对羁束征税行为审查中的重要性一样,比例原则是对裁量征税行为进行规制和审查的主要法律手段,是税收程序与实体共通的一项核心原则。它通过考察目的与手段的关系,尤其是考察征税目标价值的实现不能过分损害纳税人的基本人身财产权利这一方面,来防止超限度地破坏利益与价值的均衡。因此,比例原则能够有效地压缩征税自由裁量权在行使过程中恣意与专横的空间,制约自由裁量权的滥用,是征税裁量权的行使理性化的重要保障。③

3. 小结

从上述学术思潮的发展路径可以看出,无论是"税收之债",还是"公共财产权",均是学术上法治理想的反应,但在强大的公权力面前并没有实质进展,这使得税法的学术理想与税法实践长期处于脱离状态。真实的税法世界何去何从? 恐怕难以绕开公法规范的影响。

需要注意的是,像刘剑文教授、施正文教授等均是"税收之债"的代表人物,④但都无法回避行政法原理对于税法的重要性,甚至为此专门撰文,这从一个侧面反映了税法规范的构成离不开公法规范,这使本书将征收规范予以单列,并且与公法规范形成对应提供了理论支持。

---

① 刘剑文:《税收执法内控机制刍论》,载《中国政法大学学报》2009 年第 4 期。

② 施正文:《论税法的比例原则》,载《涉外税务》2004 年第 2 期。

③ 同上注。

④ 施正文:《中国税法通则的制定:问题与构想》,载《中央财经大学学报》2004 年第 2 期。

（三）私法对税法规范的影响

前已谈及，私法在学术层面一直构成对税法规范的持续影响与压力，围绕税法与私法的关系的研究也是流派纷呈。

1. 税法依附说

葛克昌教授在《行政程序与纳税人基本权》（增订版，台湾翰芦图书出版有限公 2005 年版）一书中，研究了 1919 年以前德国学者对税法与私法的看法，这一阶段被称为税法与私法"统一说"阶段。该说又可称为"民法优位说"或"税法依附说"，这一阶段的德国学者认为，为了法的安定性，以及基于私法自治原则，税法应继受民法的观点，解释借用于民法的概念。因此，税法只是民法的附庸或延续的法律，应继受民法的目的。

事实上，德国联邦宪法法院直到 20 世纪 60 年代初期都还将税法建立在民法的秩序架构上，并认为税法与民法深深地结合在一起。在该秩序架构中，税法原则上按民法的法律形式规定其课税要素。联邦财政法院也肯认民法对于税法的优位性。显然占尽优势的超越税法的私法自治观表现在税收实务的一般惯用语中。[1] 例如，德国联邦宪法法院 1962 年判决中即指出："税法不仅其规范之生活事实。原则上且同其民法上法律形式息息相关，除非有坚强理由，否则不应偏离民法之结构，以免有害平等原则。"[2]

2. 税法与私法"独立说"

从 1919 年到 1955 年，为德国学术界所主导的税法与私法脱离的"独立说"阶段。在此之前，最早是由奥特·麦雅（1895 年）和 Fritz Fleiner（1911 年）主张税法由于有其自身的规范目的，应当是独立于其他法律的规范体系；但这一观点提出的主要目的在于促使税法能够从传统行政法中独立出来。至于税法应当脱离于私法的观点，则是以 1919 年《德国租税通则》的制定、特别是第 4 条的规定为契机，贝克和贝尔等学者对税法的"民法附随法"属性提出异议而开端的。贝克认为，税法借用私法概念作为其要件，在税法解释时，须作一定程度的修正，《德国租税通则》第 4 条即为税法的转换器。换言之，对私法的借用概念，税法只适用其概念的核心部分，即应经由该条的转换过程，至于其边缘意义须视其与核心事实

---

① 李刚：《税法与私法关系总论——兼论中国现代税法学基本理论》，厦门大学博士后学位论文（2008 年 3 月），检索自"万方数据资源系统——期刊/学位论文/会议论文"，第 23 页。

② 同上注。

的经济意义是否相当。贝尔则认为，"只要税法未指明参照民法的规定，原则上就和民法无任何关系"，并且税法必须从民法涉及的具有某种优越性及一般正确性的传统观念中解放出来。税法应摆脱过分依赖民法观念的状态，走向独立。① 为此，贝尔进一步指出，税法通常是基于经济概念，在缺乏完整确定的税法概念时，作为代替税法经济性特征的应急措施，可与私法概念有一定的联系；在这种情形下使用的私法概念必须"是符合税法的目的及其经济性意义的解释"，称作特殊税法上的概念。因此，在贝尔看来，税法中不存在什么借用概念的问题，凡是税法使用的概念，即使是借用了私法概念的形式，都应为税法的固有概念。②

3. 有限统一说

关于税法可否引用民法规定而为税法解释的问题。有学者认为，由于税法对于一般的税收债务的规定不完整而有漏洞存在，因此在不涉及创设税收负担的法律漏洞补充的前提下，其规定的漏洞应加以填补。此项漏洞填补，可以回溯到民法所表现的一般法律思想。但并不是任何民法上看起来有某种程度的适当的规定，均表现一般的法律思想。即使所要决定的事实关系，与民法的构成要件有某种程度的相符合，也不能立即适用民法规定。基于公法规定的特征而产生特殊性时，纵然有法律漏洞的存在，也无直接适用民法规定的余地。③ 然而民法的多数法律制度，也重新表现在税收债务法上。税法已继受民法的法律制度。在此，必须对民法的规定审查，其经由民法规定所规范的个别的形成，是否可以在税法上加以继受，进而得以类推适用或直接适用。这应以该项个别的形成的构成要件在税法上是否可以被实现以及是否可以赋予相同的法律效果为准。此项审查必须针对税收债务法的特征及规范目的进行。只有如此，才能排除税法上个别的形成委由个别的法律适用者的主观的法律感情。当民法上的一系列规定表现了一般的法律思想，即可填补税收债务法的法律规定的漏洞时，可以直接适用。④

北京大学刘剑文教授在《私人财产权的双重保障——兼论税法与私

---

① 李刚：《税法与私法关系总论——兼论中国现代税法学基本理论》，厦门大学博士后学位论文（2008 年 3 月），检索自"万方数据资源系统—期刊/学位论文/会议论文"，第 24 页。

② 同上注。

③ 孙健波：《税法漏洞补充理论研究》。

④ 同上注。

法的承接与调整》一文中认为，私法对私人财产权的规范具有先在性，税法对私人财产权的规范与评价，必须就纳税人行使财产权而缔结的契约、法律行为、事实关系等，依据税法规范后果确定私人财产权的行使的法律属性。既然私法与税法规范价值各异，税法从自身规范目的出发，对私人财产权作异于私法的规范，包括在概念的适用或其法律属性的认定，应当具有其必要性。但法律秩序的整体性和法律规则的体系化强调不同部门的法律适用应当相互牵制和配合。片面强调形成独立的税法概念体系，则容易导致税法与其他法律部门的脱离，税法的适用即有可能脱离其他法律部门的掣肘。因此，税法对私人财产权的规范承接私法所认定的法律属性与后果，亦即税法与私法在私人财产权相关概念理解与事实评价上实现一致，应当作为一般的法律适用原则。除非税法基于正当性判断，只有在采用异于私法的概念或确认异于私法规范后果的情况下，才能实现税法对私人财产权的规范目的，税法才能对私法的规范加以一定的调整，对私人财产权的私法规范的调整及法律后果，应当由税法明确予以规定。① 台湾学者黄茂荣教授也持有类似的观点，如果税法需要借用民法的用语，且该用语在税法上又须予以不同理解时，切莫忽略在税法中明确加以定义。事实上，关于民法与税法在借用概念上的争议，主要是由于得以作出有权解释的立法机关或行政机关的懈怠，而不是理论探讨所能圆满解决的。为避免该懈怠，合理的解决方案当是：一个用语使用于后者，如不为明确定义或解释保留，应从使用在先者之概念内容解释之。②

4. 目的适合说

目的适合说为台湾学者葛克昌教授所主张。他既反对税法借用私法概念一律须转化为税法的经济意义才始予适用的"独立说"，也不同意在税法未有明文规定的前提下采纳与私法相同解释的"有限统一说"。他主张应就具体个案，探究某一概念适用于税法的目的为何，概不受相同或相异的限制。该学者以房屋租赁的租金为例，指出虽依常规而显偏低之租金，如无滥用私法自治以规避租税之情事，则该租金之约定在私法上仍然有效；惟所得税法借用民法之租金概念，所重视者系纳税人负担所得税的经济能力，而非当事人间之约定及其私法关系。因此，税捐机关可忽视当事人间的私法约定，依法径行对偏低的租金依常规（即一般租金标准）予

---

① 刘剑文：《私人财产权的双重保障——兼论税法与私法的承接与调整》。
② 李刚：《税法与私法关系总论——兼论中国现代税法学基本理论》，第27页。

以调整,使之与纳税人负担税收的能力相当。他认为,任何法律概念之理解,只有在特定法规目的实现中才有意义。即使在同一法律之内,使用相同之法律概念,由于各别法规范立法目的不同,其解释亦不必一致,此谓之法律概念相对说。故税法借用民法概念时,自应由不同之立法目的予以不同之理解。因此,对于税法与私法间的关系,葛克昌教授的结论是"既非独立,亦非依存,而同为国家统一法秩序的部分法域,应统一在宪法的指导理念之下。"①

厦门大学学者李刚总结以上观点后认为,对借用概念作与私法概念相同或相异解释的争论双方,其凭以主张的理由都包括法的统一性与稳定性等要求,只不过所针对者一为私法、一为税法而已,也就是私法优先、还是税法优先。统一说与有限统一说维护的是私法秩序的统一性与稳定性,避免税法凭借实质课税原则而干扰经济主体对其民商事行为的正常预测;独立说保障的则是税法的体系完整性与公平性,防止不法纳税人利用合于私法形式的行为规避税负,而与守法纳税人处于不公平的状态之中。换言之,两者均从"部门法主义"出发,各自维护本部门法所需考虑与达到的目的,但却都破坏了作为整体的"法"的统一性、稳定性与预测可能性。该学者进而主张,糅合有限统一说与目的适合说两者长处的协调统一说:"协调"意指税法与私法之间关系的协调;"统一"非指税法统一于私法,而是在两者协调的基础上统一于作为整体的"法"秩序之下。②

5. 小结

虽然以上各学者观点看似各异,但仍然存在共性,即私法与税法之间存在无法割裂的纽带,这为本研究识别规范的确立提供了非常积极有意义的启示。但从方法论的角度而言,抽象地停留于税法与私法之争,而缺少解剖的手段观察税法与私法的微细互动与冲突,这种争论是无法深入的,因而会随场景变换而发生观点变换。所以需要从实证的角度观察税法规范在真实环境中的发生机制与作用机理。

(四)会计制度对税法规范的影响

1. 会计制度与法律制度的关系

关于会计制度与法律制度的关系,大致有如下观点。

---

① 李刚:《税法与私法关系总论——兼论中国现代税法学基本理论》,第 27 页。
② 同上注,第 32 - 35 页。

1）并列说

武汉科技大学黎精明在《法律制度变迁与会计科学理论的发展》一文中认为，法律制度变迁与会计科学理论发展之间存在密切的交叉影响与相互作用关系，一方面，法律制度为会计科学理论发展准备实践环境，从而为会计实践上升到会计科学理论提供根本保证，同时，法律制度也为会计理论的突变和高级化进程提供了关键性能量；另一方面，会计科学理论的发展又使现行法律制度的缺陷得以准确、集中地显露，从而为法律制度的改进指明方向，同时，它又为法律制度改进中可能出现的纷争解决提供相应的支持，进而为法律制度创新提供相应的条件。总之，法律制度变迁的过程和会计科学理论发展的过程是互为条件和互为因果的，不仅法律制度严重落后或超越会计科学理论发展水平的情况不可能发生，而且会计科学理论严重滞后或超前于法律制度的情况同样不可能出现。因此，会计工作者和法律工作者要相互关注对方领域的发展动向和发展水平，从而为法律制度和会计科学理论交叉融合和协调发展提供有益的支持。①

2）商法说

上海国家会计学院颜延在《会计改革的法律背景初探》一文中认为，新会计准则体系的颁布实施，是一项重要的商法改革。我国采取民商合一的立法模式，民法商法是我国七大法律部门之一。会计法及相关法规、规章、规范性文件，是我国商法体系的重要内容。自1979年颁布《中外合资经营企业法》开始，经过20世纪80～90年代以及本世纪初的立法活动，我国已经初步建立以各个单行法规的形式为内容的商法体系。这一体系的范围包括公司法、证券法、投资基金法、会计法、票据法、保险法、海商法、商业银行法及信托法，等等。1985年1月21日，第六届全国人大常委会九次会议通过、1993年12月29日第八届全国人大常委会第五次会议修正的《中华人民共和国会计法》，以及国务院随后依据该法发布的《企业财务会计报告条例》、《总会计师条例》，财政部依据该法颁布的会计行政规章与规范性文件，包括新颁布的基本准则和38项具体会计准则，从其性质来上说，亦属于我国商法体系的组成部分。同样，商法领域的其他变革，也对会计准则的国际化产生影响。新会计准则颁布之后，研究我国相关的商法改革与发展，对于新准则体系的实施，不无裨益。2005年10月，我国修订了《中华人民共和国公司法》和《中华人民共和国证券法》。

---

① 黎精明：《法律制度变迁与会计科学理论的发展》，载《武汉科技大学学报（社会科学版）》2011年4月。

公司法和证券法是建立和完善社会主义市场经济体制的重要商事法律，两法的修改，对于正在进行的会计国际化改革，必将产生积极的影响。此外，我国其他商事法律也正在进行相应的变革与调整。关于公司资产信用的立法理念变革、股票期权等金融工具立法的完善、股东本位的重塑以及"关联方"定义的修正，为我国顺利推行与国际会计准则趋同的新准则体系，提供了制度上的保障。①

以上观点，虽然没有从基础理论的角度研究商法与会计制度之间的关系，但认为会计制度与商法存在内在的密切联系，会计制度属于商法的一部分。

2. 会计制度与税法的关系

根据诺布斯的分类，会计制度与税收制度的关系模式大体可分为两类：以英美为代表的税会分离模式和以法国为代表的税会统一模式。②

采用分离模式的国家资本市场高度发达，企业股权极度分散，财务报表主要服务于广大财务信息使用者，会计信息立足于客观真实地反映企业财务状况和经营活动成果。在这一模式下，会计准则由保持中立地位的民间机构根据会计理论和实务制定，并不会过多地顾及政府的税收利益；政府只能通过独立的所得税法规来规范所得税的会计处理，从而保障政府税收，可以说，美国的"一部所得税法就是一本所得税会计"。因此，在税会分离模式下的会计准则与所得税法是两套独立的制度，分别规范不同的经济活动，互不影响。③

采用统一模式的国家政府较为注重从宏观上对国民经济进行有计划的引导和调节，对微观经济主体的干预也较多，会计的确认、计量和报告往往以维护国家税收利益为基本目标，会计信息主要服务于政府征税的需要。在这一背景下，企业会计核算的管辖权归属于政府行政部门，会计制度受严格的法律框架约束，会计活动必须遵守商法、公司法特别是税法的要求，相关操作趋向高度的程序性，并不需要太多的判断，因此会计准则与税法高度融合。④

---

① 颜延：《会计改革的法律背景初探》，载《会计研究》2006 年第 5 期。

② C. W. Nobes："A Judgmental International Classification ofFinancial Reporting Practices", *Jounal of Business & Accounting*,1983(10)：1－19.

③ 尤雪英：《税会关系模式——国际的经验与中国的实践》，厦门大学博士论文,检索自"万方数据资源系统——期刊/学位论文/会议论文"

④ 同上注。

在分离模式与统一模式之外,还存在着一种中间模式——调整模式,该模式以日本为代表。在该模式下,企业财务报告的编制主要依据会计原则,在计缴税款时则依税收目的对部分项目进行适当调整。因此,在调整模式下,应纳税所得额的计算在很大程度上依赖于会计记录,企业纳税行为由商法、证券交易法、税法和会计准则等共同规范,仅靠一部所得税法难以实现对涉税事项的全面管理,会计准则与所得税法既有重合,又存在差异。尽管该模式可能因为缺乏理论上的统一而遭到诟病,但却因实际操作中的灵活与实用而具有一定的存在价值。①

有学者分析了我国的会税模式,将新中国成立以来我国税会关系的发展变化大致地划分为以下四个阶段:① 1949—1978 年:高度集中计划经济体制下完全统一的税会关系。新中国成立后,我国开始逐步实行以生产资料公有制为基础的高度集中的计划经济体制。在这一背景下,国家不仅履行对社会经济的管理职能,还作为国有资产所有者,行使对国有资产的经营管理职能,国家对占经济主导地位的国有企业利润实行统收统支,以此代替税费征缴。这一时期税法和会计制度的制定均以企业财务制度为依据,两者高度统一,企业会计核算的处理结果,就是其纳税申报额,无需再做额外调整。这种高度统一的税会模式适应了特定的时代要求,既方便了企业会计核算,又满足了国家税收征管的需要。② 1978—1992 年:有计划商品经济体制下基本一致的税会关系。1978 年十一届三中全会的召开将党的工作重心转移到经济建设和经济体制改革上来。为了加速商品经济发展,放宽企业自主经营权,国家进行了税制改革,1983 年开始以所得税的形式代替利润上缴,同时健全税制,强化税收的调节作用。在这一阶段,我国外资企业适用专门的税法和会计制度,内资企业则按行业和所有制性质区分采用不同的会计制度和税法,两套制度并行不悖。尽管上述制度安排是为了满足经济改革的需要,但囿于国家在改革初期的谨慎和试探态度,这些制度并未发生实质上的变动,这一时期的税法和会计制度仍然保持着相当程度的一致。③ 1992—2000 年:社会主义市场经济体制下逐步分离的税会关系。1992 年 10 月,党的第十四次全国代表大会明确提出了建立社会主义市场经济体制的战略目标,与此相适应,我国会计制度和税法规范在新的经济背景下进行了大刀阔斧的改革与完善。1992 年,财政部先后发布了《企业会计准则》和《企业财务通则》,以及若干项的行业会计制度和行业财务制度,自此我国会计模式逐步走

---

① 吴革:《日本会计制度及其借鉴》,载《辽宁财税》1998 年第 1 期。

出计划经济影响，开始适应市场经济要求，并于国际惯例初步接轨。在企业所得税制度改革方面，相关部门分别于 1991 年和 1993 年发布了《中华人民共和国外商投资企业和外国企业所得税法》和《中华人民共和国企业所得税暂行条例》及实施细则，分别统一了内外资企业的所得税制度。改革以后的所得税法与已部分借鉴国际惯例的企业会计制度产生了一些差异，所得税法与会计制度之间出现了初步分离。此后随着若干具体会计准则的相继出台与实施，会计制度与税法相分离的趋势日渐明朗。总体来说，这一时期的税会模式基本上是一种"纳税调整"模式，即企业所得税法律、法规和政策有规定的，按税法规定执行，税法没有规定的，按财务会计制度规定执行。④ 2000 年至今：社会主义市场经济体制下高度分离的税会关系以 2000 年财政部发布《企业会计制度》为界，我国税会关系进入了一个全新阶段。《企业会计制度》在很大程度上实现了与国际会计惯例的协调，将我国的会计国际化进程向前推进了一大步，税会关系由此前的调整模式逐步转向了高度分离、独立发展的模式，会计利润与应税所得间的核算差异也日渐扩大。为适应会计制度的快速变革，国家税务总局陆续出台了《企业所得税税前扣除办法》（国税发〔2000〕84 号）《关于股权投资业务若干所得税问题的通知》（国税发〔2000〕118 号）《关于企业合并分立有关所得税问题的通知》（国税发〔2000〕119 号）《企业债务重组业务所得税处理办法》（国家税务总局〔2003〕6 号令）等一系列重要文件，就企业所得税税前扣除、投资、分立、合并和债务重组等涉税行为的税务处理做出了规定，在一定范围内缓解了税会差异扩大所带来的所得税处理问题。尽管如此，由于我国税制改革相对于会计改革的滞后，在税收征管与税法遵从中仍存在大量问题尚待解决。伴随着 2006 年会计准则体系的出台和 2007 年新企业所得税法的颁布，我国会计准则与所得税法间相互分离的模式已经正式确立起来，如何在新的制度框架下理顺会计准则与所得税法的关系，在保证各自目的的前提下实现两者协调，降低核算成本，提高税收征纳效率，将是未来理论界和实务界关注的热点所在。①

有学者从目标的角度分析了会计规范与税收制度形成差异的原因。首先，两者的区别主要表现为：① 在各自理论体系中的地位不同。会计目标在会计理论体系中占有十分重要的地位，西方的财务会计概念框架将目标作为研究的起点，以财务报告目标作为构建概念框架的基石，在我国 2006 年颁布的《企业会计准则——基本准则》中，也在总则部分明确阐

---

① 尤雪英：《税会关系模式——国际的经验与中国的实践》。

述了财务报告的目标。而税收目标在税收理论体系中的地位相对偏低，排列在税收职能、原则之后，人们往往是从现实工作的角度，强调其组织收入的工作目标，注重税收收入计划的完成，存在片面将税收目标限定为税收收入目标的倾向。② 理论依托不同。会计目标主要围绕决策有用观和受托责任观展开论战，但这两种观点都服务于企业管理的需要，涉及财务管理、生产经营管理等内容，因此，笔者认为会计目标的理论基础是管理学原理。税收工作目标具有管理学中目标管理的因素，但税收政策目标则是以经济学理论作为依托而构建起来的，它在筹集财政收入的基础上，还要发挥调节经济的作用，以促使国民经济协调健康发展。③ 从内容上看，税收目标更具有多元性，其具体目标的变化调整较为频繁，体现出一定的灵活性。税收涉及社会经济生活的方方面面，它也因此承载了许多政府赋予的任务。税收政策目标是和特定时期政府面临的环境和问题相伴相生的，随着时间的推移、环境的改变，税收政策目标会相应调整，比如近期我国将促进就业、促进环境保护、促进科技创新列入税收政策倾斜的对象，显然是和现实经济生活中的突出问题以及政府工作的重点联系在一起的。而会计目标相对较为稳定，外在经济环境的变化对它的影响不像对税收目标的影响那样明显，它已经是会计基础理论中（包括我国的基本会计准则、西方的财务会计概念框架）成型、成熟的一项内容。通过对会计目标与税收目标的比较，[1]该论文进而认为：① 会计目标与税收目标分别为会计规范与税收制度的建立定下了基调，由此决定了它们会按照各自的利益动机构建自身的制度体系。会计目标关注的是与企业有利害关系的微观经济主体的利益，而税收目标在保证国家财政收入的前提下，关注的是宏观经济运行的效率与公平。出发点的不同决定了会计规范与税收制度具有不同的利益倾向，其具体制度设计必然存在差异。② 我国会计目标的设定大量吸取了国外的理论研究成果，新《企业会计准则——基本准则》中对财务报告目标的表述实现了与国际会计准则委员会(IASC)《编制财务报表的框架》的趋同，为我国会计准则总体的国际趋同奠定了基础。相对于会计目标而言，税收目标的设定服务于国家的宏观经济政策，更多地体现出本国特色。因此，会计规范与税收制度差异的协调，应在目标的设定上相互借鉴，会计目标的设定要适当兼顾本国经济生活中的突出问题，服务于国家的现实需要，而税收目标的设定也应具有

---

① 刘荣：《会计规范与税收制度比较研究》，天津财经大学博士论文，检索自"万方数据资源系统——期刊/学位论文/会议论文"。

国际化的视野,注重对企业可持续发展能力的保护,提升企业的经济实力。①

3. 小结

以上论文充分研究了会计规范的特点,对会计规范的深入研究很有借鉴意义,但这些论文对税法规范的研究均稍显不足,对税法的理解也是停留于税收政策层面,考虑税法行政规范的因素多,考虑税法民事规范的因素少,因而,对税法的理解是片面的,这就难以认识会计规范与税法规范之间仍然存在共通的真实的互动关系。

三、解决问题的新思路

抛开泛泛地谈论税法问题,而研究税法的内部微核,可以将割裂的不同学科之间的二元关系研究(如税法与民法、税收与税法、税法与会计学),还原至真实状况之下的多元关系研究(如民法与税收、会计学相互之间的关系);可以将民法与税法、会计学与税法等这种学科间的关系研究,推进至税法内部的规范研究,避免学科相互割裂、固守学科体系造成的局限性。这种由局部到整体、由外部至内部的研究路径,无疑更有助于分析不同学科在税法内部冲撞的具体形态,并进而具体判断冲撞的深层原因,直至寻求不同学科的共同点,建立税法理论自己的内核,从理论上推进税法的统一与协调。

(一) 内生分析

从表象上看,是不同学科对税法的影响,造成税法适用上的不统一。因而,国内很多学者将研究视角停留于"税法与私法的关系研究",②"税法与会计的差异研究"等,③研究的视野在制度与制度之间进行,一定程度上将其他法律制度放在税法之外进行比较研究,实质是一种外部研究。

这种外部研究的特点是,税法与其他学科是一种借鉴、吸收与转化的关系,其他学科为税法所用的关系。这暗含了税法是一门独立学科的假设,并有内在的、闭合的运行体系(图1-6)。

---

① 刘荣:《会计规范与税收制度比较研究》。天津财经大学博士论文,检索自万方数据库。

② 孟磊:《税法与私法的冲突及其解决途径》,载《淮北煤炭师范学院学报(哲学社会科学版)》2006年6月。

③ 董树奎、孙瑞标:《税收制度与企业会计制度差异分析及协调》,中国财政经济出版社2003年6月。

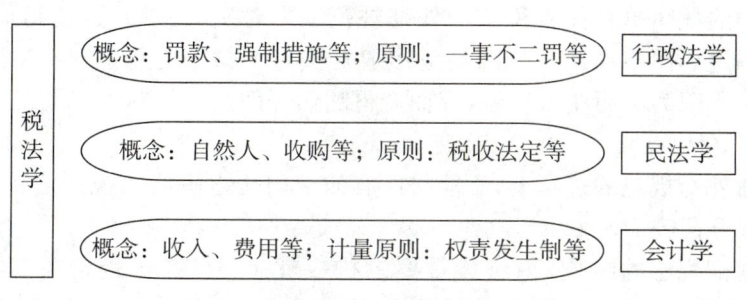

图 1-6 税法学与其他学科关系图

因而,本书选取了与以往完全不同的分析角度,通过观察税法的构成"要件",自然地将其他学科规范对税法的影响深入至对税法内部构成"要件"的影响,在这种解剖式的图景下,就容易观察到,不同学科发挥影响的细微作用机理,甚至可能观察到,外部学科将这些"要件"作为导管侵入税法的内部。同样也可能观察到,这些"要件"在内外的夹攻下,自身又发生了怎样的变化,究竟是被"转化"了,还是起到"抵制"外部侵入的作用。这样,其他学科与税法的冲突或摩擦,也就从外部规范冲突演化为税法规范内部构成要件的冲突,而不是旁观者所看到的税法与其他部门法或学科的整体性冲突。这是建立在实证分析基础上的一种内生的分析方法,也是方法论上的整体主义。

(二) 规范分析

1. 研究起点

就税法学科而言,最小的研究单元可以小到"税法概念",但如果仅仅限于概念研究,就容易忽视概念之间的联系(当然这是指系统性的联系),就像歌词不配之于旋律,则难以成为歌曲而飘动起来。这使研究者更愿意将着眼点从稍大一点的范畴出发,这个稍大一点的范畴可以是"税法条文",也可以是"税法规则",它们都能通过语义或逻辑结构将"概念"串联起来。但由于"税法条文"只是立法的表现形式,因而存在一些并无实际研究意义的串联条款,如"本法自 2015 年 3 月 1 起实施"等,"税法条文"也需要一定的凝练与适度的综合,这才具有了理论研究的意义。从这个角度而言,"税法规则"是一个合适的研究起点。但如果将研究视角仅仅停留于"税法规则",又会忽视"税法原则"问题。无论是在立法环节还是司法解释环节,"税法原则"均发挥着实在的所用,尽管这些原则并不一定直接地显现于条文之中。对"税法规则"与"税法原则"的综合研究,其实就是"税法规范"的研究。如果以"税法规范"为研究点,税法也就能够以一个最小的整体单元代表税法与外部规范发生对接与碰撞,这使得研究对象不因过小而不具备与外部规范形成对接与冲撞的力量,这样一个研究视野也不因为小而变得狭隘,反而变得豁然开朗。

2. 研究范围

在外部规范的选择上,不能将所有的部门法逐一融入税法之中,导致无法展开研究。

解剖税法的结构,税法最重要的构成就是:存在征税对象(可识别性),具有可确认的税基(可计量性),形成税赋(可征收性)。税赋责任建立于征税对象、税基、税赋之上,这为张守文教授提出的"可税性"理论提供了一个深入的视角,①即"可税性"的前提至少应当存在"可识别性""可计量性""可征收性"。

纵观市场经济国家税法的构成,差异较大的情形一般集中于"可征收性"环节;而具有"可识别性"的事实要件与"可计量性"的计量要件,却能呈现相当程度的一致,这有利于区别一些受主体特征影响而存在较大变动的素材和一些相对客观性较强而变动较小的素材。

由于"可识别性""可计量性"是"可征收性"的客观前提,这就容易从一个变动较小的要件出发,反过来推动"可征收性"问题的研究。而"可识别性"与"可计量性"又是事务质与量的关系,这说明要件之间存在关联,而正是这些要件相互关联在一起,由此形成了税法规范的直接来源。从要件到规范的这种分层研究,为税法规范的研究提供了纵向的视野(图1-7)。

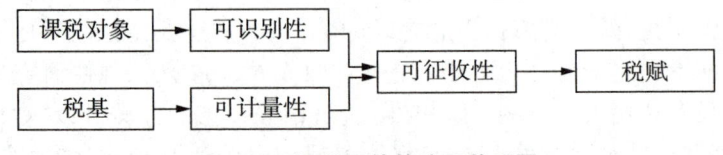

图1-7 课税要件的分层关系图

同时,这样的划分,意味着将税法中复杂的公权力问题集中于"可征收性"环节,从而与公法相对应,但主要是行政法;将与私人社会相关的事实问题集中于"可识别性",从而与私法相对应,但主要是民法;将与公、私社会交错的技术问题集中于"可计量性",从而与会计制度相对应,但主要是会计准则。在研究税法与不同学科的对应关系中,为税法规范的研究

① 张守文:《论税法上的"可税性"》,载《法学家》2000年第5期。

提供了横向的视野。

这就意味着将复杂的整体性问题从庞杂的税法中理出头绪和层次，有助于回归简单、清晰的基础问题。

（三）制度经济学分析

税法规范的重构与内生分析，只是一种概念逻辑的展开，任何精美的人造逻辑都取代不了自发机制对制度变迁的影响。经济学意义上的制度变迁同样包含了规范的变迁，因而，可以结合前述的规范分类，实证分析税法规范的变迁路径以及路径依赖，以求与前述逻辑分析的一致，进而清晰洞见税法规范的构成与变化。

四、本书语境下的概念内涵

本段的目的在于为研究展开确立清晰的概念基石，避免语义含混造成内容辨析的困难。

（一）税法概念

回答税法概念的问题，其实就是关于法律概念的问题。税法概念只是法律概念在学科体系上的映射。

美国法理学家博登海默指出，由于法律的首要目的之一就是将人的行动与行为置于某些规范标准的支配之下，又由于不对某一特定标准所旨在适用于的行为种类加以划分就无法确立规范标准，所以法律与概念之间的紧密关系即刻就凸显了出来。法律概念可以被视为是用来以一种简略的方式辨识那些具有相同或共同要素的典型情形的工作性工具，法律概念是人类语言的产物而非自然客体的产物。[①] 这说明，法律概念是规范研究的逻辑起点。

一般学者认为，法律概念与法学概念不同。法学概念是指用于法学理论研究、法理学解释、立法建议中的概念。而法律概念是法律条文中出现的，用以指称那些应由法律规范调整的事件或行为的特有属性的思维形式。两者最明显的区别就在于其是否为法律所规定。[②] 但这样一种区别，实在过于狭隘，并且对法律原则、法律规范的表述过程中，需要时时警惕与反复罗列"法律概念"与"法学概念"，这实在是一件绕口令的事情，且

---

① 〔美〕E. 博登海默：《法理学——法律哲学与法律方法》，邓正来译，中国政法大学出版社，2004 年版，第 501 - 509 页。

② 张静：《论法律概念的特征》，载《西南政法大学学报》1999 年 11 月。

这种区分对于学术研究究竟有多大的实在意义,令人怀疑。如果我们试图走得远一点,或者快一点,就没有必要羁绊于法理学家设定的那些琐碎的框框。因而,本研究所指法律概念,更愿意引用美国法理学霍尔尔德(W. N. Hohfeld)所称,"法律概念指的仅仅是法学领域中基本范畴"①。法学领域当然包括理论与立法,从英美学者的表述习惯看,也应当是一个宽泛的概念。与此对应,税法概念指的仅仅是税法领域中基本范畴。

(二) 税法规则

法律规则区别于法律条文。法律规则是法律条文的意义,而法律条文是表达法律规则的语句,两者是内容与形式的关系。这里须注意两点:其一,并非所有法律条文都用以直接表述法律规范(规则和原则)。除了直接表述法律规范的规范性条文外,尚有不直接表述法律规范的非规范性条文。其二,即使是表述法律规则的规范性法律条文,亦可以被区分为带有道义助动词(必须、不得、可以等)的规范语句,以及不带此类助动词的陈述语句。前者如"禁止用任何方法对公民进行侮辱、诽谤和诬告陷害",后者如"公民以他的户籍所在地的居住地为住所"。无论是规范语句还是陈述语句,表达的意义都是法律规则。两类语句所表达之法律规则的逻辑结构并无差别。②

比照法律规则的逻辑结构的分析,我们可以认为,税法规则与法律规则的概念相对应,并于税法条文区别开来。税法规则不必拘泥于税法条文的一一对应,税法规则应当体现的是具有完整意义的基本要素组合,或者说,税法规则是税法概念(课税要件)相互关联形成的最小结构的有意义的组合。其中,①"最小结构"指的是具有完整的意义且刚好超越了组成其税法概念的内涵与外延;②"有意义"指的是因课税要件的具备使课税成为可能。比如,"扣缴义务人应当履行扣缴义务",我们不能认为这是一个税法规则,只能认为它仍然停留在税法概念阶段。如果表述为,"公司向自然人支付股权转让所得时,应当履行代扣代缴个人所得税义务",则语句在"股权转让""个人所得税""代扣代缴"的概念组合下,具有了使课税成为可能的意义,或者说具备了课税的必备要件,且因为这些概念的连接,产生了超越概念的税法上的权利与义务,因而,它是一个税法规则。

---

① 张静:《论法律概念的特征》,载《西南政法大学学报》1999 年 11 月。
② 雷磊:《法律规则的逻辑结构》,载《法学研究》2013 年第 1 期。

(三) 税法原则

法律原则作为一种法律规范,是一种与法律规则有着结构性不同的规范。

德沃金认为,原则就是法官在处理疑难案件时所适用的标准。原则不是由立法创造的,它有时表现在法规序言中,有时表现在司法判决中,往往没有明确的陈述方式而是从宪法精神、法规、判例以及道德和政治理论中推导出来的。"任何人不得从他自己的错误行为中获利"就是普通法的一条原则。原则的有效性不在于它和规则相吻合,而在于社会道德的承认。正是由于在疑难案件中原则和规则的不一致性才产生这样的问题如善良违法等。在 20 世纪五六十年代大量的善良违法案件中,有色人种违背关于种族隔离的法律都得到了道义上的支持。出版自由和保护个人隐私权的矛盾也反映了原则和规则的矛盾,在政治上则表现为良知和政治责任的分裂。① 德沃金坚持的是一种融贯论真理观,所谓信念和知识是地位平等且相互支持的,并构成融贯的信念和知识整体,任何信念和知识的真假都必须置入这一融贯的知识整体来判断。② 这颇有些我国中医的色彩。波斯纳也觉得德沃金的"理论"其实是空洞的,既没有确定的内涵,也没有确定的外延。③

根据阿列克西对于原则的界定,原则是一种最佳化命令,这种最佳化命令要求某种价值与目的要在最大范围内被实现,无论是在事实范围内,还是在法律范围内。也就是说,原则是一种程度性的、比较性的规范,规则在与原则比较的意义上是一种相对确定性的规范,要么实现,要么不实现,而原则则可以程度性地实现。阿列克西在德沃金的道路上走得更远,阿列克西认为,原则的典型适用方式是衡量,规则的典型适用方式是涵摄;规则与原则具有不同的初显性特征,规则在"是否适用"这一问题上具有初显性,而在"适用多少"这一问题上具有确定性,而法律原则在法效果上仍然是初显性的。这也揭示了德沃金与阿列克西分歧的根源:前者在第二个层次上谈论规则适用的"全有或全无",后者则在第一个层次上谈

---

① 信春鹰:《罗纳德·德沃金与美国当代法理学》,载《法学研究》1988 年第 6 期。

② 李锦:《法律理论的第三条道路——德沃金的解释转向及其意义》,湖南大学出版社,2013 年版,第 194 - 196 页。

③ 李霞:《波斯纳——法律的经济分析》,黑龙江大学出版社 2009 版,第 91 页。

论规则的"不那么确定"。①

原则与规则的区别可以说是法律理论中一个非常重要的问题,直接关系到法律原则是否具有独立的规范地位的问题。尽管作者更认同阿列克西的观点,但本书为便于理解与阅读,仍然遵循多数学者的概括,认为法律原则属于规范的一种,并且与法律规则相区别。与此对应,税法原则亦应作为税法规范的一种,且是一种程度性的、比较性的规范,不需要因"确定性"的要求而寻求"完整意义的基本要素的组合"。

(四) 税法规范

中国学界长期对"规则"与"规范"未加以区分使用,②这本来不会有多大问题,但随着国内对西方法理学理论的引入,反而让"规则"与"规范"必须作出区分。

在西方的概念中,凯尔森使用法律规范而哈特使用法律规则来指称法律。具体地,凯尔森把"规范"作为法律的属概念,认为"规范"是法律的根本属性;哈特则把"规则"作为法律的属概念,认为"规则"是法律最重要的特点。凯尔森认为,"规范"是这样一个规则,它表示某个人应当以一定方式行为而不意味着任何人真正要他那样行为,而"规则"更多地带有客观性和必然性,如自然规律、科学定理。哈特几乎在法律规范的同义语上使用法律规则。规范作为一个领域,是与事实、与价值相区别的,它是一个独立的领域,更强调它作为对一般事实的"应然"标准,"规则"则更多地强调了法律与社会事实之间的联系,通常人们只有参考事实才能得出规则,但人们可以制定完全不顾事实的规范,因而,规范具有可脱离实际事物而存在的抽象性,规则就不具有这一特点"规范"性,就是对事实和价值始终保持的一种独立性,同时又自然地带有一种应当如此的要求与命令;而规则则可能仅仅属于"一种办事规则","一种方便程序",在"理想性""应当性"方面有所缺憾。规范带有道德内容,规则更多表达一种事实方

---

① 李鑫:《法律原则适用的方法模式研究》,中国政法大学出版社,2014年版,第29-36页。

② 多种教材只是简单地提及凯尔森的观点,即法律创制权威所制定的规定是法律规范(参见〔奥〕汉斯·凯尔森:《法与国家的一般理论》,沈宗灵译,中国大百科出版社1996年版,第49页),而法学中对这些规定的陈述称法律规则,并称这种区分未被普遍接受,故而遵从习惯使用之(参见沈宗灵主编:《法理学》,北京大学出版社2001年版,第32页)。转引自"雷磊:《法律规则的逻辑结构》脚注(3),载《法学研究》2013年第1期"。

面的规律性,未必始终有社会规范的特点。规范具有抽象性,规则却不可脱离体现规则的事实单独存在。①

现代西方法理学中"法律规范"与"法律规则"在通常情况下所指涉的内涵并不相同,虽然不同学者在使用这两个概念时有自己独特的偏好与定位,使得同一个词语负载了大相径庭的内容,但似乎很少出现将这两个概念随意混用的情况,确实,在某些西方学者的论述中也可以看到将两者作为同义词交替使用的现象,但这往往是在已经明确界定过其内涵的整体背景下的个别情况。相比之下,国内学者通常不对"法律规范"与"法律规则"加以区分,造成的缺陷是相当明显的。因而,目前国内学者在法律规范逻辑结构问题上所发生的大量争议,其来源都可以归结到把这两个概念作为同义词混用这一习焉不察的做法上。事实上,我国的不少研究者在根本没有界定他们所使用的"法律规范"或"法律规则"概念的情况下就直接展开了自己对法律规范逻辑结构问题的讨论。虽然不少研究者在讨论法律规范逻辑结构问题时并没有说明他们心目中"法律规范(则)"的内涵,但从他们的相关讨论中大致可以推测出,他们仅仅是在日常语言中行为规则一词的一般意义上使用规则或规范的概念,其内涵比较接近于哈特和拉兹所讲的法律规则,与凯尔森式的"自足和独立的"法律规范在内涵方面是有相当大的差异的。②

就本研究而言,凯尔森的规范理论对于税法目的的理解、哈特的规则理论对于税法变迁的理解均具有十分重要的理论意义。即使进行小心地比对,本书提出的"税法规则"的定义也与哈特提出的"法律规则"并无矛盾之处,但却无法与凯尔森的"法律规范"概念相吻合。因而,单独提出"税法规范"的概念是要有必要的,以此吸收一些"应然"的要素,否则税法规范的研究就缺少了灵魂。

必须清醒的是,凯尔森的"法律规范"是一个纯粹体系下的概念,虽然有助于法与其他社会规范区别开来,但无助于法与其他社会规范的联系,这是一个纯正的、单一的体系,而不是一个多元的体系。如果沿着这样一个概念路径,所有的国内税法研究都将趋向于"税法入宪"的研究,而真实世界里的税法与其他部门之间的互动与联系却被忽视了。即使认为这些"忽视"是值得的,也仍然解决不了税法领域的问题。典型的例子便是国

① 李旭东:《法律规范与法律规则——凯尔森与哈特的法律概念之比较》,载《学术交流》2006 年第 6 期。

② 陈历幸:《法律规范逻辑结构问题新探》,载《社会科学》2010 年第 3 期。

际税法的问题。在国际税法中，看似所有的强制力都来自国内法（这也吻合凯尔森的定义："法是一个强制秩序"），但税收协定所体现的条款确有阻却国内法强制力的消极作用，①在国际税收仲裁尚未得到全面认可的情形下，通过外交途径解决国际税收争议，更使一国国内法的强制力趋于模糊。所以，法律规范的设定，既不能与哈特的"法律规则"相等同，也不能完全拘泥于凯尔森的"规范"理论而不能自拔，法律规范应当是两者的综合。这也是国内学者的通识。

张文显教授提出，法律规范是"法律规则、原则和概念的统语或概称"。② 由此，法规规范作为一个集合概念而与法律原则、法律规则相区别。法律规则是具体规定权利义务以及具体法律后果的准则，或者说是对一个事实状态赋予一种确定的具体后果的各种指示和规定；法律原则的内涵比较宽泛，既可以谋求某种价值，也可以谋求某种目的，当然就包括了"应然"的追求。所以将法律规范作为法律规则、法律原则的集合，就是对凯尔森与哈特之下的法律概念的综合。

需要对张文显教授的定义稍稍修正的是，法律规则、法律原则一般已经将法律概念涵摄其内，故法律规范的定义可以表述为，"法律规范是法律规则、法律原则的统称"，法律规则是一种规范，法律原则也是一种规范。

与此对应，所谓税法规范，就是税法规则与税法原则的统称。

---

① 廖益新：《国际税法学》，高等教育出版社 2008 版，第 12 页。
② 张文显：《法学基本范畴研究》（修订版），中国政法大学出版社 2001 年版，第 49－50 页。

第二章　税法规则构成的假设

世界各国如今都面临税法复杂的问题。税法中的那些具有稳定性的基本构成单元，早已淹没在浩瀚的案例、条文、解释之中了。有的已经消失了，有的已经发生了变化，有的虽然存在，都却失去了对税法的解释力。现在是需要重新观察的时刻了。

本章基于观察，以确立税法规则可假设由征收要素、计量要素、识别要素所构成。

第一节　征收要素的假设来源

在税法实践中，最容易的且比较稳定的观察对象就是税收立法。对税收基本法的观察可以选取一些其他部门基本法予以对照，以此观测税收部门法的特点。

一、税收基本法的观察

《中华人民共和国税收征收管理法》（第九届全国人民代表大会常务委员会第二十一次会议 2001 年 4 月 28 日修订通过）（以下简称《征管法》）属于我国税法体系中的税收基本法。

在我国现有的税法体系中，由全国人大通过的税收法律只有四部，分别是《中华人民共和国税收征收管理法》《中华人民共和国个人所得税法》《中华人民共和国企业所得说法》《中华人民共和国车船税法》，由此可见，除关于税种的法律外，仅有《征管法》适用于所有税种。

观察《征管法》第一条"为了加强税收征收管理，规范税收征收和缴纳行为，保障国家税收收入，保护纳税人的合法权益，促进经济和社会发展，制定本法"之规定，该条属于开宗明义表明立法目的的条款，在这一立法目的之下，其他各条才会渐次展开。而具有规范意义的表述为："规范税收征收和缴纳行为"。可见《征管法》的目的就在于通过规范征纳行为，以保障国家税收收入。

由于缴纳行为是与征收行为作为对应关系存在的,其实质仍然是配合征收的一种行为,因而缴纳行为可以归并于征收行为之下。征收行为的实施,来自于国家权力的保障。因而,在法律规范之下,所谓规范征收行为,就是两个方面,一是国家为征税机关创设征收权,二是约束其征收权,以防权力滥用。

在《征管法》第一章"总则"共十四个条款中,涉及创设征收权的条款为第二、第四、第五、第六条,共有4条,若不考虑第一条关于"立法目的"的条款,在"总则"中占比31%。如下所示:

第二条 凡依法由税务机关征收的各种税收的征收管理,均适用本法。

第四条 法律、行政法规规定负有纳税义务的单位和个人为纳税人。

法律、行政法规规定负有代扣代缴、代收代缴税款义务的单位和个人为扣缴义务人。

纳税人、扣缴义务人必须依照法律、行政法规的规定缴纳税款、代扣代缴、代收代缴税款。

第五条 国务院税务主管部门主管全国税收征收管理工作。各地国家税务局和地方税务局应当按照国务院规定的税收征收管理范围分别进行征收管理。

地方各级人民政府应当依法加强对本行政区域内税收征收管理工作的领导或者协调,支持税务机关依法执行职务,依照法定税率计算税额,依法征收税款。

各有关部门和单位应当支持、协助税务机关依法执行职务。

税务机关依法执行职务,任何单位和个人不得阻挠。

第六条 国家有计划地用现代信息技术装备各级税务机关,加强税收征收管理信息系统的现代化建设,建立、健全税务机关与政府其他管理机关的信息共享制度。

纳税人、扣缴义务人和其他有关单位应当按照国家有关规定如实向税务机关提供与纳税和代扣代缴、代收代缴税款有关的信息。

在《征管法》第一章"总则"共14个条款中,除以上关于规范征纳行为的条款外,其余均属于约束征收权或"权力制约"的条款,分别为第三、第七、第八、第九、第十、第十一、第十二、第十三、第十四条,共9条。

若不考虑第一条关于"立法目的"的条款,在"总则"中占比 69%。如下所示:

第三条　税收的开征、停征以及减税、免税、退税、补税,依照法律的规定执行;法律授权国务院规定的,依照国务院制定的行政法规的规定执行。

任何机关、单位和个人不得违反法律、行政法规的规定,擅自作出税收开征、停征以及减税、免税、退税、补税和其他同税收法律、行政法规相抵触的决定。

第七条　税务机关应当广泛宣传税收法律、行政法规,普及纳税知识,无偿地为纳税人提供纳税咨询服务。

第八条　纳税人、扣缴义务人有权向税务机关了解国家税收法律、行政法规的规定以及与纳税程序有关的情况。

纳税人、扣缴义务人有权要求税务机关为纳税人、扣缴义务人的情况保密。税务机关应当依法为纳税人、扣缴义务人的情况保密。

纳税人依法享有申请减税、免税、退税的权利。

纳税人、扣缴义务人对税务机关所作出的决定,享有陈述权、申辩权;依法享有申请行政复议、提起行政诉讼、请求国家赔偿等权利。

纳税人、扣缴义务人有权控告和检举税务机关、税务人员的违法违纪行为。

第九条　税务机关应当加强队伍建设,提高税务人员的政治业务素质。

税务机关、税务人员必须秉公执法,忠于职守,清正廉洁,礼貌待人,文明服务,尊重和保护纳税人、扣缴义务人的权利,依法接受监督。

税务人员不得索贿受贿、徇私舞弊、玩忽职守、不征或者少征应征税款;不得滥用职权多征税款或者故意刁难纳税人和扣缴义务人。

第十条　各级税务机关应当建立、健全内部制约和监督管理制度。

上级税务机关应当对下级税务机关的执法活动依法进行监督。

各级税务机关应当对其工作人员执行法律、行政法规和廉洁自律准则的情况进行监督检查。

第十一条　税务机关负责征收、管理、稽查、行政复议的人员的职责应当明确,并相互分离、相互制约。

第十二条 税务人员征收税款和查处税收违法案件,与纳税人、扣缴义务人或者税收违法案件有利害关系的,应当回避。

第十三条 任何单位和个人都有权检举违反税收法律、行政法规的行为。收到检举的机关和负责查处的机关应当为检举人保密。税务机关应当按照规定对检举人给予奖励。

第十四条 本法所称税务机关是指各级税务局、税务分局、税务所和按照国务院规定设立的并向社会公告的税务机构。

由以上对比,我们发现通过 4 个条款释放的征税权力,却需要通过 9 个条款约束。而在现实中,这 9 个条款的约束作用如何呢? 几乎根本管不住征税权,试想,全国一年有多少税务稽查案件? 又有多少进入司法程序的呢? 这就能知道征税权有多么强大。

二、行政高权的观察

一般认为,《征管法》涉及公民的财产权利,与那些限制公民人身权利的法律相比,《征管法》下的行为并不是属于行政高权。通常也会认为,行政高权理应受到更多的约束。但实际情况却有些出人意料。

以下以《中华人民共和国治安管理处罚法》(2012 年 10 月 26 日中华人民共和国主席令第 67 号)(以下简称《治安处罚法》)为例进行实证观察。

观察《治安处罚法》第一条"为维护社会治安秩序,保障公共安全,保护公民、法人和其他组织的合法权益,规范和保障公安机关及其人民警察依法履行治安管理职责,制定本法"之规定,该条也属于目的条款,基于治安秩序的需要产生警察权力,并对应地需要规范和约束警察权力。

在《治安处罚法》第一章"总则"共 9 个条款中,涉及创设警察权的条款为第二、第三、第四、第六、第七、第八、第九条,共有 7 条,若不考虑第一条关于"立法目的"的条款,在"总则"中占比 87%。如下所示:

第二条 扰乱公共秩序,妨害公共安全,侵犯人身权利、财产权利,妨害社会管理,具有社会危害性,依照《中华人民共和国刑法》的规定构成犯罪的,依法追究刑事责任;尚不够刑事处罚的,由公安机关依照本法给予治安管理处罚。

第三条 治安管理处罚的程序,适用本法的规定;本法没有规定的,适用《中华人民共和国行政处罚法》的有关规定。

第四条　在中华人民共和国领域内发生的违反治安管理行为,除法律有特别规定的以外,适用本法。

在中华人民共和国船舶和航空器内发生的违反治安管理行为,除法律有特别规定的以外,适用本法。

第六条　各级人民政府应当加强社会治安综合治理,采取有效措施,化解社会矛盾,增进社会和谐,维护社会稳定。

第七条　国务院公安部门负责全国的治安管理工作。县级以上地方各级人民政府公安机关负责本行政区域内的治安管理工作。

治安案件的管辖由国务院公安部门规定。

第八条　违反治安管理的行为对他人造成损害的,行为人或者其监护人应当依法承担民事责任。

第九条　对于因民间纠纷引起的打架斗殴或者损毁他人财物等违反治安管理行为,情节较轻的,公安机关可以调解处理。经公安机关调解、当事人达成协议的,不予处罚。经调解未达成协议或者达成协议后不履行的,公安机关应当依照本法的规定对违反治安管理行为人给予处罚,并告知当事人可以就民事争议依法向人民法院提起民事诉讼。

在《治安处罚法法》第一章"总则"共 9 个条款中,涉及约束警察权的条款为第五条,共有 1 条,若不考虑第一条关于"立法目的"的条款,在"总则"中占比 13%。如下所示:

第五条　治安管理处罚必须以事实为依据,与违反治安管理行为的性质、情节以及社会危害程度相当。

实施治安管理处罚,应当公开、公正,尊重和保障人权,保护公民的人格尊严。

办理治安案件应当坚持教育与处罚相结合的原则。

警察权属于高权,本应当在相当严格、严谨地约束下行使,但立法的现实却给出了惊人的反差,其控权条款仅仅只有 1 条,这还属于 2012 年刚刚修改的法律。在现实中,是否就造成了警察的滥权呢? 仅就治安管理而言,还很难得出这一结论。

三、一般经济法的观察

或许,关于人身权的问题在中国有些特殊。但我们同样也可以选取与公民财产权重大相关的经济管理法律进行对比,以对比观察在权力的约束上与《征管法》有何不同。

以下以《中华人民共和国房地产管理法》(2007 年 8 月 30 日第十届全国人民代表大会常务委员会第二十九次会议修正)(以下简称《房地产法》)为例进行实证观察。

观察《房地产法》第一条"为了加强对城市房地产的管理,维护房地产市场秩序,保障房地产权利人的合法权益,促进房地产业的健康发展,制定本法"之规定,该条也属于目的条款,基于市场秩序的需要产生房地产管理权,但并没有对应地约束或规范房地产管理权的表述。表现在第一章"总则"具体条文中,共 7 个条款,除第一条关于"立法目的"的条款外,其余所有条款均是创设房地产管理权的,没有具体的关于约束管理权的条款。如下所示:

第二条　在中华人民共和国城市规划区国有土地(以下简称国有土地)范围内取得房地产开发用地的土地使用权,从事房地产开发、房地产交易,实施房地产管理,应当遵守本法。

本法所称房屋,是指土地上的房屋等建筑物及构筑物。

本法所称房地产开发,是指在依据本法取得国有土地使用权的土地上进行基础设施、房屋建设的行为。

本法所称房地产交易,包括房地产转让、房地产抵押和房屋租赁。

第三条　国家依法实行国有土地有偿、有限期使用制度。但是,国家在本法规定的范围内划拨国有土地使用权的除外。

第四条　国家根据社会、经济发展水平,扶持发展居民住宅建设,逐步改善居民的居住条件。

第五条　房地产权利人应当遵守法律和行政法规,依法纳税。房地产权利人的合法权益受法律保护,任何单位和个人不得侵犯。

第六条　为了公共利益的需要,国家可以征收国有土地上单位和个人的房屋,并依法给予拆迁补偿,维护被征收人的合法权益;征收个人住宅的,还应当保障被征收人的居住条件。具体办法由国务院规定。

第七条　国务院建设行政主管部门、土地管理部门依照国务院规定的职权划分,各司其职,密切配合,管理全国房地产工作。

县级以上地方人民政府房产管理、土地管理部门的机构设置及其职权由省、自治区、直辖市人民政府确定。

房地产本属于居民的重大财产,但在"总则"中却没有关于行政机关控权的条款,这与《征管法》形成巨大的反差。而在房地产管理实践中,是否因为控权条款的缺失,就存在大量的行政机关滥权行为呢? 惊人的现实是,人们只是抱怨房价,很少指责房地产管理机关滥权的。

四、分析与结论

《征管法》下的征收权与《治安处罚法》下的警察权相对比,显然警察权代表高权,但法律对征收权的警惕甚于警察权;《征管法》下的征收权与《房地产法》下的房地产管理权相对比,两者同属于处置人民的财产权,但法律却对房地产管理权相当地"放心"。

从背景的角度而言,上述立法,均处于相同的经济、政治环境之下,因而在对比的基础上具有一致性。从部门法的角度而言,上述立法,均体现为公权力的行使,因而在对比的对象上具有一致性。在两个一致性的前提下,《征管法》表现出的差异,就可以让我们感知其部门法的独特性。就此而言,《征管法》比其他部门法更注重对权力的制约与控制,因此,构成税法规则的要素应当有关于征收或者说关于控权的要素,可以暂且称之为"征收要素"。当然这只是在观察基础上的假设结果。

第二节　计量要素的假设来源

如果深入考察《治安处罚法》,我们可以发现,依据这一部法律,警察就可以行使警察权,并处理具体的治安案件;同样,房地产管理部门只需依据《房地产法》,就可以办理具体的房屋过户、抵押手续;但仅根据一部《征管法》,征税机关几乎无法征收任何一笔税收,它必须依赖各税种法律、法规,才能让征税行为具体化。这说明,税法规则仅仅限于征收要素的构成是不够的,一定还存在其他构成要素。通过前文分析,我们已经穷尽了《征管法》的"总则"条款,所有条款都是关于征收权的创设与约束的,因而,税法规则的其他构成要素还需要从其他具体的税收法律、法规中寻找。这些具体的税收法律、法规，无需特别列示，就很容易通过观察得出一个结论：它们是关于税种、税率的规定。如果由此将税种、税率作为税法规则的构成要素，我们会发现构成要素会出现趋同化的现象，或者说同构现象。因为税种、税率本身就是通过征收权设定的，只不过是征收权的具体化。征收权可以改变税种、税率，这是毫无疑问的事实。如果一个要素可以变更、消灭另一个要素，这说明要素不具有独立成为要素的边界。是否存在一些不可改变的东西呢？或者说，在我们观察中的改变只是事物的某些方面发生了改变而仍有一些方面并没有改变，但却给我们造成了改变的错觉呢？

税种、税率可以明显地成为一个可观察的对象，说明税种、税率之下一定蕴藏了某种具有边界的特质，这引导我们去研究在立法条文中，税种、税率是如何规定和形成的。我们不妨选取税种予以分析。

一、对所得税税种的实证分析

（一）《中华人民共和国企业所得税法》（2008 年 1 月 1 日施行）（以下简称《企业所得税法》）

我们同样选取第一章"总则"条款予以观察。"总则"共有 4 条，其中 2 条与税种直接相关，分别列示如下：

第一条　在中华人民共和国境内，企业和其他取得收入的组织（以下统称企业）为企业所得税的纳税人，依照本法的规定缴纳企业所得税。

个人独资企业、合伙企业不适用本法。

第三条　居民企业应当就其来源于中国境内、境外的所得缴纳企业所得税。

非居民企业在中国境内设立机构、场所的，应当就其所设机构、场所取得的来源于中国境内的所得，以及发生在中国境外但与其所设机构、场所有实际联系的所得，缴纳企业所得税。

非居民企业在中国境内未设立机构、场所的，或者虽设立机构、场所但取得的所得与其所设机构、场所没有实际联系的，应当就其来源于中国境内的所得缴纳企业所得税。

《企业所得税法》关于税种的规定主要体现为第一条中提出的"收入"的概念以及第三条中提出的"所得"的概念。但通过观察《中华人民共和国企业所得税法实施条例》之规定,并没有对《企业所得税法》第一条中的"收入"作出解释,反而着重解释了第三条所提出的"所得"的概念,以及与此配套的"来源"、"实际联系"等概念。列示如下:

《中华人民共和国企业所得税法实施条例》

第六条　企业所得税法第三条所称所得,包括销售货物所得、提供劳务所得、转让财产所得、股息红利等权益性投资所得、利息所得、租金所得、特许权使用费所得、接受捐赠所得和其他所得。

第七条　企业所得税法第三条所称来源于中国境内、境外的所得,按照以下原则确定:

(一)销售货物所得,按照交易活动发生地确定;

(二)提供劳务所得,按照劳务发生地确定;

(三)转让财产所得,不动产转让所得按照不动产所在地确定,动产转让所得按照转让动产的企业或者机构、场所所在地确定,权益性投资资产转让所得按照被投资企业所在地确定;

(四)股息、红利等权益性投资所得,按照分配所得的企业所在地确定;

(五)利息所得、租金所得、特许权使用费所得,按照负担、支付所得的企业或者机构、场所所在地确定,或者按照负担、支付所得的个人的住所地确定;

(六)其他所得,由国务院财政、税务主管部门确定。

第八条　企业所得税法第三条所称实际联系,是指非居民企业在中国境内设立的机构、场所拥有据以取得所得的股权、债权,以及拥有、管理、控制据以取得所得的财产等。

由此,我们很容易作出判断,"所得"是可能的构成要素之一。

(二)《中华人民共和国个人所得税法》(2011 年 6 月 30 日修正)(以下简称《个税法》)

《个税法》并未设置"总则",但从其第一条、第二条基本可以反映税种的内容,列示如下:

第一条　在中国境内有住所,或者无住所而在境内居住满一年的个人,从中国境内和境外取得的所得,依照本法规定缴纳个人所得税。

在中国境内无住所又不居住或者无住所而在境内居住不满一年的个人，从中国境内取得的所得，依照本法规定缴纳个人所得税。

第二条　下列各项个人所得，应纳个人所得税：

一、工资、薪金所得；

二、个体工商户的生产、经营所得；

三、对企事业单位的承包经营、承租经营所得；

四、劳务报酬所得；

五、稿酬所得；

六、特许权使用费所得；

七、利息、股息、红利所得；

八、财产租赁所得；

九、财产转让所得；

十、偶然所得；

十一、经国务院财政部门确定征税的其他所得。

《个税法》第一条、第二条中同样提出了"所得"的概念，这与《企业所得税法》具有相同性，似乎"所得"可以成为一个共同的构成要素了。但必须注意到，征收要素主要是关于控制行政机关的权力的要素，这一要素所内涵的权力的创设，对应的主体主要是征税机关，从集合的概念而言，这一征税主体并不因税种的变化而变化。但与征税权对应的行政相对人却因税种的变化而变化，如果《企业所得税》与《个税法》均以"所得"为要素，则这一要素在具体化的过程中，必然被描绘为"企业的所得"与"个人的所得"，这使我们恍然发现"个人的所得"其实与"企业的所得"并非完全一致，如"工资、薪金"所得就只能属于"个人的所得"。也许人们会认为，"所得"在抽象化的过程中，并不需要具体内容完全一致。但问题在于，在抽象化的道路上，"所得"只需往前迈进一步就变成"收入"了。一个涵摄了"企业所得""个人所得"的"所得"，在个人所得税尚未综合征收的情形下，其实已是"收入"的大概念了。即使将"收入"作为构成要素之一，在与其他税种的比较中也会存在问题。

二、对流转税税种的实证分析

（一）《中华人民共和国营业税暂行条例》

《中华人民共和国营业税暂行条例》关于税种的规定见于第一条、第

五条之规定,列示如下:

第一条　在中华人民共和国境内提供本条例规定的劳务、转让无形资产或者销售不动产的单位和个人,为营业税的纳税人,应当依照本条例缴纳营业税。

第五条　纳税人的营业额为纳税人提供应税劳务、转让无形资产或者销售不动产收取的全部价款和价外费用。但是,下列情形除外:

(一)纳税人将承揽的运输业务分给其他单位或者个人的,以其取得的全部价款和价外费用扣除其支付给其他单位或者个人的运输费用后的余额为营业额;

(二)纳税人从事旅游业务的,以其取得的全部价款和价外费用扣除替旅游者支付给其他单位或者个人的住宿费、餐费、交通费、旅游景点门票和支付给其他接团旅游企业的旅游费后的余额为营业额;

(三)纳税人将建筑工程分包给其他单位的,以其取得的全部价款和价外费用扣除其支付给其他单位的分包款后的余额为营业额;

(四)外汇、有价证券、期货等金融商品买卖业务,以卖出价减去买入价后的余额为营业额;

(五)国务院财政、税务主管部门规定的其他情形。

观察以上条款,营业税所提出的“营业额”的概念,有些与所得税税种的“所得”概念存在近似(如“余额”的概念),有些又与所得税“收入”的概念存在近似(如“全部价款和价外费用”),但要选取任一概念进行包涵,都是不可能的。

(二)《中华人民共和国增值税暂行条例》

《中华人民共和国增值税暂行条例》关于税种之规定见于第一条、第四条之规定,列示如下:

第一条　在中华人民共和国境内销售货物或者提供加工、修理修配劳务以及进口货物的单位和个人,为增值税的纳税人,应当依照本条例缴纳增值税。

第四条　除本条例第十一条规定外,纳税人销售货物或者提供

应税劳务(以下简称销售货物或者应税劳务),应纳税额为当期销项税额抵扣当期进项税额后的余额。应纳税额计算公式:

应纳税额＝当期销项税额－当期进项税额

当期销项税额小于当期进项税额不足抵扣时,其不足部分可以结转下期继续抵扣。

观察以上条款,在增值税税种中,完全没有"所得"的概念,也没有"收入"的概念,而是采用了十分独特的"销项"与"进项"的概念。

三、分析与结论

当我们试图分析税种的构成时,发现税种不同,所指涉的来源也不同,很难用一个税种来源涵摄其他来源。

就流转税与所得税的对比而言,一个企业用相同的销售行为既可能产生所得税上的"所得",也可能产生营业税上的"营业额",但"所得"与"营业额"一般不会相同。发生这种现象的原因,并不是销售行为所产生的销售金额(表征计量事实的基本元素,简称为计量元素)不同,而是在不同税种下,提取和运用该计量元素的计算规则发生了改变。同理,相同的销售行为对营业税而言,销售金额(计量元素)可以直接对应"营业额",而对增值税而言,却需要在该销售金额(计量元素)的基础上运用不同的计算规则产生"销项税额",这样导致"销项税额"与"营业额"完全不同。

同样的情形也发生于企业所得税与个人所得税。个人所得税采用分类征收,因而个人转让房产产生的"所得",一般是收入(计量元素)扣除房产原值(计量元素)及交易费用(计量元素)后的余额。同样的房子,如果由企业转让,即使用相同的转让收入(计量元素)扣除房产原值(计量元素)及交易费用(计量元素)后,也不一定是企业所得税的"所得",因为企业作为持续经营的主体,尚需综合其他收入(计量元素)以及其他费用(计量元素)等。这也反映了个人与企业不同的计算规则。

以上对比分析表明,税种能被显著区别的原因,不在于其表述的概念,而是概念得以形成的计算规则,因计算规则的运用,共同的计量元素被反复提取与应用。为什么会有共同的计量元素呢? 从极端而言,计量元素可以追溯到事务"量"的自然特性,并不因表达符号的变化而变化。征收权可以创设税率,但却不能创设计算规则,计算规则是征收权选择的结果(计算规则受制于数学逻辑),同样,征收权也无法改变事务自然形成的"量"的属性,只能在自然形成的多种"量"的属性中予以选择。鉴于,税收本身是基于"量"的分割予以实现的,税收目的的存在使"量"必须得以考量,而"量"的自然属性又不为征收权所左右,结合这两者的考虑,就使"量"作为一个税法规则中的构成要素成为可能。因而,我们通过观察、分析可以提出这样一个假设:税法规则的构成要素不可以缺少计量要素。而这一计量要素是以计算规则为中心展开的。

从一定意义上讲,税率尽管是征收权创设的,但这一创设仍受制于计算规则的配置要求:其一,税率配置的结果不可以超出计量元素本身,从更广义的角度而言,就是量能课税原则(不能导致整体量的减少);其二,税率配置的结果不可以导致计算规则混乱或计算规则归于无效,典型的例子就是我国在"营改增"的过程中,因应营业税的顺利过渡,采用了分行业分设增值税税率的做法,结果导致一些电信广告企业,在购进环节(广告印刷品)按17%的增值税税率计算进项,而在销售环节(广告发布)只能按6%的增值税税率计算销项,导致该类型企业增值税进项留抵额越来越高,而出现增值税无法转嫁的情形,这显然背离了流转税本来的意义。基于以上两点理由,税率亦应归之于计量要素。因而,因计算规则的运用,除计量元素应归于计量要素外,征收权为之配置的计量概念也应归之于计量要素。一定意义上而言,税率创造了一个征收要素与计量要素相互交错的空间,税率也是计量要素连接征收要素的重要通道。

第三节　识别要素的假设来源

导入计量要素,必然可以追踪展现计量元素的事务,或进一步追踪形成事务的事实行为。由此容易形成这样一种认识,事实比计量元素更具有概括性,以事实作为要素可能比计量元素更为合适。这种推论没有错,但哪一个法律规则之中没有事实要件呢? 如果太概括了,单独研究所谓税法规则就失去了意义。反之,也可以思考,事实要件是否是税法中可以忽略的环节呢?

一、流转税与所得税的对比观察

从部门法研究的角度看,我们需要的税法规则的构成要素,是应当契合税法目的的最小构成单元,应当考虑的只是税法的概括性,而不是所有法律的概括性。换一个角度而言,计量要素可否完全指代事实要件呢? 或者说,税法规则只需从事实要件中提取计量元素就可以完全满足税法的目的。由此认为,税法规则的构成要素就是二要素:征收要素与计量要素。

以上问题,仍可通过实证分析予以判断。

可以假设一家企业以实物出资方式设立一家子公司,该实物是一座不动产。

从营业税的角度而言,不认为投资行为属于其征税范围,因而不征收营业税。在税法实践中,可以援引的规范性文件如下:

《财政部 国家税务总局关于股权转让有关营业税问题的通知》(财税〔2002〕191号)

一、以无形资产、不动产投资入股,参与接受投资方利润分配,共同承担投资风险的行为,不征收营业税。

二、对股权转让不征收营业税。

这说明,由于投资本身并未在这一单一的活动中产生增量,就这个行为环节而言,缺少了计量元素,计量要素也就无法形成,这的确会导致不征营业税的后果。

反之,从企业所得税的角度而言,却视为出资企业将不动产售予子公司并因此产生"所得"。对此,在税法实践中,可以援引的规范性文件如下:

《财政部 国家税务总局关于非货币性资产投资企业所得税政策问题的通知》(财税〔2014〕116号)

二、企业以非货币性资产对外投资,应对非货币性资产进行评估并按评估后的公允价值扣除计税基础后的余额,计算确认非货币性资产转让所得。

企业以非货币性资产对外投资,应于投资协议生效并办理股权登记手续时,确认非货币性资产转让收入的实现"。

即使在重组环节,也有类似的规定:

《财政部 国家税务总局关于企业重组业务企业所得税处理若干问题的通知》(财税〔2009〕59号)

四、企业重组,除符合本通知规定适用特殊性税务处理规定的

外,按以下规定进行税务处理:

(二)企业债务重组,相关交易应按以下规定处理:

1. 以非货币资产清偿债务,应当分解为转让相关非货币性资产、按非货币性资产公允价值清偿债务两项业务,确认相关资产的所得或损失。

2. 发生债权转股权的,应当分解为债务清偿和股权投资两项业务,确认有关债务清偿所得或损失。

3. 债务人应当按照支付的债务清偿额低于债务计税基础的差额,确认债务重组所得;债权人应当按照收到的债务清偿额低于债权计税基础的差额,确认债务重组损失。

4. 债务人的相关所得税纳税事项原则上保持不变。

这说明,在投资的过程中,从事实形态而言,投资企业只是"国定资产"向"长期投资"的等量转换过程,并没有形成任何"所得"或"营业额"的概念。但所得税并不因计量元素的自然缺失而导致不征税的后果。这个反例说明,计量要素并不能完全指代事实要件。

二、分析与结论

值得注意的是,通过上述规范性文件可以看出,企业所得税采用了一种"识别"的手段,将一个缺少计量元素的"甲"事务甄别为另一种自然带有计量元素的"乙"事务,从而实现征税的目的。这就出现了"乙"事务之计量元素配载于"甲"事务的现象,这一计量元素显然不是"甲"事务的自然的"量"的反映。因而,在税法中,不是所有事物都能自然地具有"量"的特征,这是因为税法中事物的范围不仅仅是物理的存在,还包括人类的活动。假设"我爱你"是需要缴税的,但就行为内容而言是无法量化的,只能就行为活动的次数或替代品的价值予以量化,但税收可能只想针对内容而不针对次数。这说明,人类有些活动,比如情感活动是很难量化的(所以一般也不对此征税)。但即使是关涉物质的活动,物质本身展示的"此量"可能并不是基于税法目的所需要的"彼量"。例如,"在海南自驾100千米","100千米"是一个自然形成的"量",其燃油附加费(姑且将之比作"税")却不能根据"100千米"征收,因为不同的车辆耗油量可能不同。如果税法的目的仅仅在于"拔鹅毛"或"谋财取利",则税法规则的构成就应当止于计量要素,因为能够显现自然的量的属性的事务,对征税而言是便捷的、有效率的。税法根本没有必要舍近求远、避简就繁,去创设所谓的计量要素。也许从古代而言,税法的确有这种特征,但近代税法的发展,税法衍生出了调节功能,这使税法从单纯地关注于事务的"量"转向于事务的本身。又由于大量避税的存在,使"量"的特征在避税之下变得模糊而难以计量,税法就越发关注事务的本身了,并出现了人造"量"的冲动(其实这个"量"也不是人造的,而是人为选择了另一个自然的"量")。

但人造的"量"如何产生呢? 或者说是什么原因导致上述"嫁接"可以成功呢? 从生物学的原理可知,嫁接能够成功的原因在于,"接穗"和"砧木"在内部组织结构上、生理和遗传上,彼此相同或相近,从而能互相结合在一起。① 这启示我们,税法对"甲"事务和"乙"事务的判断,是基于其具有相同的"质"予以判断的。"量"是事务自然数量特征的反映;"质"是事务自然形态特征的反映。从税法"取利"的目的而言,"质"是为"量"服务的,对"质"的关注是因为"量"的障碍的存在。从税法"调控"的目的而言,不仅"量"是为"质"服务的,甚至"税收"也是为"质"服务的(这也是税收优惠存在的理由)。因而,一个事务展现出的两个方面:"质"与"量"(包括天然的或人造的)在多重税法目之下,成为税法规则不可缺少的构成要素。我们经常会说,"实质如此""两者本质不同"等用语,这说明"质"是用于区别"此"与"彼"的。质是此物所以存在、此物所以为此物、此物所以有别于他物的自身固有的内在规定性。一定的质,总是与一定事物同一着的、特殊的东西。世界上的事物所以千差万别,就在于它们各有自己的特殊的质,即使像人们常说的"物质一般"之物,也有自己的特殊的质的规定性——客观实在性。② 因而,"质"在税法中的存在也同样是以甄别为目的而存在的。对"质"的甄别既可以准确对应自然反映的"量",也可以弥补无法自然反映的"量"。因此,我们有理由假设税法规则的构成中还存在另一要素,且称之为"识别要素"。

应当注意,在印花税日渐脱离凭证的情形下,印花税更接近于对交易行为征税(特别是证券交易印花税),在营业税也同时存在的情形下,印花税更像一个只顾取"量"而不顾取"质"的税种。这种为实现征税目的单一取"量"的行为,看起来具有"集款实巨"之功效,甚至可以医疗荷兰与西班

---

① 参见百度百科关于"嫁接"的一般性解释,http:// baike. baidu. com/link? url = 3nFGRmWMs1xqmWUqbXZLpNXOPZjs0Ntr4TbR733OOgsHaUpsgJWGepzZNN18CT1vw9skqVfruUrgJ4TEQLYtfq,最后访问日期2015年5月27日。

② 徐必珍、章韶华:《联系对于质与量的重要意义》,载《学术月刊》1983年12期。

牙战争的财政伤痛。① 但这种忽视"质"的行为，同样也可以引发北美革命。

第四节　税法规则构成的假设

通过上文分析，税法规则的构成已经具备了征收要素、计量要素与识别要素三个假设。基于这三个假设，税法规则构成的假设也就存在了。问题在于，在这三要素之外，是否还存在第四、第五要素呢？

一、基于反例的验证

构成验证之一，取决于是否存在反例。由于我们无法穷尽国内外税法实践案例，所以反例往往需要观点发表后，通过质疑、讨论方得以有效率地进行。

当然，也存在另一种评测途径。如国内税法学者均认同税收法律关系是由征纳主体、客体（财产、行为）和彼此间的权利与义务形成的。如果将上述三要素与此进行对应，则可判断是否存在遗漏。计量要素、识别要素至少可以用来描述客体特征，而征收要素在权力的设定与约束过程中，当然就存在主体间权利、义务关系的形成。这说明，征收、计量、识别三要素只不过通过另一种分类来表达税收法律关系。如果税收法律关系本身是可以涵盖所有的税法规则，则征收、计量、识别三要素也是可以涵盖所有的税法规则。

二、基于征税目的的验证

构成验证之二，取决于上述三要素是否可以实现征税的目的。

如果将税收的目的非常简单化，就是通过"量"的形态对私人财产权予以重新分配。从最原始意义上而言，只要有"量"（计量要素）的存在，"权力"（征收要素）就可以提取，其他要素存在的意义要么是对"量"的补充，要么是对"权力"的补充。

如果从"量"与"非量""权力"与"非权力"这种完全排除法的角度分析，充其量也就是四个构成要素。关于"量"与"非量"的关系，前文已经提出了可以用"识别要素"予以补充，这说明"识别要素"在原始意义上也存

① 饶立新：《中国印花税研究》，中国税务出版社 2009 版，第 38－43 页。

在，不过是处于"非量"的地位，此处不赘述。需要关注的是，是否存在一个对"权力"作补充的"非权力"的要素呢？这一点在国内税法上没有讨论的余地，也无实际意义。问题在于国际税法中是否存在一种"替代性"的权力形态（即所谓的"非权力"）？该替代性权力形态可能不是某一识别要素或计量要素规定的法律渊源，但却与之形成了征纳关系。但考察国际税务争议的解决方法，这一替代性权力形态仍然来自国内法的承认，①承认也是本国政府创设"征收权"的一种形态。就此意义而言，"率土之滨莫非王土"，因而在税法中不存在所谓的"非权力"要素。由此排除了第四、第五要素的存在。

基于以上分析，现在可以大胆假设了，税法规则是由征收要素、计量要素、识别要素构成的。

---

① 廖益新：《国际税法学》，第 331 – 360 页。

第三章　税法规则的逻辑结构及检验

就构成而言，从静态的角度而言，是一种结构；从动态的角度而言，是一种演化。本章从静态的角度检验税法规则的构成，即所谓税法规则的逻辑结构。

第一节　法律规则的逻辑结构

一、逻辑结构与意义结构

人的发展必然要以知识在人身上的主体化发展形式为内容。知识结构是主体与客观对象之间相互作用，产生的因果关系之固有机制内化在主体心灵中的反映，这种反映的形成既可能是逻辑上的，也可能是意义上的。有法律学者也意识到这一问题，由此认为，法律规则最主要的要素联结方式有两种，即逻辑上的关系和意义上的关系，分别对应着法律规则的"逻辑结构"和"意义结构"。很多人通常在"法律规则之结构"这一标题之下忽视了两种要素关系的差别。[1] 逻辑结构一般属于形式化的表现，并不依存于内容；而意义结构，则需依存于内容。如我们就"父子关系"予以表述时，它就不是一种逻辑结构的表述，而是一种意义结构的表述，我们从逻辑上无法推演或改变一个既定的"父"与"子"的事实，但可以从意义上建立"父"与"子"的秩序，这一秩序是依赖于内容而建立的。如我们就"子承父业"予以表述时，就不仅仅是一种意义结构的表述，而且也是一种逻辑结构的表述，因为该表述展现了条件与结果之间的原因关系。具有更抽象意义上的一种要素连接关系。因而，意义结构重在要素本身，通过赋予要素意义方能实现连接；而逻辑结构重在要素之间的关系，是要素之间在形式上的自然连接。因而，除非个案所需，从理论研究的抽象意义而言，对法律规则构成的研究，应当以逻辑结构的研究为展开。

---

[1]　雷磊：《法律规则的逻辑结构》。

就税法而言,也只有对税法规则逻辑结构的研究,才具有了部门法哲学的意义。对此,有学者指出,逻辑连贯性之所以是部门法学中的哲学问题,在于它能够真正使部门法学由简单的法条解释转向系统的学理建构。例如,刑法学因为有了犯罪构成和犯罪、刑罚等初始性范畴和基础性概念,给人们留下了明显的学科系统性和逻辑连贯性的印象。[1] 而税法的发展,除了一些"应然"的规范体系外,至今在逻辑连贯性上给人留下的还是十分凌乱的印象。

二、法律规则的逻辑结构特征

(一)形式化

就逻辑结构而言,可以运用大前提、小前提予以推演,也可以基于个别性到一般性的归纳。这些均反映为从条件到结论的合理过程,逻辑结构就是"用于区分正确推理与不正确推理"。[2] 所谓"正确",是指法律推理作为一种思维活动应该符合相关的智识标准。为了保证法律推理的结论符合相关的智识要求,法律人进行法律推理时必须接受特定模式的规制,这种模式超越于具体的法律论辩的语境。[3] 法律规则的逻辑结构要解决的是推理有效性问题,这种有效性不依赖于法律规则的内容,而是从形式上去构筑出法律规则的各个部门,以使推理能有效进行。

(二)共时性

结构,如果从静态的角度而言,是要素在空间上的展开,并在特定的空间域中现成关联。逻辑要素需要以一种共时性的存在,才能在要素之间形成空间上的联系,方为结构。

要素之间在空间上的排列应当是齿合的,而不是相互重叠的。只有这样才能使结构趋于稳态,或者说形成有效率的结构。我们很容易从管理学"人事重叠,效率低下"的案例中得出这一结论。

(三)历时性

要素在空间意义上的展开,并不否定要素在时间意义上的连接。

---

① 谢晖:《部门法法哲学的长成逻辑——兼论"部门法学"的法理化问题》,载《文史哲》2002年第1期。

② 〔美〕欧文·柯匹、卡尔·科恩:《逻辑学导论(第11版)》,张建军等译,中国人民大学出版社,2007年版,第5页。转引自"雷磊:《法律规则的逻辑结构》"。

③ 〔奥〕伊尔玛·塔麦洛:《现代逻辑在法律中的应用》,李振江等译,中国法制出版社,2012年版,第148页。转引自"雷磊:《法律规则的逻辑结构》"。

要素与要素之间尽管在空间上在各自的域中展现,且具有一定的独立性,这是静态的结构上的呈现,但这并不意味着各个要素在结构运行中或运用中应处于同一层次上,或者说尽管最终以并列的形态展现,但结构形成初期却并不一定以并列的形态展现。这使得要素之间存在着这样一种情形,前一个要素构成了适用后一个要素的逻辑前提。这预示着,不同的要素在结构中出现时,存在着不同的"登场秩序",不同要素的依序出现,并不影响"同台共舞"这一结构场面的出现,相反,它是结构形成的必然过程。逻辑要素不是凭空而降的,也不是瞬时形成的,更不是一起登场的,逻辑结构的要素在形成的过程中,具有历时性的特定。

遗憾的是,国内多数法理学研究者均认为,逻辑结构属于静态的范畴,因而只具有共时性特点,而不具有历时性特点。这一认识其实来自自然界的观察,因为在观察者产生之前,自然界的物质结构已经先验地存在了,并发生着联系。人们很容易从一个现存的结果去推演结构的特征;另外,在自然的世界里,构成结构的要素均是一种客观的、物质的存在,没有人的主观因素的介入(或者说价值评判),去探讨要素之间的位阶或高下是毫无意义的。这就容易将法律规则的构成要素按照同一层次、无差异地去理解。

以上这种认识,其实质是将调整人类社会关系的法律规则完全物质化了、静止化了。这种认识,无法解释规则的构成要素与法律后果之间依序出现的关系。面对这一困境,这些学者的解释是,"逻辑研究的是在一个无时间维度的空间内各个事务间的推导与蕴含关系"①,又是称要素处于"同一层次",又是所谓要素间"蕴含关系",岂不自相矛盾?从另一个角度讲,"推导与蕴含"本身就是逻辑的表现,上述表述可转换为,"逻辑研究的是在一个无时间维度的空间内各个事务间的逻辑关系"。可见,这种表述何等苍白。

笔者认为,逻辑结构的形式化既是一种空间上要素的呈现,也是一种时间维度上要素的联系。前者表现为逻辑上的并列关系,后者变现为逻辑上的因果关系或归属关系。前者具有共时性的特点,后者具有历时性的特点。将逻辑结构的构成要素完全按静态理解或按动态理解都是片面的。即使是结构的静态研究,也并非结构的内部要素都是禁止的,只要要素之间的关系或出场次序是可预期的,就可以在人的认知心理上形成结构。即便如此,我们仍然需要认同结构是以一种相对稳定的形态

① 雷磊:《法律规则的逻辑结构》。

出现的,可被稳定地观察或识别,这正是静态研究的意义。但这一静态研究是对结构的最终形态而言,而不是对结构内部要素的演化而言的,从这个意义上就逻辑结构而言,共时性是逻辑结构的外在结果或称静态表现,历时性是逻辑结构的内在演化或称动态表现。因而,就法律规则的逻辑结构而言,或者说就法律规则本身而言,形成的结构具有共时性的特点;结构的形成具有历时性的特点。正是因为结构的形成具有历时性的特点,才有所谓前件与后件之分,正因为有前件与后件之分,才有所谓的逻辑推理。

正是因为上述历时性的特点,法律规则的存在才有意义。作为个案或个别化的小前提在被大前提(法律规则)涵摄之前,其本身只具有前件的特征,任何小前提都不天然地具有法律后果这一后件特征,这就是为什么需要将大前提运用于小前提,以形成小前提的后件。因而,法律规则在运用的过程中,或者说,法律规则在具体化的过程中,其前件与后件之间具有历时性。从另一个意义上而言,大前提运用于小前提,就是法律规则自我生成过程的还原或复制,这说明,从逆向的角度也可论证结构的形成具有历时性的特点。由此说明,要素之间历时性的特点,内在表现为结构的形成,外在表现为法律推理(大前提运用于小前提)。历时性在法律规则的内外表现上是统一的。这是一个十分重要的结论。

需要注意的是,一旦法律规则形成(已形成的大前提),它就不再具有历时性,而只具有共时性,否则法律规则就不具有稳定性的特点。一旦法律规则开始运用(运用于小前提),它就操纵着小前提按自我生成的道路开始复制,这个历时性过程是在小前提本体上体现的,不是在大前提本体上进行重新演绎,小前提历时性的过程,是大前提功能的作用结果。因而,即使从静态的角度,也可以形象地理解为,法律规则的结构具有共时性,法律规则的功能具有历时性。但若要深刻地理解,则需要从法律规则构成要素的角度研磨。

第二节　税法规则构成的逻辑检验

通过税法规则的实证分析,我们提出了税法规则的三个构成要素的假设:征收要素、计量要素、识别要素。这一假设是否能够成立,是否具有理论上的抽象意义,还需要进行逻辑检验。检验的标准来自于前文的分析。

一、税法规则构成的逻辑检验——结构检验

在实证分析环节,三个要素是以实现税法目的为出发点予以考察的,因而呈现出功能上的自然分立。或者说,三个要素承载着不同的功能。但三个要素不是通过自身的语义来表征功能,而是通过代表的方法来实现功能,比如,"识别"的语义只具有方法或功能的语义,从其自身无法理解出与税相关的某一具体的含义。因而,这三个要素之间形成的结构不是意义结构。

征收权行使的目的就在于税款的收集,因而征收要素具有逻辑上形成"结果"的意义;而识别要素、计量要素均是为这一"结果"形成条件,彼此间是条件与结果的关系,因而是一种逻辑关系。三要素之间的结构也就是逻辑结构。

征收要素、计量要素、识别要素作为税法这一部门法的逻辑构成,其重要意义在于具有对象整合性(参见前文实证分析结果)。即任何一个具有部门法特征的税法规则均可以整合于三个要素之下,这样一个结构才具有了容纳性、概括性,才构成逻辑上结构的意义。

对象整合性是部门法学中的重要法哲学问题,所有的部门法学,是以探讨其对象(法律及其运行逻辑)为使命的。因此,部门法学要能够整合性地解释或说明其对象。否则,部门法学就只有对其研究对象的局部的解释力,而不具有全面的整体的解释力。如果说哲学的任务是为了在整合意义上说明世界、解释世界、并反思人们对世界的解释和说明的话,那么,法哲学的任务则是在整合意义上说明法律、解释法律并反思人们对法律的解释和说明。部门法的法哲学问题,同样要以能在整合意义上解释和说明部门法及其实践为原则。整合是相对局部而言的。能够整合性地解释和说明部门法学之对象的问题,才是部门法的法哲学问题,否则,难以成为其法哲学问题。[①] 比如在税法中,税基、税率、征收方式等问题就可能成为法哲学问题,但课税时间、课税地点等就难以成为法哲学问题。当然,这不排除给它们以法哲学的说明和解释。

二、税法规则构成的逻辑检验——要素检验

在法理学上,关于法律规则的逻辑结构,长期存在"三要素"与"二要素"之争。

---

① 谢晖:《部门法法哲学的长成逻辑——兼论"部门法学"的法理化问题》。

（一）三要素说

法律规则由三个部分组成,即假定、处理和制裁。假定用于表述引发行为的条件,处理是行为的内容,制裁是行为的后果。①

（二）二要素说

每一法律规则由行为模式和法律后果两个部分构成。行为模式是从大量的实际行为中概括出来的作为行为的理论抽象、基本框架或标准,它并不是实际行为本身,没有实际行为中的细节。法律后果大体上可分为两类：肯定性法律后果;否定性法律后果②。

（三）新三要素说

法律规则在逻辑上由三个部分构成：假定、行为模式和法律后果。假定是法律规则中有关适用该规则的条件和情况部分,行为模式是法律规则中规定人们如何具体行为或活动之方式的部分,法律后果是法律规则中规定人们在假定条件下作出符合或不符合行为模式要求的行为时应承当相应的结果的部分。③

（四）新二要素说

法律规则的逻辑结构可表示为 T→OR,其中 T 表示"构成要素",OR 表示"法律后果",→表示不构成独立逻辑要素的"包含或条件关系"。其中"构成要素"和"法律后果"构成了法律规则的两个要素。新二要素说完全抛开了以"行为"或"行为模式"来构筑法律规则逻辑结构的倾向,摒弃了一切规则本身之外的东西,完全着眼于作为条件句之规则的各部分间在适用上的逻辑关联。这种条件句的前件设定了法律后果所针对的事实类型,在语义上被切割为各个事实——概念特征所构成的整体,称之为"构成要素";它的后件确定了构成要素所联结的法律上的评价性结果,称之为"法律后果"。构成要素是法律规则的前件,法律后果是法律规则的后件,构成要素是法律后果发生的前提。④

（五）分析与选择

无论是三要素说、二要素说、新三要素说,均是围绕"行为模式"展开

---

① 沈宗灵：《法学基础理论》,北京大学出版社,1988 年版,第 34 页。
② 同上注。
③ 雷磊：《法律规则的逻辑结构》。
④ 同上注。

的，或者是以国家为本位，或者是以权利为本位，这均是一种法概念论的反映。逻辑结构所要解决的是超越具体内容的法认识论问题，要素只需在形式上形成有效的关联，并能够将特定事实（小前提）涵摄于法律规则（大前提）之下，这才能使推理具有有效性。从这个意义上而言，笔者赞成法律规则的逻辑结构采用新二要素说。即法律规则的逻辑结构是由构成要素与法律后果构成的。

但我们在前文分析中，已经明确税法规则的逻辑构成是三要素，而不是二要素。这是否与上述新二要素说相矛盾呢？

法律规则的二要素不意味着在法律体系内，部门法在个别化的过程中，前件与后件不能适度具体化。前件或后件的裂变，恰恰是部门法个别化的过程，否则所有的部门法规则在逻辑结构上都是空洞的一致。

就税法规则而言，可以认为"识别要素"与"计量要素"共同组成了前件即"构成要素"，而"征收要素"则对应于后件即"法律后果"。（后文予以论证）

新二要素的观点表明，构成要素（前件）是法律后果（后件）发生的前提。对应这一观点，征收要素具有作为法律后果的特性。因为，在识别要素或计量要素缺失的情形下，征收后果就无法发生。

新二要素说认为，法律后果既可以针对行为，也可以针对事实，或者说既可以对应"法律行为"，也可以对应"法律事件"。对于征收后果（征收要素）而言，既可能因为自然灾害等"法律事件"的发生而发生不征收的后果，也可能因为行为人购买轿车的"法律行为"而发生征税的后果。无论是主体的行为，还是客观的事件；无论是肯定的后果，还是否定的后果，都可能引发征收上的后果。征收要素本身也可以是某种行为要求，如采取税收保全措施等。征收要素所展现的与识别要素或计量要素在逻辑上的联系，表明征收要素就是新二要素说中的法律后果。

新二要素说认为，构成要素在内容上可以包括规则的主体、行为、情景条件，可以指涉行为或者事件，可以指涉一般的事实类型或者特殊的事实，即涉及规则的事实。它在逻辑上指的是法律后果的前提，只要是能引发特定法律后果的事实都属于构成要素。[①] 与此对应，识别要素就有可能存在对纳税人主体资格的识别，如关于"居民纳税人"的界定；也可能是识别一个行为，如关于"捐赠的性质"；也包括情景条件，如关于"经营行为发生地"的识别等。而对于计量要素而言，同样会涉及会计主体、会计环境

① 雷磊：《法律规则的逻辑结构》。

等与主体、行为、情景条件相关的行为或事实。新二要素说强调的逻辑上的形式化表现，使构成要素不再拘泥于具体的内容，从而更接近于事务共同的抽象特征，而识别要素、计量要素分别提取自事务的"质"与"量"这两个抽象特征，因而吻合了新二要素说的构成要素。

之所以强调新二要素说，就在于在复杂的税法环境中，只有那些最抽象的、最质朴的才是争议最小的。

三、税法规则构成的逻辑检验——特征检验：形式化

前文已分析了逻辑结构特征，现一一检验之。

所谓形式化，就是以脱离具体内容的要素形成大前提，从而涵摄个别化的小前提，以此形成正确的推理。当税法规则作为一个大前提能够涵摄所有小前提时，这就意味着税法规则完全脱离了税法之内的内容，从而具备了形式化。事实上，这也是意义结构与逻辑结构的区别所在。

（一）形式化的验证

我们可以通过随意选取的方式，来检验其构成是否能够涵摄于：税法规则＝识别要素＋计量要素＋征收要素。

考虑到法律条文并不等同于法律规则，一个法律规则往往需要牵涉多个条文，这样既不集中，也比较繁琐。但税收规范性文件却具有短小、具体、完整的特点，非常适合对全文进行分析。如果全文均能吻合上述构成要素，则是一种有力的检验。示例如下（为阅读方便，直接将分析列示在条文中，以"【】"区别）：

《财政部 国家税务总局关于科技企业孵化器税收政策的通知》（财税〔2013〕117 号）

各省、自治区、直辖市、计划单列市财政厅（局）、国家税务局、地方税务局，新疆生产建设兵团财务局：

为贯彻落实《国务院关于印发实施〈国家中长期科学和技术发展规划纲要（2006—2020 年）〉若干配套政策的通知》（国发〔2006〕6 号）、《中共中央国务院关于深化科技体制改革加快国家创新体系建设的意见》（中发〔2012〕6 号）和《国务院关于进一步支持小微企业健康发展的意见》（国发〔2012〕14 号）等有关文件精神，经国务院批准，现就符合条件的科技企业孵化器（高新技术创业服务中心）有关税收政策通知如下：

【征收要素＝权力来源】

一、科技企业孵化器(也称高新技术创业服务中心,以下简称孵化器)是以促进科技成果转化、培养高新技术企业和企业家为宗旨的科技创业服务载体。孵化器是国家创新体系的重要组成部分,是创新创业人才培养的基地,是区域创新体系的重要内容。

自 2013 年 1 月 1 日至 2015 年 12 月 31 日,对符合条件的孵化器自用以及无偿或通过出租等方式提供给孵化企业使用的房产、土地,免征房产税和城镇土地使用税;对其向孵化企业出租场地、房屋以及提供孵化服务的收入,免征营业税。营业税改征增值税(以下简称营改增)后的营业税优惠政策处理问题由营改增试点过渡政策另行规定。

【识别要素＝对象(孵化器的定义)＋行为(自用、无偿、出租)＋客体(房产、土地);计量要素＝收入(提供孵化服务的收入);征收要素＝本通知优惠政策(免征房产税和城镇土地使用税、营业税)＋其他优惠政策(营改增优惠政策、过渡政策)】

二、符合非营利组织条件的孵化器的收入,按照企业所得税法及其实施条例和有关税收政策规定享受企业所得税优惠政策。

【识别要素＝非营利组织;计量要素＝收入;征收要素＝优惠政策】

三、享受本通知规定的房产税、城镇土地使用税和营业税优惠政策的孵化器,应同时符合以下条件:

(一)孵化器的成立和运行符合国务院科技行政主管部门发布的认定和管理办法,经国务院科技行政管理部门认定,并取得国家级孵化器资格。

(二)孵化器应将面向孵化企业出租场地、房屋以及提供孵化服务的业务收入在财务上单独核算。

(三)孵化器提供给孵化企业使用的场地面积(含公共服务场地)应占孵化器可自主支配场地面积的 75％以上(含 75％),孵化企业数量应占孵化器内企业总数量的 75％以上(含 75％)。

公共服务场地是指孵化器提供给孵化企业共享的活动场所,包括公共餐厅、接待室、会议室、展示室、活动室、技术检测室和图书馆等非盈利性配套服务场地。

【识别要素＝行政资格（认定）＋财务资格（单独核算）＋服务标准（场地面积、企业数量）；征收要素＝优惠政策】

四、本通知所称"孵化企业"应当同时符合以下条件：

（一）企业注册地和主要研发、办公场所必须在孵化器的孵化场地内。

（二）属新注册企业或申请进入孵化器前企业成立时间不超过24个月。

（三）企业在孵化器内孵化的时间不超过42个月。纳入"创新人才推进计划"及"海外高层次人才引进计划"的人才或从事生物医药、集成电路设计、现代农业等特殊领域的创业企业，孵化时间不超过60个月。

（四）符合《中小企业划型标准规定》所规定的小型、微型企业划型标准。

（五）属迁入企业的，上年营业收入不超过500万元。

（六）单一在孵企业入驻时使用的孵化场地面积不大于1 000平方米。从事航空航天等特殊领域的在孵企业，不大于3 000平方米。

（七）企业产品（服务）属于科学技术部、财政部、国家税务总局印发的《国家重点支持的高新技术领域》规定的范围，且研究开发费用总额占销售收入总额的比例不低于4％。

【识别要素＝孵化企业的空间条件（场地、规模）＋时间条件（成立时间、入驻时间）＋财务条件（小微企业、500万元、研发占比）】

五、本通知所称"孵化服务"是指为孵化企业提供的属于营业税"服务业"税目中"代理业""租赁业"和"其他服务业"中的咨询和技术服务范围内的服务。

【识别要素＝税目（＞咨询和技术服务＞孵化服务）】

六、国务院科技行政主管部门负责组织对孵化器是否符合本通知规定的各项条件定期进行审核确认,并出具相应的证明材料,列明纳税人用于孵化的房产和土地的地址、范围、面积等具体信息。

【征收要素＝权力主体(科技行政主管部门)＋权力内容(审核确认)＋行政义务(证明材料)】

七、本通知规定的房产税、城镇土地使用税和营业税优惠政策按照备案类减免税管理,纳税人应向主管税务机关提出备案申请。凡纳税人骗取本通知规定的税收优惠政策的,除根据现行规定进行处罚外,自发生上述违法违规行为年度起取消其享受本通知规定的税收优惠政策的资格,2年内不得再次申请。

【征收要素＝备案管理＋处罚】

各主管税务机关要严格执行税收政策,按照税收减免管理办法的有关规定为符合条件的孵化器办理税收减免,加强对孵化器的日常税收管理和服务。同时,要密切关注税收政策的执行情况,对发现的问题及时逐级向财政部、国家税务总局反映。

【征收要素＝法的监督＋行政监督】

请遵照执行。

财政部 国家税务总局
2013 年 12 月 31 日

经过以上一一标示,没有一个条款不能归入三个要素内,这说明三个要素具有脱离具体内容的概括性,满足形式化要求。

需要注意的是,并不是一个规范性文件就是一个税法规则,有些规范性文件可能只是一个要素或几个要素的反映,但这不妨碍它与税法体系内的其他要素共同发生作用。因而,对于形式化的理解不能刻板或教条。例如:

《财政部 国家税务总局关于完善固定资产加速折旧企业所得税政策的通知财》(〔2014〕75 号)

各省、自治区、直辖市、计划单列市财政厅（局）、国家税务局、地方税务局，新疆生产建设兵团财务局：

为贯彻落实国务院完善固定资产加速折旧政策精神，现就有关固定资产加速折旧企业所得税政策问题通知如下：

一、对生物药品制造业，专用设备制造业，铁路、船舶、航空航天和其他运输设备制造业，计算机、通信和其他电子设备制造业，仪器仪表制造业，信息传输、软件和信息技术服务业等 6 个行业的企业 2014 年 1 月 1 日后新购进的固定资产，可缩短折旧年限或采取加速折旧的方法。

对上述 6 个行业的小型微利企业 2014 年 1 月 1 日后新购进的研发和生产经营共用的仪器、设备，单位价值不超过 100 万元的，允许一次性计入当期成本费用在计算应纳税所得额时扣除，不再分年度计算折旧；单位价值超过 100 万元的，可缩短折旧年限或采取加速折旧的方法。

二、对所有行业企业 2014 年 1 月 1 日后新购进的专门用于研发的仪器、设备，单位价值不超过 100 万元的，允许一次性计入当期成本费用在计算应纳税所得额时扣除，不再分年度计算折旧；单位价值超过 100 万元的，可缩短折旧年限或采取加速折旧的方法。

三、对所有行业企业持有的单位价值不超过 5 000 元的固定资产，允许一次性计入当期成本费用在计算应纳税所得额时扣除，不再分年度计算折旧。

四、企业按本通知第一条、第二条规定缩短折旧年限的，最低折旧年限不得低于企业所得税法实施条例第六十条规定折旧年限的 60%；采取加速折旧方法的，可采取双倍余额递减法或者年数总和法。本通知第一至三条规定之外的企业固定资产加速折旧所得税处理问题，继续按照企业所得税法及其实施条例和现行税收政策规定执行。

五、本通知自 2014 年 1 月 1 日起执行。

以上，除句首、第五条为串连性内容外，所有其他内容均是关于"折旧"的规定，即整个规范性文件都属于"计量要素"。但也说明这一文件也没有例外于某一形式化要素之外。

另外，税法规则的形式化是仅仅就税法而言的形式化，不是就法律规则而言的形式化。就法律规则而言，无论是"识别""计量"还是"征收"，均

74

有实际的语义内容;但就税法而言,这些语义是整个税法应有的"本底"或"背景",因为具有相同性从而可以被所有税法元素所忽略,如同在一国之内,我们往往并不特别关注自己是"中国人"。一旦这些"本底"或"背景"是可被忽略的,则"识别""计量""征收"所剩余的就是形式化的部分了。如果连基本的"本底"或"背景"意义也不许存在,那恐怕就没有部门法的研究了,法理学也永远走不出法理学。所以,对于形式化的理解也不能过于极端。

(二) 形式化的意义

为理解形式化的意义,以下以"个人转让股权应当缴税"作为实例分析。

从意义结构而言,就是:税＝个人＋转让＋股权。由于主体特征表现为个人,可以推演"税"的税种含义是个人所得税,这一推演不是来自逻辑推演,而是来自"个人"含义的推演;同样,通过"股权"的含义并结合"个人"的含义,可以推演"税"在税率上的含义是20%。正是由于要素本身所具有的意义内容,才使征税成为可能。如果没有这些要素所表征的意义,则"税"的推演就不能形成有效结论。

从逻辑结构而言,我们已假设:(大前提)税法规则＝识别要素＋计量要素＋征收要素。如果将"个人转让股权应当缴税"作为一个小前提与大前提相对应,我们发现,识别要素＝"个人转让股权";征收要素＝"应当缴税"。但在结构构成上缺少计量要素,由于该计量要素与其他要素之间存在相对的独立性,因而不能通过其他要素推演形成,因而,我们从逻辑结构的角度就可以得出结论:"个人转让股权应当缴税"不能成为一个税法规则,也不能导致征税的后果。这与前述意义结构分析得出了完全相反的结论。这说明识别要素、计量要素、征收要素之间是一种形式化的逻辑结构,而不是一种意义结构。由此推论,个别化的表述只有遵循形式化的要求,才能通过逻辑检验。在形式化的要求下,正确的表述应该是:"个人转让股权所得应当缴纳个人所得税"。在这样一个表述中,通过"所得"(计量元素)"个人所得税"(隐含的计税公式)的语句加入,才能满足计量要素在形式上的体现,这样才能实现形式上的完整。形式上完整的意义就在于通过严密的逻辑减少漏洞,因为从"个人转让股权应当缴税"这样一个表述中,不仅可以推演出个人应承担所得税的缴税义务,而且可以推演出个人所负印花税的缴税义务,甚至还可以推演出个人发生了转股损失也需履行纳税义务的错误结论。

上述实例分析,容易让我们得出一种认识:在形式化的要求下,逻辑结构较意义结构更为严谨,或者说对法的规范化更有意义。因此,一个税法规则应当满足逻辑结构的形式化要求。

四、税法规则构成的逻辑检验——特征检验:共时性

共时性有两层涵义。一是指从静态的观察而言,在空间结构上具有同时存在的特点。二是指要素之间在空间结构上是并列的,而不是一方包含另一方的重叠、交错状态,也可以说彼此具有空间边界。

(一)共时性的验证

我们仍然随意选取一个规范性文件予以分析。示例如下:

《财政部 国家税务总局关于转让优先股有关证券(股票)交易印花税政策的通知》(财税〔2014〕46号)

北京市、上海市、深圳市财政局、国家税务局:

为落实国务院《关于开展优先股试点的指导意见》(国发〔2013〕46号)精神,现将转让优先股有关证券(股票)交易印花税政策明确如下:

在上海证券交易所、深圳证券交易所、全国中小企业股份转让系统买卖、继承、赠与优先股所书立的股权转让书据,均依书立时实际成交金额,由出让方按1‰的税率计算缴纳证券(股票)交易印花税。

本通知自2014年6月1日起执行。

财政部 国家税务总局
2014年5月27日

在该文件中,各要素列示如下:

识别要素=“在上海证券交易所、深圳证券交易所、全国中小企业股份转让系统买卖、继承、赠与优先股所书立的股权转让书据”

(识别要素=股权转让)

计量要素=“均依书立时实际成交金额”

(计量要素=成交金额)

征收要素=“由出让方按1‰的税率计算缴纳证券(股票)交易印花税”

(征收要素=缴纳)

上述"股权转让"客观存在的外在表现形式是将买卖、继承、赠与的意思表示记载于"书据","成交金额"客观存在的外在表现形式也是将金额记载于"书据",这说明"股权转让"与"成交金额"同时存在于一份"书据"中,即识别要素与计量要素在同一空间中同时存在。而作为"缴纳"这样一个征收要素则取自法令,它可能通过立法的形式早于某一特定的行为而存在,但这并不影响上述识别要素、计量要素存在时,它作为权力意志也仍然存在。注意,不能将权力意志的存在与权利意志的实现予以混同,否则就混淆了静态与动态的关系问题。从静态意义上讲,它们能在一个时点上存在于共同的空间,由此表现为共时性的特征之一。

由于事务的"质"与"量"是人类社会因应"个体"和"集合"的感性认识而逐渐产生的认识,前者针对的是个体,后者针对的是个体与个体之间的关系(如"多"和"少"的概念的产生),从起源看,就是对应两个不同的方面,因而不存在重叠的可能。与此对应,识别要素与计量要素不存在相互的替代性。前文分析中的"股权转让"行为与"成交金额"在现实中也不具有可替代性,或具有包含关系。

质是事物本身所具有的一种规定性,它决定这一事物之为这一事物,而不是别的事物。人们认识事物主要就是认识事物的质的规定性。量是事物本身所具有的另一种规定性。数学基础学家贝尔纳斯讨论过把数学看做是关于量的科学的问题,他把"量"这个概念理解为局限于数值这样一种特殊的量。[①]"质"与"量"是事务或行为客观存在所表现出的两个方面,具有客观性,而作为权力形态的征收要素,是本体意志的反映,具有主观性。主、客观是并存的,而不是相互包含的。因而,征收要素与识别要素、计量要素之间也不存在包含关系,满足共时性的另一个特征。

从静态结构的角度而言,征收要素、计量要素、识别要素三者之间具有共时性的特点。这可以让我们得出一个结论:三要素可以共存。但马上产生另一个问题:作为一个税法规则,三要素必须共存吗?在税法规则中,征收要素与计量要素是必不可少的,这一点无需赘言。问题是识别要素是否一定不可缺失?诚然,事务的"质"的属性是一定存在的,但问题是是否为税法所需。由此我们很容易将这个问题归之于税法目的(前文已经谈到)。税法目的的确是一方面,但是否还存在更客观的决定性力量呢?从现代税法而言,如果离开识别要素,则计量要素必然漂浮无所系。示例如下:

[①]　胡世华:《质和量的对立统一与数学》,载《哲学研究》1979 年第 1 期。

《国务院办公厅转发人民银行监察部等部门关于规范商业预付卡管理意见的通知》（国办发〔2011〕25号）

二、健全制度，规范行为

严格发票和财务管理。发卡人必须严格按照《中华人民共和国发票管理办法》有关规定开具发票。税务部门要加强发票管理和税收稽查，坚决依法查处发卡人在售卡环节出具虚假发票、购卡单位在税前扣除与生产经营无关支出等行为。财政部门要加强财务管理，严厉查处挪用预算资金、利用购卡进行公款消费等行为。

四、防范风险，维护权益

加强预付资金管理，维护持卡人合法权益，是防范金融风险的重要手段，必须引起足够重视，进一步完善工作机制。多用途预付卡发卡人接受的、客户用于未来支付需要的预付资金，不属于发卡人的自有财产，发卡人不得挪用、挤占。多用途预付卡发卡人必须在商业银行开立备付金专用存款账户存放预付资金，并与银行签订存管协议，接受银行对备付金使用情况的监督。人民银行要加强对多用途预付卡备付金专用存款账户开立和使用的监管。商务部门要采取有效措施，加强对单用途预付卡预付资金的监管，防范资金风险。

请注意上述文件第二条"坚决依法查处发卡人在售卡环节出具虚假发票"的表述中，实际隐含着这样的命题：发卡人可以在售卡环节开具发票，但不能开具虚假发票。而根据《中华人民共和国发票管理办法》第三条"本办法所称发票，是指在购销商品、提供或者接受服务以及从事其他经营活动中，开具、收取的收付款凭证"之规定，发票是卖方或服务提供方在经营活动中收款的凭证，因经营活动取得的收款，在计量要素环节应当按"收入"确认。在实践中也确实如此，凡是开发票的行为，都是通过经营取得收入的行为。既然是收入，那么就属于其自有财产。因而，发卡人在售卡环节开具发票取得的款项，从计量要素的角度看，就应当是发卡人的自有财产。

但是，同样的一份文件中，在第四条却有这样的表述："多用途预付卡发卡人接受的、客户用于未来支付需要的预付资金，不属于发卡人的自有财产"。在这个条文中，计量要素对应的已不再是"收入"，而是"预付资金"，这当然意味着不是发卡人的自有财产。

显然，预付卡究竟应该等同于银行卡按预付（存）资金对待，还是应该等同于购物券按取货凭证对待，决定了计量要素的性质。如果忽视识别要素,则计量要素也会应"量"无所对应而混乱。

如果不知该"量"取自何方,则税种的界限也会消失,在多种税率之下,税率的适用则会困难。如果倒退到人类早期,只有一种税、一个税率,"按田收租"又如何呢?即使在这样一个情形下,也不是只管收租不管其他,因为,土地所有者还需确定这块田是哪一个耕种者在耕种,从而确定其是否已经履行了租金义务,不关注耕种事实,则无法识别纳税主体。为什么要识别纳税主体?本质上是私有制造成的。因而,没有识别要素,就没有税种、税率甚至纳税人。所以,识别要素的存在不是税法目的决定的,而是私有制决定的,而税本身就伴生于私有制,则识别要素与税俱来。

综上,识别要素、计量要素、征收要素必须在税法规则中同时并存。

(二)共时性的意义

1. 必须并存的意义

从共时性的特点出发,意味着一个税法规则的确立应当是征收要素、计量要素、识别要素必须共存于同一空间。如果缺少了任一要素,它就不是一个法律规则,这是深层意义上的税收法定,并有利于我们从静态的角度衡量一个税法规则的完整性。

例如,我国关于《立法法》修改的讨论中,就存在是否要在《立法法》条文中明确税种、税率的设定必须经过全国人民代表大会或全国人民代表大会常委会以法律形式设定。其中,争议较大的就是关于税率的表述。一种观点认为,既然已经在条文中表述了税种,税种当然包括税率,所以不应该再单独列出税率;另一种观点则认为,税种与税率不是父子关系,应该并列表述,这一观点其实是担心类似燃油消费税被随意调整的情形再度出现,干脆在条文中直接锁死行政权力,避免行政权力利用条文表述的不清晰滥用权力。以上两种观点其实都是一种政治利益之争,并没有从理论上将税种与税率的关系讲透,如果认识到,税种与税率是分别对应于识别要素与计量要素而言的,则两者之间就是必须共存的关系,因而在《立法法》中,不仅仅是识别要素、计量要素应当予以单独表述,即使是征收要素也应单独表述,这无疑使税收法定具有了科学的基础,而不只是简单的利益之争。

2. 同时并存的意义

税法规则的三个要素之所以能够同时并存,就在于三个要素取自同一事物的不同维度。或者说,这三个要素不是分散的、互不往来的共存着,而是因相同的事物而关联着,这才有所谓结构。这一特征,在税法实践中具有非凡的意义。示例如下：

> 《财政部 国家税务总局关于增值税若干政策的通知》（财税〔2005〕165）
>
> 　第八条"对从事热力、电力、燃气、自来水等公用事业的增值税纳税人收取的一次性费用，凡与货物的销售数量有直接关系的，征收增值税；凡与货物的销售数量无直接关系的，不征收增值税"。

上述文件中所谓"一次性费用"应属计量要素，它应该独立地享有其自身应当对应的识别要素，但由于私人社会的高度自治性或者纳税人群体的高度隐秘性，这一识别要素可能被刻意隐匿了或回避了，这就出现了"无缘无故地爱"。从三要素必须共存的角度而言，税法不得不将无所依托的"一次性费用"配之予识别要素，但这样一个配置行为同样要受到税法规则构成的约束，即三要素之间应是同一事物不同的维度关系。如果"一次性费用"与"货物的销售"无直接关系，则不属于相同事物的不同维度，即识别要素与计量要素没有结构上的关联性，因而不能发生征税的效果。从这个意义上而言，上述财税〔2005〕165文第八条的表述已经是一个不错的合乎逻辑的税法规则。相反的例子也有：

> 《增值税暂行条例实施细则》
>
> 　第五条一项销售行为如果既涉及货物又涉及非增值税应税劳务，为混合销售行为。除本细则第六条的规定外，从事货物的生产、批发或者零售的企业、企业性单位和个体工商户的混合销售行为，视为销售货物，应当缴纳增值税；其他单位和个人的混合销售行为，视为销售非增值税应税劳务，不缴纳增值税。
>
> 　本条第一款所称非增值税应税劳务，是指属于应缴营业税的交通运输业、建筑业、金融保险业、邮电通信业、文化体育业、娱乐业、服务业税目征收范围的劳务。
>
> 　本条第一款所称从事货物的生产、批发或者零售的企业、企业性单位和个体工商户，包括以从事货物的生产、批发或者零售为主，并兼营非增值税应税劳务的单位和个体工商户在内。

一般而言，货物征收增值税，劳务征收营业税。按照混合销售的理论，如果认定为混合销售，则劳务行为（乙事物）就有可能按与货物（甲事物)对应的增值税税率征收增值税(甲的征收要素)。由于乙事物存在清晰的识别要素(劳务)和与其自身相对应的征收要素(营业税),从逻辑结构的关联性而言,乙事物不存在需要为其配置征收要素的可能。当然,有可能在甲、乙事物之间存在不清晰的计量要素(主要是计量元素),那么解决问题的方法,不是进行要素错位配置,而是寻求使计量要素清晰的手段。但在上述条例中,正因为采用了非常错误的方法,因而提出了货物、劳务融为一体的所谓"一项销售行为"的概念。征税的对象世界本身是混沌一体的,万事万物是相互联系的,但因为税种的出现,才出现了对应与层次。如果离开税种上已经选择的与税种、税率相对应的征税对象,就会出现任意地描述识别要素的现象,这就出现了"一个销售行为＝一个销售行为(货物)＋一个销售行为(劳务)"的荒唐表述与奇怪逻辑。荒唐的逻辑必然行之不远,上述条文应用于"俄罗斯套娃"式的混合销售中(混合中有混合,混合嵌套混合),就会出现完全混乱、无所适从的局面。典型的例子就是卖水的自来水公司维修、更换水表的案例。① 当然,在"营改增"的过程中,税收立法部门已经开始在服务业增值税领域矫正这一行为,示例如下:

《财政部 国家税务总局关于将铁路运输和邮政业纳入营业税改征增值税试点的通知》(财税〔2013〕106 号)附件 2

混业经营

试点纳税人兼有不同税率或者征收率的销售货物、提供加工修理修配劳务或者应税服务的,应当分别核算适用不同税率或者征收率的销售额,未分别核算销售额的,按照以下方法适用税率或者征收率:

1. 兼有不同税率的销售货物、提供加工修理修配劳务或者应税服务的,从高适用税率。

----

① 自来水公司向客户供水的行为一般按简易办法施行 3% 的征收率,供水的同时又向该客户提供水管、水表维修服务,对固定设施的维修应按"建筑安装劳务"3% 征收营业税,但由于维修服务与供水行为同时发生,根据混合规则指引,则应按其供水主业一并征收增值税,因而维修服务应按 3% 的征收率征收增值税;进一步假设,如果在维修服务中发生了更换水表、重新安装水表的情形,则销售水表应当按 17% 征收增值税、安装水表应当按 3% 征收营业税,但这又显然是一个混合行为,又根据混合规则指引,则也应按其供水主业一并征收增值税,因而销售水表也应按 3% 的征收率征收增值税,这显然与销售货物应按 17% 的税率征收增值税相冲突。

2. 兼有不同征收率的销售货物、提供加工修理修配劳务或者应税服务的，从高适用征收率。

3. 兼有不同税率和征收率的销售货物、提供加工修理修配劳务或者应税服务的，从高适用税率。

从上述规定可知，立法部门对于不同税率对应下的行为，已经不再苛求彼此之间是"混合"还是"兼营"，而将着眼点置于计量要素的规范，如关于"分别核算"的要求与处理等。这意味着，计量要素本身内含于事务之中，不是不存在，而是被忽视了。正是因为要素具有并存的特性，才使得计量要素得以重新发掘。这样一个立法方向，就是一个正确的立法方向。

3. 互不替代的意义

共时性的另一特点是要素各自独立，互不替代，但又缺一不可。三个要素之间的依存关系决定了，彼此之间没有任何一个要素处于优势地位。这就意味着，任一要素的缺失或失效，都不是另一要素可以弥补或无视的，即征税也将处于失效。这样一个来自逻辑上的认识，就能非常轻易地回答了"非法收入是否具有可税性"的问题。

互不替代的意义还在于三个要素以一种差异的形态而共存，它们不是矛盾中的对立统一体，也不是对称性地存在，从而具有了演化的动力。正如系统论研究者指出，宇宙大爆炸前的起始点就是奇点的状态，在奇点内聚集了450多种的粒子和这些粒子所携带的四种基本力（引力、强力、电磁力、弱力），这是原始粒子所带来的原始差异，可以称为"自在的差异"，也是奇点的差异。这些差异引发的随意量子涨落、放大效应，在系统内外自组织、自协调的作用下诸差异转化、湮灭，产生新的粒子、新的涌现、新的差异。以及许许多多的层次、结构、功能和系统。在新的差异系统基础上继续演化，慢慢地会形成一种特殊超循环的序列结构。这个差异的超循环结构有自我选择和自我创新的能力。它的进一步演化出现了超大级的超循环系统，并逐步地形成了我们现在的大千世界：浩渺灿烂的宇宙、繁荣与不公的人类社会。[①] 因而，正是因为在税法规则内存在的三个互不替代的要素，才形成了形形色色的税法规范。

要素之间互不替代，可以使我们面对一些纷繁复杂、光鲜时尚的新问题、新提法额外保持一份冷静。例如，当下人们热衷于谈论大数据，税务主管部门甚至提出利用大数据科学治税、管税，因为大数据可以为企业画

---

① 乌杰：《关于差异的哲学概念》，载《系统科学学报》2008年4月。

像,通过不同的庞大的数据来源,可以让税务机关掌控、了解企业真实的经营情况。如果大数据仅仅停留于评估或决策参考层面,尚无可非议。如果运用于执法层面,则会陷入以计量要素替代识别要素的危险境地。因为,无论是大数据还是小数据,其本质仍然属于"量"的层面,无论多少"量"的累计,纵然可以为企业画出像来,却也无法画出企业的魂来。如果满足于形似神不似,既可能将企业画成一条犬,也可能将企业画成一条狼。试图以计量要素包办一切、以计量要素取代识别要素是徒劳的。因为,数据来源本身的真实性就离不开识别要素的判断。曾几何时,人们热衷于电脑看病、电脑审案,最终仍然是一时喧嚣而已。法治,是通过法律职业家群体予以维护的,贯彻于个案的是人类社会集体文化凝聚的法治精神,不仅仅是冰冷的逻辑的产物,而是有血有肉的人性的产物。如果电脑能够勘破人类社会的法治文化,大约这个世界也不是人类的世界,而是机器人的世界。税务界曾经十分推崇的金税工程,是否有效地遏制了虚假发票的泛滥呢? 金税工程最终的归属与结局不就是纳税评估吗? 技术治税最终仍然回归于人的评估。如果再造一个大数据工程,必然面临甄选、识别数据的问题,如何甄选、识别数据,是税务主管部门自我摸索还是借助已有的理论体系? 显然想走得远一点,没有理论支撑不行,而这一理论其实就是统计学。如果借助于统计学治税,等于背离了现代税收体系一直赖以运行的会计学基础,等于以集体代替个体、以整齐划一代替多元化、以共性代替个性、以评估代替原始证据,这,在事实上是背离法治精神与文化的,与税收法定完全南辕北辙。如果不保持清醒,大数据工程就有可能是第二个金税工程。新的事物是应该得到欢迎的,但人们却太容易迷失于新奇之下,太容易对新事物寄托更高的理想,这恰恰说明了这个时代太需要基础理论了。

五、税法规则构成的逻辑检验——特征检验:历时性

从简单的角度而言,历时性体现在两个方面:一是法律规则的形成;二是法律规则的运用。故以此展开验证。

(一)历时性的验证

就法律规则的形成而言,就是谁是前件谁是后件的问题。对前件与后件之间的关系不能机械地按时间顺序来理解(当然为便于形象理解,可以作如此假定),而需要从逻辑推理的过程的角度来理解前后顺序。对税法规则而言,主要需要确定在识别要素、计量要素、征收要素之间区分前

件与后件。

仍然可以通过具体的法律条文,嵌入构成要素予以对照分析,示例如下:

《中华人民共和国城镇土地使用税暂行条例》(1988 年 9 月 27 日中华人民共和国国务院令第 17 号发布 根据 2006 年 12 月 31 日《国务院关于修改〈中华人民共和国城镇土地使用税暂行条例〉的决定》第一次修订 根据 2011 年 1 月 8 日《国务院关于废止和修改部分行政法规的决定》第二次修订)

第一条 为了合理利用城镇土地,调节土地级差收入,提高土地使用效益,加强土地管理,制定本条例。

第二条 在城市、县城、建制镇、工矿区范围内使用土地的单位和个人,为城镇土地使用税(以下简称土地使用税)的纳税人,应当依照本条例的规定缴纳土地使用税。

前款所称单位,包括国有企业、集体企业、私营企业、股份制企业、外商投资企业、外国企业以及其他企业和事业单位、社会团体、国家机关、军队以及其他单位;所称个人,包括个体工商户以及其他个人。

第三条 土地使用税以纳税人实际占用的土地面积为计税依据,依照规定税额计算征收。

前款土地占用面积的组织测量工作,由省、自治区、直辖市人民政府根据实际情况确定。

我们说,历时性是表现在运用之中,所以需要观察具有操作意义的条款。观察上述三个条款,第一条为立法目的之表述,从运用环节而言,仅具有法律原则上的意义,此处不作展开讨论;第二条既具有识别要素的规定(如"使用土地的单位和个人"),也有征收要素的规定(如"应当依照本条例的规定缴纳土地使用税"),这些对主体的陈述,还只是停留在一种静态意义上的展开,并没有表现为一种操作过程,因而还不是严格意义上的操作条款。观察第三条,从整体上看,是一个关于"计税依据"这一计量要素的表述,但在实际上却具有操作意义。前已论证,计量要素应有所系,即系于识别要素。因而,"占用"行为的出现与"占用"面积的存在具有同时性,这两者不必区分先后。但从"土地面积"到"计税依据"存在一个转化的过程,从"计税依据"到"税额计算"存在一个二次转化的过程,再从

"税额计算"到"征收"又存在一个三次转化的过程。由此,我们从条款中可以清晰地看出这样一个操作路径,先存在"占用"与"土地面积",后存在"征收"。"占用"与"土地面积",不仅静态地存在于税法规则之中,还动态地存在于现实生活之中;但"征收"只是静态地存在于法规之中,是否能够动态地存在于现实之中,还取决于大前提运用于小前提的过程,这说明,"征收"是上述法律规则所追求的后果,也是过程后的结果。因而,"征收"作为征收要素属于后件,而"占用"与"土地面积"分别作为识别要素与计量要素则属于前件。

当然,我们也可以不厌其烦地选取其他税法条文予以对照分析。从根本上讲,税是以分割分配成果的特点呈现的。对成果的分享,决定了税一定是在成果形成之后,形成成果的行为或事实一定先于成果的分割。因而,是税自身的分配特点决定了前件与后件之分。

综上,在税法规则中,识别要素、计量要素属于前件,征收要素属于后件。识别要素、计量要素是征收要素的前提,识别要素、计量要素与征收要素之间不仅在税法规则的形成中存在历时性,也在运用中存在历时性。

(二) 历时性的意义

1. 税法规则形成的历时性意义

就立法而言,如果前件是后件的前提,就意味着前件不受后件的干扰。在确定税法规则的过程中,前件如果是完全客观的,不受权力意志任何左右或干扰,则识别要素、计量要素与征收要素的关系就会十分清晰。这样,我们很容易在税收立法实践中划定权力的边界。但问题在于,前件能够完全实现客观化吗?

如果可以对"石头"征税,无论权力机关的征税意志如何变更,"石头"还是"石头",所有的征税问题一定不是"石头"的问题,而是权力机关的问题,毕竟"石头"不会造假。但现实的图景是,权力机关是对人类的活动进行征税,纳税人会针对权力机关的反应而改变行为,如果权力机关无所作为,在征纳过程中,客观真实的世界会消失,避税、逃税会盛行,税法也就不能实现税收目的了。

以上说明,税法规则的设计存在两难问题,一是权力介入前件,必然违反了前件与后件之间的历时性关系;二是权力完全不介入前件,前件的客观性又会在实践中难以自然呈现。

权力介入前件有几种方式:

一是，根据权力意志创设前件，而无需顾及真实的前件。这是一种相当积极的做法。在这样一个情形下，前件已沦落为征收要素，与后件趋同，因而，法律规则也就不存在了，前件与后件已不是历时性关系，而是共时性关系（即使在法律推理中）。

二是，根据权力意志选择前件范围，但并不干涉或干扰前件的内容。这是一种相当消极的做法，其结果是，征收机关总想选择那些特别容易的征税范围，而忽视税法的其他目的。同时，即使在容易的征税范围内，仍然会存在偷税、避税等情形，而税务机关又无能为力。

三是，根据权力意志在前件中创设甄别规则，以在税法规则运用中成为判断前件真伪的依据。这既可能创设在计量要素中，如增值税进销项抵扣的办法；也可能创设在识别要素中，如《中华人民共和国企业所得税法》第四十七条"企业实施其他不具有合理商业目的的安排而减少其应纳税收入或者所得额的，税务机关有权按照合理方法调整"之规定，就创设了"合理商业目的"的甄别规则。在税法实践中，这些甄别规则的存在，的确有效地实现了税法目的。但从创设的意义上而言，这些甄别规则本身究竟是前件？还是后件？如果将之视为后件，则意味着后件改变前件，如此循环，前件怎能成为后件的前提。如果将这些甄别规则视为前件，则又如何消除权力的干扰？这就仅存一种可能性，即权力的作用仅仅在于恢复那些本已存在的前件，或者说，权力的介入并没有改变或创设前件，只是前件的重新发现，前件也并不因为发现的早晚而发生了变化，"石头"还是"石头"，这就在客观性与历时性之间实现了统一。纳税人不因历时性对税务机关的约束而改变客观性，征税机关也不因客观性的追求中权力扩张而改变历时性。这是一个美好的图景。

但怎样的甄别规则才能实现这副图景呢？

对识别要素、计量要素而言，甄别规则的意义就在于使"质"的凸显或真实"计量"信息的凸显，而不至于被形式所掩盖。怎样才能使其凸显呢？是靠权力机关的火眼金睛？还是靠对事物发展的自然规律的科学认识？毫无疑问应属于后者，因为没有一个当权者可以预测自发的秩序或代替自发的功能，哈耶克对此已有充分的论证。因而，一个好的甄别规则，不是权力机关可以随意制定的，而是需要从私人社会的发展规律中予以提取（如民法、会计制度的发展），只是提取而已，无需权力的任何灵感与创造，从这个意义上而言，真正的甄别规则是属于前件的。这有两点启示意义，一是民法、会计制度等私法的发展是有助于税法规则的科学化，尤其是对于前件的进化；二是，权力机关可以积极提取甄别规则，但提取规则的范围是消极的，只能来自于私人社会，这就是权力的边界。

通过以上认识，我们再来看《中华人民共和国企业所得税法》第四十七条之谓"合理商业目的"。从这一规则在英美法案例中的发展来看，法官们并没有创设这一规则，而只是努力地发现商业社会中一些商业行为共同的"质"，①这是一个尊重私人社会规律的表现，它并不是试图改变或创设商业行为原有的"质"，这就没有违反客观性与历时性的逻辑要求，因而"合理商业目的"这一规则富有生命力并从西方扩展至东方。

反观，税法中所谓"实质重于形式"的原则，这一完全抽象的表述，进可以创设一切前件，退又可以退到"合理商业目的"。这一表述尽管很早就显现于一些税收规范性文件中，但从来没有在税收法律、法规中取得过一席之地，因为它潜在地存在脱离私人社会自由飞翔的危险，也就潜在地存在客观性与历时性冲突的可能，这是一种人类理性不能容忍的逻辑错误。这一点，北野弘久也有相同的认识：②

> 贯穿整个税法解释与适用的基本原理是租税法律主义。但为何一般还要强调实质课税原则呢？这大概是因为，课税在德国的经济分析方法中是一种为了"大众课税"而服从于国库主义的事实。毫无疑问，实质课税原则与租税特别措施毫无关系。但从法社会学角度上看，实质课税原则的社会思想兴起与租税特别措施的发现像泛滥具有相同的构造。两者在作为现代税法的现象方面具有共同性。租税特别措施属于立法过程中的法现象，而实质课税原则是法的执行过程（行政、裁判）出现的法现象，两者在形式上有所差异。所以，如果一般、抽象地强调实质课税原则这一抽象、暧昧的法理，那么就会在法的执行过程中滥用征税权力的事实带来正当化、合法化的危险。滥用征税权力的实际结果在整体上有未经立法当局承认向大众掠夺租税的危险性，而所谓的"实质课税原则"正是滥用征税权力在法理

---

① 在美国税法中，并不是单一的商业目的规则（Reg. §1.368-1(b)），还有利益持续、商业持续等一系列测试规则，但这些都是法官在审理案件中对一些商业行为的判断，比如，持股50%或38%就是对"利益持续"的一种判断。法官们的行为只是发掘、提取商业特质，而不是创设新的行为规则。See Joseoh B. Darby Ⅲ：*Practical Gudie To Mergers，Acquisitiongs and Business Sales*，CCH a Wolters Kluwer business，2006. P. 179-181

② 〔日〕北野弘久：《日本税法学原理（第五版）》，郭美松、陈刚译，中国检察出版社2008年版，第97-98页。

上正当化的手段。在法社会学中,实质课税原则当然是"权力的理论",但不可忽视它在现代资本主义(课税权力与资本结合)基础上具有"资本的理论"的性质。正因如此,在今天特别强调该原则是重要的法则。必须指出一般、抽象地强调实质课税原则会使宪法规定的租税法律主义带来沦于形式化、空洞化的危险。

由上观之,北野弘久教授在反对空洞的、抽象的"实质课税原则"的同时,也注意到其与"资本的理论"关联的意义,这也说明,"租税特别措施"应当与资本结合,体现资本社会的规律,否则就是"权力的理论"。

尽管英美中也提出所谓"实质"问题,但这一实质问题仍然是通过商业行为予以测试的。如,按美国居民认定的信托,应当是美国人有权控制"实质性"决定的信托。这一"实质性",是指有权处理分配的时间、数量,选择受益人、投资内容,收入分配,资本事项,争议处理,而那些保管账簿、收租、执行他人的投资决定等,不属于"实质性"的。① 这说明无论英美中谈论"商业目的"还是商业"实质",都是运用相同的方法从商业行为中寻求定位。这与大陆法从概念的角度望文生义有所区别。尽管如此,"实质重于形式"的案例在美国,也只是在 1930 年的案例中才有了开端,但即使在此后,"实质"的判断也并非为法官们乐于采纳。②

2. 税法规则运用的历时性意义

前文讲的是税法规则的构成要素是如何形成的,由此提出了立法机关应当遵循怎样的规则制定税法。对于执法机关而言,历时性的意义就在于如何限制自由裁量权,在哪些环节限制自由裁量权。

根据历时性的要求,执法机关只是将大前提运用于小前提,将个别化的案件适用于法律规则。不仅立法机关不能创设前件,执法机关也不能创设前件。例如,在一起税务争议案例中,北京市地方税务局稽查局出具的一组关于假发票的鉴定材料,鉴定人分别为"北京市地方税务局票证管理中心""北京市国家税务局征管和科技发展处"。但"北京市地方税务局票证管理中心""北京市国家税务局征管和科技发展处"均不具备鉴定职

---

① Boris I. Bittker: *Fundamentals of International Taxation/U. S. Taxation of Foreign Income and Foreign Taxpayers*, THOMSON REUTERS 2009. P. 65 - 45 to 65 - 48.

② Steven A. Bank, Kirk J. Stark: Business Tax Stories, FOUNDATION PRESS 2005, p. 105 - 132.

能。北京市地方税务局网站政务公开所示：①

　　票证管理中心：负责北京市普通发票管理措施的制定和发票管理制度建设，企业发票的控制和管理，负责全市地方税收征管业务工作所需的各种票证的印制、保管和供应工作。

北京市国家税务局网站政务公开所示：②

　　7. 征管和科技发展处：组织落实综合性税收征管法律法规、部门规章及规范性文件，拟订具体操作办法；研究提出专业化征收管理和税收征管规程完善的建议；组织实施税收征管数据管理和应用办法、综合性纳税评估办法，承办征管质量考核、风险管理和税收收入征管因素分析工作；承担税务登记、纳税申报、普通发票管理、税控器具推广应用等工作；组织落实个体和集贸市场税收征管、税收管理员制度；负责全市风险分析监控工作。

无论北京市地方税务局票证管理中心在其职能公示中，还是北京市国家税务局征管和科技发展处在其职能公示中，均无发票鉴定职能。

在税法实践中，如果一个机关没有鉴定职能，其行为就不是还原真相的过程，而是自制"前件"的行为。这种税务机关自己充当鉴定人从而自制"前件"的情形依然存在。

第三节　税法规则构成要素的逻辑联系

在研究逻辑联系之前，首先需要界定要素之间彼此如何划界。除已经给出的足够多的分析外，可以简而言之，识别要素对应的是质，计量要素对应的是量，征收要素对应的是权力或意志。

税法规则构成要素的关联问题涉及两个方面：一是指在同一规则内

---

① 参见北京市地方税务局官网：http: // shiju. tax861. gov. cn/bjds/zwgk/zngk/qjgk/display. asp? more_id=1349206，最后访问日期 2015 年 5 月 26 日。

② 参见北京市国家税务局官网：http: // www. bjsat. gov. cn/bjsat/zwgk/zfxxgk/gkml/jgzn/jgsz/，最后访问日期 2015 年 5 月 26 日。

要素之间的联系;二是指不同规则下的要素之间的联系。

一、规则内要素的联系——句法功能

句法功能用于描述规则内要素之间的联系。

在语言哲学上,句法学关注语言符号之间的关系,语用学关注语言符号与人的关系。逻辑结构理论只界定法律规则的各个部分在形式上的关联,而不考虑规则如何对于行为人发生影响。语用功能主要是指引人们行为的规范作用:要么是正面的指引(合乎行为模式则施加肯定性法律后果),要么是反面的指引(违反行为模式施加否定性法律后果)。但逻辑结构本身不包含这种功能,它应当包含的只是语用功能的前提性条件,即从逻辑角度看,一个规则是可能被遵守和适用的。遵守和适用规则即为法律推理,法律推理是依据大前提认定小前提之效果的过程。规则在结构上要能恰当地成为法律推理的大前提,在逻辑上就必须具有两个部分,一是与小前提所共享的部分,即"前件",只有具备这个部分,才能认定一个案件事实是否属于规则所针对的案件类型;二是小前提原本没有而需通过推理被赋予的部分,即法律上的评价或效果,这是"后件"。前者是规则遵守和适用的前提,后者是遵守和适用的满足或实现。规则的逻辑结构必须满足的就是勾连前件与后件的句法功能。[①] 通俗地讲,句法功能就是条件与结果的当然映射。

因而,在一个税法规则内部,识别要素、计量要素与征收要素之间是条件与结果的当然映射,不需要在这三个要素之外另行补充起连接作用的"关系词""规范模态词"(必须、不得、可以)。因为法律后果本身就属于规范性的领域,其内含的评价就已经将彼此联系起来,这种联系在认知层面的不同反映不是因果关系就是归属关系。简而言之,税法规则中前件与后件之间的联系是通过后件的评价性活动创造出来的。

通过以上分析,可以得出结论:第一,识别要素、计量要素与征收要素之间的联系,是人造的联系,征收要素具有非常能动性的一面,因而存在征收权滥用的可能,故对征收权的约束成为重点。这与前文的实证观察结果相一致。第二,识别要素与计量要素之间的联系,是自发性的联系,既可能是一个事物两个方面的特征反映,也可能是市场交易的自然结果,两者之间具有天然的契合性或默契性。这说明,征收要素与识别要素、计量要素之间,存在一个要素应对两个要素的关系,极端地讲,存在私人社

[①] 雷磊:《法律规则的逻辑结构》。

会整体对抗征收权的可能。就此点而言,可以考虑在税法规则的设计中,适当分离识别要素与计量要素之间的密切关系,特别是关注那些因应非公开公司产生的计量规则与识别要素之间所具有的惊人的默契关系,而增值税的设计就是一个将计量要素适度分离识别要素的很好尝试。

二、规则间要素的联系——错位功能

错位功能用于描述不同规则间要素之间的关系。

从严谨的法律规则而言,一般不允许此规则下的要素错位至彼规则下的要素。而法律规则只有前件与后件两个构成部分,在个别化的过程中,一般不会存在没有前件的情形。

但由于税法规则不同于一般法律规则,在部门化的过程中,其"前件"裂变为"识别要素"与"计量要素",这样就会出现尴尬的情形:在个别化的过程中,有可对应的识别要素却没有可对应的计量要素,这算不算缺少前件? 同理,也会存在有计量要素却没有识别要素的情形。

但必须注意,作为税法规则的大前提本身不会缺少构成要素,缺少构成要素的只可能是小前提,造成小前提无法对应于大前提的情形。在小前提中,有识别要素没有计量要素可能是一种自然的或客观的情形,如人类的情感活动,①也有可能计量要素因为没有记载而无法提取;但对于有计量要素却没有识别要素的情形,不是客观的或自然的情形的结果,而是人为的结果,同样也存在未记载或遗忘的可能。

根据税法规则构成的分析结果,要素之间是必须共存的关系,任一要素的缺失必将导致征税不能。但前已阐述,征收要素是十分能动的要素,虽然不会按单一要素征税,但可以设法补足缺失的要素或转化要素至其他规范下的要素(主要是识别要素或计量要素。征收要素是法律后果,属于规范性的领域,是小前提演绎的目标,因而不存在缺失的问题),于是在税法中出现了大量的"视同""核定""调整"等用语,中外均有这种现象。

在逻辑理论下,怎么样的错位规则是一个好的规则呢? 如果要满足税法规则的逻辑构成,就应当"缺啥补啥"。这就会出现挪用其他规则的构成要素的情形,或者将小前提的要素通过转化以等同于其他规则下的要素来达到征税的目的。以下分别论述。

---

① 从本质上讲,也是可以计量的,只是因为没有价值化或商品化,所以也就被人们忽略了其计量属性。

（一）同质错位

所谓同质错位，是指存在识别要素，但存在计量要素障碍的情形。在该等情形下，一般应按照"同质等量"原则处理计量要素。示例如下：

$$S(A) = R(A)，若 S(b) = S(a)；$$
$$则 S(b) = S(a) = S(A) = R(A)$$

在上述示例中，S 表示识别要素，R 表示计量要素，A 代表税法规则（A：大前提，a：小前提），b 代表 B 类税法规则下的小前提。如果 a、b 同质，则量也相等，在这一情形下，b 已经转化为 A 类税法规则下的小前提。

由于在一个税法规则内，识别要素与计量要素是一个事物的两个方面，因而这两者是对应出现的，即有 $S(A)$，对应的就是 $R(A)$。在逻辑推理上就表现为"＝"。这说明，"同质等量"原则是合乎逻辑的。

我们可以借此分析一些立法条文，示例如下：

《中华人民共和国营业税暂行条例实施细则》

第五条　纳税人有下列情形之一的，视同发生应税行为：

（一）单位或者个人将不动产或者土地使用权无偿赠送其他单位或者个人；

（二）单位或者个人自己新建（以下简称自建）建筑物后销售，其所发生的自建行为；

（三）财政部、国家税务总局规定的其他情形。

第二十条　纳税人有条例第七条所称价格明显偏低并无正当理由或者本细则第五条所列视同发生应税行为而无营业额的，按下列顺序确定其营业额：

（一）按纳税人最近时期发生同类应税行为的平均价格核定；

（二）按其他纳税人最近时期发生同类应税行为的平均价格核定；

（三）按下列公式核定：

营业额＝营业成本或者工程成本×（1＋成本利润率）÷（1－营业税税率）

公式中的成本利润率，由省、自治区、直辖市税务局确定。

《中华人民共和国营业税暂行条例》

第七条　纳税人提供应税劳务、转让无形资产或者销售不动产的价格明显偏低并无正当理由的，由主管税务机关核定其营业额。

在上述条例细则中,"赠送""自建"行为均缺少相应的计量要素,如果将"赠送"行为、"自建"行为视同"应税"行为,就是将该行为转换成一个"营业"行为,从而产生相应的"营业额"。该"营业额"通过类比其他小前提确定,这就是一种同质等量转换。

至于《中华人民共和国营业税暂行条例》第七条中,"价格明显偏低"的情形也与上类似,但在计量要素不是缺失而是失真的情形下,并不需要将该小前提转换至其他税法规则,而是将同类规则下的其他小前提的计量要素予以借用。

同质等量转换意味着,纳税人在规则的指引下,应当知悉纳税义务的存在,且不存在计量的障碍(同质等量),因而不遵从税法,从理论上而言,应当承担行政处罚的后果。

(二) 同量错位

同量错位,是指存在计量元素,但由于识别要素存在障碍从而无法准确确定计量要素。在该等情形下,一般应当按照"同量不同质"原则对待识别要素。因为,同"质"的事物可以表现出相同的量,但不同"质"的事物也可以表现出相同的量。"质"与"量"之间并不表现为充要关系。因而,即使按照相同的计量要素处理,但不能推测识别要素也相等。典型的例子反映在因经营资料缺失导致"核定征收"的情形中。在企业所得税中,核定征收,一般是提取同行业平均利润率核定纳税人的所得额,从而产生税额,以此赋予纳税人纳税义务。问题在于,纳税人是否还要承担行政处罚的后果? 这就涉及识别要素的确定问题。

从税法规则的逻辑理论出发,由于"同量不同质",即使通过借用计量要素确定了纳税义务,但不能由此演绎或推理出某一个"识别要素"是与该计量要素相对应的,"质"的缺失导致"量"的漂浮,这就说明计量要素也存在变动的可能性。这种不确定性导致行政处罚不能。

如果不从逻辑结构理论分析,换一个角度分析又可能是何结论呢? 我们不妨引证中国法律、法规予以分析。

一般而言,"核定征收"是事实不清、证据不足下适用的征收方式。根据《征管法》第三十五条及《企业所得税核定征收办法(试行)》(国税发〔2008〕30号)第三条之规定可知,"核定征收"是指在纳税人的会计账簿不健全,资料残缺难以查账,或者因其他原因难以准确确定应纳税额时,由税务机关依法核定纳税人应纳税额的一种征收方式。根据《征管法细则》第四十七条之规定,"纳税人有税收征管法第三十五条或者第三十七条所列情形之一的,税务机关有权采用下列任何一种方法核定其应纳税额:(一)参照当地同类行业或者类似行业中经营规模和收入水平相近的纳税人的税负水平核定;(二)按照营业收入或者成本加合理的费用和利润的方法核定;(三)按照耗用的原材料、燃料、动力等推算或者测算核定;(四)按照其他合理方法核定。采用前款所列一种方法不足以正确核定应纳税额时,可以同时采用两种以上的方法核定"。据此,"核定征收"是税务机关采取的最接近于纳税人实际经营情况的一种征收方式,但其核定的应纳税额是在事实不清、证据不足的情况下,税务机关依法定程序计算的结果。

如果事实不清,则《行政处罚法》较难适用。根据《行政处罚法》第四条之规定,"设定和实施行政处罚必须以事实为依据";根据《行政处罚法》第三十条之规定,"公民、法人或者其他组织违反行政管理秩序的行为,依法应当给予行政处罚的,行政机关必须查明事实;违法事实不清的,不得给予行政处罚"。因此,进行行政处罚的前提是违法事实清楚、证据确凿。因此,在违法事实不清的情况下,采用核定的税额作为罚款的计算依据显然不符合《行政处罚法》的要求。

除《行政处罚法》外,还不能忽视《征管法》的处罚条文。根据《征管法》第六十三条之规定,"纳税人伪造、变造、隐匿、擅自销毁账簿、记账凭证,或者在账簿上多列支出或者不列、少列收入,或者经税务机关通知申报而拒不申报或者进行虚假的纳税申报,不缴或者少缴应纳税款的,是偷税。对纳税人偷税的,由税务机关追缴其不缴或者少缴的税款、滞纳金,并处不缴或者少缴的税款百分之五十以上五倍以下的罚款"。若证据缺失的,或者证据之间难以形成有效的证据链条,从而无法准确证明所隐匿之收入或者所虚列之成本、费用的,所谓的偷税数额将难以认定。而在核定征收方式下所确定之税款,其既可能小于纳税人实际上不缴或者少缴的税款;也可能高于纳税人实际应缴纳的税款。但该等税款显然并不等于纳税人实际上不缴或者少缴的税款。不缴或者少缴税款的真实、准确数额不能证明的情况下,《征管法》第六十三条显然难以适用。

反观《征管法》第三十七条之规定,"对未按照规定办理税务登记的从事生产、经营的纳税人以及临时从事经营的纳税人,由税务机关核定其应纳税额,责令缴纳;不缴纳的,税务机关可以扣押其价值相当于应纳税款的商品、货物"。对于无证经营的纳税人,其从事生产经营的所得当然存在不进行纳税申报、不缴纳税款的情况,但是《征管法》对该等不缴或者少缴税款行为只是核定其应纳税额,而无加收滞纳金或给予罚款等规定。

即使因纳税人拒不缴纳核定的税款而依法采取强制措施时,该等强制措施也仅仅针对其价值相当于应纳税款的商品、货物,甚至不包括滞纳金。由此可见,《征管法》对于核定的应纳税额,既无滞纳金,也未予以罚款。

即使在地方立法中,也存在事后核定征收的情形,如广州市地方税务局印发的《事后核定征收企业所得税和纳税评估补缴企业所得税处罚及加收滞纳金的指引》(穗地税发〔2006〕192号)第三条规定,"符合《广州市地方税务局核定征收企业所得税暂行办法》(穗地税发〔2005〕297号,以下简称《暂行办法》)第五条各点情形而事后核定征收企业所得税的处理方法:(一)符合《暂行办法》第五条第(一)点情形的,即'依照法律、行政法规的规定应当设置账簿但未设置的',按《中华人民共和国税收征收管理法》(以下称《征管法》)第六十条规定给予处罚,并加收滞纳金。(二)符合《暂行办法》第五条第(二)点情形的,即'擅自销毁账簿或者拒不提供纳税资料的',参照《征管法》第六十条和第六十二条相关规定给予处罚,并加收滞纳金。(三)符合《暂行办法》第五条第(三)点情形的,即'虽设置账簿,但账目混乱或者成本资料、收入凭证、费用凭证残缺不全,难以查账的,包括:① 能准确核算收入总额,或收入总额能够查实,但其成本费用支出不能准确核算的;② 只能准确核算成本费用支出,或成本费用支出能够查实,但其收入总额不能准确核算的;③ 收入总额及成本费用支出均不能正确核算,不能向主管税务机关提供真实、准确、完整纳税资料,难以查实的',如果凭证和相关资料残缺不全,可按《征管法》第六十条规定给予处罚,并加收滞纳金;如果只是账目混乱,可不给予处罚,仅加收滞纳金。(四)符合《暂行办法》第五条第(三)点第④点情形的,即'账目设置和核算虽然符合规定,但并未按规定保存有关账簿、凭证及有关纳税资料的',按《征管法》第六十条规定给予处罚,并加收滞纳金。(五)符合《暂行办法》第五条第(四)点情形的,即'事业单位、社会团体、民办非企业单位不按规定将取得应纳税收入有关的成本、费用、损失与免税收入有关的成本、费用、损失分别核算,又不能按分摊比例法等合理办法计算应纳税所得额的',不需给予处罚,只加收滞纳金。(六)符合《暂行办法》第五条第(五)点情形的,即'企业所得税纳税义务人未按照规定办理税务登记,从事生产经营的',按《征管法》第六十条规定给予处罚,并加收滞纳金。(七)符合《暂行办法》第五条第(六)点情形的,即'发生纳税义务,未按照规定的期限办理纳税申报,经税务机关责令限期申报,逾期仍不申报的',按《征管法》第六十二条给予处罚,并加收滞纳金。(八)符合《暂行办法》第五条第(七)点情形,即'纳税人申报的计税依据明显偏低,又无正当理由的',

且没有《暂行办法》第五条其他各点情形的,第一次事后核定征收时暂不给予处罚,不加收滞纳金,责令其改正。再次发现有该点情形存在的,移交稽查部门处理"。且对采取事后核定方式进行征收的,只按照《征管法》第六十条"纳税人有下列行为之一的,由税务机关责令限期改正,可以处二千元以下的罚款;情节严重的,处二千元以上一万元以下的罚款"之规定予以处罚,而不是适用《征管法》第六十三条关于偷税的处罚。[①]

从税收立法、执法看,对核定征收还是偏于不罚或轻罚,其原因也大多基于事实要件的缺乏,这与"同量不同质"的逻辑分析结果基本近似。按数理逻辑分析,也可以得到同样的结果:

$$若 \quad S(n)=R(n); \quad R=\frac{R1+R2+R3+\cdots Rn}{n}$$

则 $S(n)\approx R$

又因 $R(n)\neq R$,且 S 不存在;故 $S(n)\neq S$

R 可以用来表示行业平均利润率,但这是一个没有具体的 S(识别要素)可对应的 R(计量要素),所以当 $S(n)$ 缺失对应的计量要素 $R(n)$ 时,可以采用 R 近似地代替 $R(n)$,但不能由此得出结论 $R(n)=R$,从而推导出识别要素 $S(n)$。

---

① 参见《广州市地方税务局核定征收企业所得税暂行办法》(穗地税发〔2005〕297 号)第一条"为进一步规范核定征收企业所得税工作,加强企业所得税的征收管理,根据《中华人民共和国税收征收管理法》(以下简称《征管法》)及其实施细则(以下简称《征管法实施细则》)、《中华人民共和国企业所得税暂行条例》(以下简称《条例》)及其实施细则(以下简称《条例细则》)和国家税务总局《核定征收企业所得税暂行办法》(国税发〔2000〕38 号,以下简称《核定办法》)的有关规定,结合我市具体情况,制定本办法"、第三条"核定征收企业所得税,按核定的行为与税款所属期的时间先后关系分为事前核定、事中核定和事后核定",以及第四条"事前核定是指税务机关在企业所得税所属年度结束前,根据纳税人以前月份或年度的情况,对本年未来月(季)税款核定征收;事中核定是指税务机关在纳税人临时取得某项收入,向税务机关提出申请开具发票时,因其有关收入、支出凭证不完整而对该项收入核定征收;事后核定是指税务机关在纳税期结束后,检(稽)查发现纳税人有本办法第五条情形而核定征收"。

第四章　税法规则向税法规范的转化

第一节　隐性规范的存在

在确立税法规则构成要素的过程中,已经研究了税法规则内要素之间的关系,税法规则与税法规则之间的要素关系,但几乎未考虑构成要素与税法规则系统外的关系。因而,在建立一个基点后,就应当适当放大环境变量。

一、"掺和"现象及原因

"徒法不足以自行"。税法也是在一定的法律体系中存在的,并受相关法律体系的影响。但相关法律体系对税法的影响与其他部门法相比较,却具有相当的不同。

(一)"掺和"现象

根据前文分析,税法规则是由识别要素、计量要素和征收要素三要素构成的。人类活动的"质"与"量"虽然客观地存在,如果不借助概念、规范、体系等,我们也无法认识事务。对事务的认识,是多个学科体系共同发挥作用的,并不是税法能够全部包办的,因而,借用其他学科体系的概念甚至规范来认识事务的"质"与"量"成为必然。

从"为我所用"的角度看,当我们提取一些要素并将之纳入税法体系后,大可不必关注这些要素的提取来源,所谓"英雄不问出处"。但通过实证观察,却并非如此。

譬如,当税法规则中引入会计上关于"折旧"的计量要素时,事实上引入了会计上关于"折旧期限""配比""残值"等一系列会计规范以核算"折旧",当税法上对"折旧期限"进一步规定时,又在这一规定的过程中引入了会计上关于"存货""不动产""无形资产"等资产科目的规范。

这说明,税法规则引入某一学科的概念作为其要素时,却总也无法将其转化为一个纯正的"税法概念"。反而,这些概念背后隐藏的原学科规范却能时时"遥控"这些概念,这些外在于税法的规范相对于税法规则而言,对于这些概念的诠释更具有学科优势、体系优势、先在优势,并借助这些概念侵入税法规则运行的内部,即税法规则在运行中,存在多学科规范互相"掺和"的现象,他们属于税法运行中的隐性规范或间接规范,虽然不直接表现为税法规范的一部分,但却影响着甚至左右着税法规则的构成要素,因而不能将它们排斥在税法规则的研究之外(图4-1)。

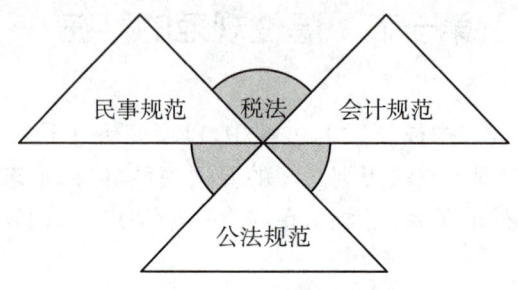

图4-1 "掺和"现象示意图

(二)"掺和"原因

这种"掺和"现象是否在其他部门法也存在呢?

就私法而言,多数部门法脱胎于民法,如商法。但商法与民法是一种"裂变"关系,通过重新分割"势力范围"而得以共存。其后的关系,基本在各自的"势力范围"内独立发展。即使存在共用"概念"的情形,也是割据"势力"共同继承的原母法的"财产",谈不上"借用"或"转化"某一部门法的"概念"。共用"概念"由于源自同一母法,因而使各部门法自"裂变"后,仍然可以在一些交错领域保持相当惊人的一致性,因而,就私法领域的部门法而言,其部门法之间的冲突远远小于税法与其他法律体系的冲突。

税法在私法与公法的交错中诞生,是公法与私法"结合"的产物,而不是"裂变"的产物。其他学科这种"掺和"现象在税法领域是无法消除的。就征税对象而言,税法具有天然的"寄生"与"滞后"特点,税需要寄生于民商事行为,税法如果不从民商事行为中提取概念,就意味着丢失了自己的征税对象;从节约征税成本而言,税需要依靠会计规范提取计量信息。税法如果不从会计规范中提取计量信息,就意味着重建计量体系,如果重建的计量体系脱离于现代会计的发展,就意味着"信息失真"的风险,因为人造计量体系的风险远高于自发形成的现代会计制度。与其说是各学科的"掺和",不如说各学科为税法提供了必要的构成"要件",税法的功能之一就在于如何有机地连接这些构成"要件"。

二、隐性规范与税法规则构成要素的对应关系

从理论上而言,任何学科体系都对税法规则发挥着影响,但不是所有的学科体系都具有主导影响的能力,因而需要确定那些具有主导影响力的类型。

税法规则中,识别要素反映"质",计量要素反映"量",征收要素对应"权力"。从这样一个内涵出发,不同的构成要素与不同的隐性规范之间的对应关系就可以清晰可见,即征税对象的识别一般来源于民事规范,税基的形成一般来源于与计量相关的会计规范,税赋的征收一般来源于具有强制力保障的行政规范。由此,民事规范、会计规范、行政规范构成了税法的隐性规范,并分别与识别要素、计量要素、征收要素相对应(图 4-2)。

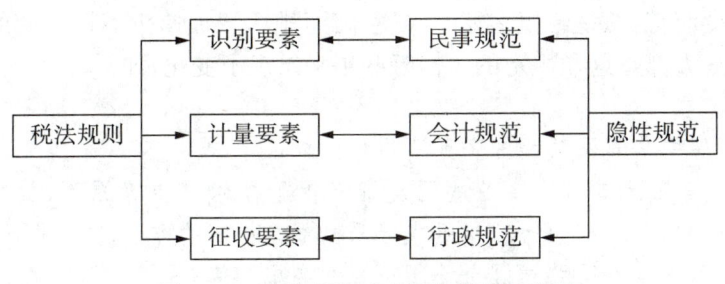

图 4-2 隐性规范对应要素影响示意图

第二节 规则要素向规范要件的转化

税法规则的构成要素呈现由要素向要件转化的趋势。要素转化为要件之时,也就是税法规则向税法规范转化之时。这一转化的原因,既有体系外的影响,也有体系内的影响。在实在法的世界里,税法规则更像一个匀速直线运动的理想模型,而税法规范才是真实的运动形态,既有加速度也存在矢量。研究税法规范构成的意义在于面对真实的世界,研究税法规则构成的意义在于清晰税法规范的来源,并为税法规范的进一步研究提供了基本架构与方法。

一、体系外的影响——隐性规范的影响

隐性规范对税法规则的影响,是渐次的,在渐次的过程中逐渐变得系

列化,在系列化的基础上呈现系统化。

(一) 要素系列化

税法是在面对不同问题的过程中成长的。问题出现时,总会出现参考其他学科的情形。在演化经济学家看来,这就是一种遗传的作用,或者说"惯例"。[①] 如果其他学科处理同类问题的结果,契合税法当时的目的,对税法而言,无疑是一个便捷有效率的做法。

譬如,会计主体的假设之一就是"持续经营",[②] 要持续经营,就必须有资产的补充,但资产的损耗并不是一次性发生的,而资产的采购却是一次性产生的,因而会计上出现了折旧的概念,既应资产购买之所需,又为费用配比之所依。如果税收是一次性的,则无需考虑折旧问题,如果税收是持续的,就必须考虑经营主体持续经营的能力。因而,会计主体的假设契合了持续性税收的要求,因而会计上的折旧出现在税法之中。但从征税者的角度而言,总是希望多征一些税,因而排斥了加速折旧。早期的一些税收立法大都是这样规定的。但近些年来出现了变化,如:

《中华人民共和国企业所得税法》

第三十二条　企业的固定资产由于技术进步等原因,确需加速折旧的,可以缩短折旧年限或者采取加速折旧的方法。

《中华人民共和国企业所得税法实施条例》

第九十八条　企业所得税法第三十二条所称可以采取缩短折旧年限或者采取加速折旧的方法的固定资产,包括:

(一) 由于技术进步,产品更新换代较快的固定资产;

(二) 常年处于强震动、高腐蚀状态的固定资产。

采取缩短折旧年限方法的,最低折旧年限不得低于本条例第六十条规定折旧年限的 60%;采取加速折旧方法的,可以采取双倍余额递减法或者年数总和法。

这说明,税收产业政策出现变化时,为了鼓励技术进步,税法也开始引入会计上"加速折旧"的概念。美国国会也只是 1981 年才开始采纳加速折

[①] 〔荷〕杰克·J·弗罗门:《经济演化——探究新制度经济学的理论基础》,李振明等译,经济科学出版社,2003 年版,第 96-100 页。

[②] 张友棠等:《现代会计理论与实务——理论分析·制度阐释·实务图解》,武汉理工大学出版社,2002 年版,第 4-6 页。

旧（ACRS）。① 这里有个问题，税法可以采取多种手段鼓励技术进步，为什么选择会计上"加速折旧"的做法？这是因为税法上已经有"折旧"的概念了，并已形成了一系列与之配套的税法规则，当再次引入"加速折旧"时，新制度与老制度之间的摩擦最小。这一原因，就是原"折旧"概念（或者说"直线折旧"）本身取自原会计制度的系列概念之一，它与其他系列概念存在天然的吻合度。先行者在自我求生存的过程中，总在一定程度上为后来者创造了同样适合生存的条件。中国移民迁居海外的过程，之所以出现"聚群""带串"的现象，与此同理。

因而，对其他学科体系概念的借用，必然随着税法的发展，成系列化的进入税法规则的构成要素之中，并且往往会出现在相同的税法规则之内（相同的制度土壤导致的"聚群"），这在空间上为这些要素相互联系、影响创造了条件，而这些要素原本就在会计制度中因会计规范体系化的缘故，彼此间具有特定的秩序安排，或者说处于特定的结构联系中。这为它们在税法规则内部再造一个"小家"或小结构，提供了可能。一旦系列化的要素具有了自己的结构，则要素本身就具有了成为规范的可能。

（二）要素系统化

引入税法规则中的这些系列要素，并不满足于建立一个"小家"，如果税法一不小心引入了其他学科的"灵魂"概念，则这一概念就可以把潜伏在税法中的来自于原学科的所有概念激活，哪怕它们暂时分散在不同的税法规则中。

譬如，权责发生制是一个典型的会计"灵魂"概念，不仅可以运用于收入的确认，还可运用于费用的确认。从征税的角度而言，在收入上采用权责发生制是有利于多征税的，特别是对"应收账款"而言。随着现代税制的发展，为了平衡纳税人利益，更多的国家开始采用权责发生制确认费用，这对现代企业的核算也是有利的。受此影响，我国新企业所得税法也引入了这一规定，并具体体现在条例的规定之中，如：

《中华人民共和国企业所得税实施条例》

第九条 企业应纳税所得额的计算，以权责发生制为原则，属于当期的收入和费用，不论款项是否收付，均作为当期的收入和费用；

---

① Michael J. Graetz, Deborah H. Schenk: *Federal Income Taxation/ Principles and Policies*, FOUNDATION PRESS, p. 340.

不属于当期的收入和费用,即使款项已经在当期收付,均不作为当期的收入和费用。本条例和国务院财政、税务主管部门另有规定的除外。

根据这条规定,不仅出现了"应付未付"进入成本和费用的问题,还出现了"白条"进入成本和费用的问题,甚至出现了废除发票的呼吁,权责发生制激活了很多原本沉睡、沉默的引入概念,如计提、摊销、准备等,似有全面占领税法的趋势。但是,《中华人民共和国发票管理办法》规定:

> 第三条　本办法所称发票,是指在购销商品、提供或者接受服务以及从事其他经营活动中,开具、收取的收付款凭证。
> 第二十一条　不符合规定的发票,不得作为财务报销凭证,任何单位和个人有权拒收。

说明没有发票就不能进入成本和费用,而发票不是"应付未付"的凭证,而是"收付款"的凭证。这就造成了《发票管理办法》与《企业所得税法实施条例》的直接对垒。为此,财政部、国家税务总局不得不发布规定,以求折中的办法:

> 《国家税务总局关于企业所得税若干问题的公告》(国家税务总局公告 2011 年第 34 号)
> 六、关于企业提供有效凭证时间问题
> 企业当年度实际发生的相关成本、费用,由于各种原因未能及时取得该成本、费用的有效凭证,企业在预缴季度所得税时,可暂按账面发生金额进行核算;但在汇算清缴时,应补充提供该成本、费用的有效凭证。

从以上立法实践可知,其他学科的原则、核心概念一旦引入税法,它具有使那些散落的先在概念迅速被组织起来的能量,这已经不是一种"系列化"的优势了,而是"系统化"优势。不同税法规则内的引入要素在核心概念或原则的带动下,开始四处串联,有从小结构向大结构演变的趋势,不管税法愿不愿意,这些要素开始了规范化的运动。在这个趋势之下,或者说已经占据了一定空间的情形下,不是行政力量可以随意清除的。我国政府具有一定的强势,我国的税法也还年轻,尚且出现了上述无奈之举,何况成熟国家的税法呢?

这深刻地提醒税法立法者,越是引入其他学科的核心概念或原则,越是危险。

二、体系内的影响

(一) 要素综合化

在外在体系化的压力下,那些构成税法规则的单一要素,也越来越在特定功能上表现出共同点,如计量要素之间越来越围绕计量功能展现出共同的概念、规则、原则等,示例如下:

《中华人民共和国营业税暂行条例》

第五条 纳税人的营业额为纳税人提供应税劳务、转让无形资产或者销售不动产收取的全部价款和价外费用。

《中华人民共和国营业税暂行条例实施细则》

第十三条 条例第五条所称价外费用,包括收取的手续费、补贴、基金、集资费、返还利润、奖励费、违约金、滞纳金、延期付款利息、赔偿金、代收款项、代垫款项、罚息及其他各种性质的价外收费,但不包括同时符合以下条件代为收取的政府性基金或者行政事业性收费:

(一) 由国务院或者财政部批准设立的政府性基金,由国务院或者省级人民政府及其财政、价格主管部门批准设立的行政事业性收费;

(二) 收取时开具省级以上财政部门印制的财政票据;

(三) 所收款项全额上缴财政。

在上述条款中,营业税有所谓"价外费用"的概念。注意:价外费用并非直接来自会计规范的概念,而是一些计量元素(来自于会计规范)的集合的表示。同样的"价外费用"的概念也出现在增值税中,示例如下:

《中华人民共和国增值税暂行条例》

第六条 销售额为纳税人销售货物或者应税劳务向购买方收取的全部价款和价外费用,但是不包括收取的销项税额。

销售额以人民币计算。纳税人以人民币以外的货币结算销售额的，应当折合成人民币计算。

《中华人民共和国增值税暂行条例实施细则》

第十二条　条例第六条第一款所称价外费用，包括价外向购买方收取的手续费、补贴、基金、集资费、返还利润、奖励费、违约金、滞纳金、延期付款利息、赔偿金、代收款项、代垫款项、包装费、包装物租金、储备费、优质费、运输装卸费以及其他各种性质的价外收费。但下列项目不包括在内：

（一）受托加工应征消费税的消费品所代收代缴的消费税；

（二）同时符合以下条件的代垫运输费用：

1. 承运部门的运输费用发票开具给购买方的；

2. 纳税人将该项发票转交给购买方的。

（三）同时符合以下条件代为收取的政府性基金或者行政事业性收费：

1. 由国务院或者财政部批准设立的政府性基金，由国务院或者省级人民政府及其财政、价格主管部门批准设立的行政事业性收费；

2. 收取时开具省级以上财政部门印制的财政票据；

3. 所收款项全额上缴财政。

（四）销售货物的同时代办保险等而向购买方收取的保险费，以及向购买方收取的代购买方缴纳的车辆购置税、车辆牌照费。

对比不同税种下，发现增值税与营业税关于"价外费用"的内涵有大量重合的方面，如："手续费、补贴、基金、集资费、返还利润、奖励费、违约金、滞纳金、延期付款利息、赔偿金、代收款项、代垫款项"，"政府性基金或者行政事业性收费"。这说明，两者具有趋于一致的倾向。除此之外，消费税关于"价外费用"的规定，与增值税几乎完全相同，示例如下：

《中华人民共和国消费税暂行条例》

第六条　销售额为纳税人销售应税消费品向购买方收取的全部价款和价外费用。

《中华人民共和国消费税暂行条例实施细则》

第十四条　条例第六条所称价外费用，是指价外向购买方收取的手续费、补贴、基金、集资费、返还利润、奖励费、违约金、滞纳金、延期付款利息、赔偿金、代收款项、代垫款项、包装费、包装物租金、储备费、优质费、运输装卸费以及其他各种性质的价外收费。但下列项目不包括在内：

（一）同时符合以下条件的代垫运输费用：

1. 承运部门的运输费用发票开具给购买方的；

2. 纳税人将该项发票转交给购买方的。

（二）同时符合以下条件代为收取的政府性基金或者行政事业性收费：

1. 由国务院或者财政部批准设立的政府性基金，由国务院或者省级人民政府及其财政、价格主管部门批准设立的行政事业性收费；

2. 收取时开具省级以上财政部门印制的财政票据；

3. 所收款项全额上缴财政。

以上说明，"价外费用"的概念在多个税种中已出现共同性，开始作为一个综合概念横跨多个税种，这使其内涵不再是计量元素的单一表达，也不再局限于某一事务"量"的反映，而具有理论化的色彩。要素内涵的扩大与综合，使要素自成规范成为可能。

（二）要素关联高阶化

1. 存在要素性质转化的可能

仍然以上述"价外费用"为例。随着"价外费用"的内涵横跨多个税种，"价外费用"呈现向共同的"质"凝练的趋向。

根据前文分析，识别要素与计量要素是并存的。"价外费用"也需依载于"质"而存在，根据前述"同量不同质"原理，"量"不具备识别或推演"质"的功能，因而我们发现，上述三个税种条例都采用了不厌其烦的列举方式，采用了"价外费用是什么"的表述，并没有根据"同质等量"原理提出一套"什么是价外费用"的识别规则。这种限于计量要素的列举式办法，不仅限制了税法规则的适用范围，在税法实践中也会碰到障碍。

例如，买房人交付定金，但最后决定放弃购房，定金被开发商作为"违约金"予以没收。开发商就该笔违约金是否应当缴纳营业税呢？从价外费用的规定中已知，"违约金"包含其内，因而属于价外费用，开发商应当缴纳营业税；但从《中华人民共和国营业税暂行条例》第一条"在中华人民共和国境内提供本条例规定的劳务、转让无形资产或者销售不动产的单位和个人，为营业税的纳税人，应当依照本条例缴纳营业税"之规定看，缴纳营业税是因为发生了销售不动产的行为。在上述案例中，买卖双方最终并没有成交，违约金如果只按一个计量要素看待，则在营业税范围内没有可系的"质"（识别要素），因而无法缴纳营业税。从广义而言，房款也好，违约金也好，均因房屋而来，何以一个缴营业税，另一个不缴呢？思考的范围对不同的人而言，伸缩、弹性也不一样。而让多数人接受的是那些显现一致性具有理论色彩的解释。这将迫使税法不得不回答"价外费用是什么"的问题，尤其在三个税种都以同一概念出现时，人们更会追究和思考价外费用的本质问题。价外费用看起来更像是一个识别要素了。为什么如此？根据"同质等量"原理，人们更容易从"质"的角度把握"量"，而不是从"量"的角度把握"质"，毕竟"同量"并非一定"同质"。这说明，权力不仅不能创设计量要素，甚至想对计量要素进行一定的概括都无法回避识别的问题，这让这些计量要素的性质存在转向识别要素的可能。

要防止这种转变，只有每一税种都不厌其烦地尽可能地穷尽列举，同时拒绝回答"它是什么"的问题。这当然是一个愚笨的办法。

2. 存在要素关联高阶化的可能

随着税法的发展，愚笨的办法当然不可行。税法内部概念、规则、原则之间也在相互冲撞、磨合过程中寻求一致。规则与规则间的碰撞，也需要提升要素的凝练度。

我们前面已经提到了"价外费用"与"混合销售行为"这两个概念，尽管"混合销售行为"不是一个好的概念，但不妨碍我们从实证的角度进行比对分析。

这两个概念存在于不同的税法规则之中，但它们的要素之间却在税法发展的过程中以特定的形态关联着。为避免复杂，选取同一税种相关条款对比如下：

《中华人民共和国增值税暂行条例》

第六条　销售额为纳税人销售货物或者应税劳务向购买方收取的全部价款和价外费用，但是不包括收取的销项税额。

《中华人民共和国增值税暂行条例实施细则》

第五条　一项销售行为如果既涉及货物又涉及非增值税应税劳务，为混合销售行为。除本细则第六条的规定外，从事货物的生产、批发或者零售的企业、企业性单位和个体工商户的混合销售行为，视为销售货物，应当缴纳增值税；其他单位和个人的混合销售行为，视为销售非增值税应税劳务，不缴纳增值税。

第十二条　条例第六条第一款所称价外费用，包括价外向购买方收取的手续费、补贴、基金、集资费、返还利润、奖励费、违约金、滞纳金、延期付款利息、赔偿金、代收款项、代垫款项、包装费、包装物租金、储备费、优质费、运输装卸费以及其他各种性质的价外收费。

从条款可以看出,混合销售行为指涉货物和劳务(对应营业税),而仔细揣摩价外费用的内容,也存在包括货物和劳务(如包装物租金,运输装卸费等)的可能。由于这两者采用的计税规则不同,如果不加以区分,就会导致适用税率的混乱。有人认为,混合销售行为中的劳务是伴生于销售货物的行为的,劳务与货物的销售存在必然联系,但价外费用则不一定与销售行为存在必然联系。这个观点是站不住的,因为仅仅从语义就可得出结论,价外费用是因"价"而"外"的,如果"价"之不存,何谈"价外"呢?假设一笔"返还利润"是年终的财政返还,这就很难与一笔具体的货物销售相对应,在税法实务中,没有人认为这笔"返还利润"需要缴纳流转税。即使要缴纳,如果该企业既有提供应缴营业税的劳务形成的所得,又有应缴增值税销售货物的所得,那么,该笔财政返还,究竟是缴纳增值税还是缴纳营业税呢?这说明,如果没有必然联系,就无法将价外费用与增值税相关系。此论点,在税收规范性文件中,已有清晰表露:

《国家税务总局关于商业企业向货物供应方收取的部分费用征收流转税问题的通知》(国税发〔2004〕136 号)
一、商业企业向供货方收取的部分收入,按照以下原则征收增值税或营业税:
(一)对商业企业向供货方收取的与商品销售量、销售额无必然联系,且商业企业向供货方提供一定劳务的收入,例如进场费、广告促销费、上架费、展示费、管理费等,不属于平销返利,不冲减当期增值税进项税金,应按营业税的适用税目税率征收营业税。
(二)对商业企业向供货方收取的与商品销售量、销售额挂钩(如以一定比例、金额、数量计算)的各种返还收入,均应按照平销返利行为的有关规定冲减当期增值税进项税金,不征收营业税。
二、商业企业向供货方收取的各种收入,一律不得开具增值税专用发票。
三、应冲减进项税金的计算公式调整为:
当期应冲减进项税金＝当期取得的返还资金/(1＋所购货物适用增值税税率)×所购货物适用增值税税率

既然价外费用、混合销售行为均基于劳务与货物之间的必然联系,那么,两者的区别究竟何在呢? 这说明,在"价外费用"之外的税法规则,也逼迫其不得不面对"价外费用是什么"的问题。

让我们将分析的视野重新回到价外费用横跨三个税种的具体内容。考察营业税与增值税,经过前文对比,两者大部分相同,再仔细观察两者相同的部分,发现它们都有一个共同的特征,即这些内容都不是营业税税目之下的劳务范畴。反观混合销售行为中的劳务,指的就是营业税税目之下的劳务范畴。营业税税目内外的劳务有何区别呢? 简而言之,税目内的就是"经营行为",税目外的就是"非经营行为"。如果经过这样一个综合,我们就可以大胆地推论,价外费用的本质就是一个经营行为所伴生的一个非经营行为,混合销售行为的本质就是一个增值税的经营行为所伴生的一个营业税的经营行为。从计量要素的角度讲,价外费用与混合行为没有什么不同,就是对多个收费进行征税;但从识别要素的角度讲,价外费用针对的是非经营行为,混合行为针对的是经营行为。

正是这种提炼,价外费用在横跨三个税种时,才具有统一的解释力,也同时赋予了另一税法规则之下的混合行为具有了安定性。

正是这种提炼,使我们清晰地发现增值税关于价外费用的规定存在的错误是哪些,增值税是如何将经营行为(如"包装物租金""储备费""运输装卸费"等)误置于价外费用之中的。

正是这种提炼,不同规则下的要素以一种对偶或对称的形态在另一种结构形式中关联着彼此,这就是要素自身向要素自己的规范转化的开始。从此,构成税法规则的单纯的、干净的要素日渐消失,取而代之的是有自己主见的、更具有包容性的要件的出现。这个要件一定意义上就是一个自成一体的规范。

三、税法规则向税法规范的转化

由于隐形规范本身自成体系,因而对税法规则中对应要素的影响是持续性的、压迫性的,是整体对个体的影响,是系统对分散的影响,类似情形也发生在计量要素之间、征收要素之间。税法规则的构成要素在内外力量的夹击下,这使要素本身向更综合的要件转变并变得越来越规范化,并直至进化为对应的识别规范、计量规范和征收规范。税法规范的构成不再是原始阶段单一的要素之间的联系,而是识别规范、计量规范和征收规范之间的联系,由此可以将税法规范视为由承担识别功能的识别规范、承担计量功能的计量规范、承担征收功能的征收规范所构成:

税法规范＝识别规范＋计量规范＋征收规范

之所以还仍然保留了等式，是因为识别要素仍然存在于识别规范之中（计量要素、征收要素也是如此），要素在税法规则中原始的功能并没有消失。每一个要件规范不是消灭了原税法规则中的要素，而是原税法规则中的要素变得更活跃了，这种规范化的力量事实上是一种自治的力量，对权力无疑是一种削弱，但同时也带来了税法的复杂化。

因要素均已转化为了规范（简称要件），税法规则不借助原则的力量已经难以控制这些构成要件，从这个意义上而言，税法规则不得不向税法规范转换。这才是一个真实的税法世界，而不是一个田园牧歌般的形式逻辑世界。

在真实的税法世界里，税法规范与隐性规范之间的关系，已经演变为民事规范与识别规范、会计规范与计量规范、行政规范与征收规范之间的输入关系；税法规范内部，识别规范、计量规范、征收规范相互之间，已经演变为相互挤占、争夺空间的重叠关系。这很容易让税法规范迷失在丛林世界里，果真如此，也无需担心，不妨正本清源，重新思考那个单纯而又干净的税法规则的世界，这或许是基础理论研究的意义。

第五章　税法规范构成的实证分析

我们已经就税法规则的构成要素进行了法理研究,并认为,税法规范的构成要件在法理上仍须遵循与税法规则的构成要素相同的等式。因而,是否继续进行税法规范的构成要件的法理研究,这一研究是否最终仍然会回归到税法规则的构成的研究,成为一个问题。换一个角度而言,我们已经知道构成要件来源于构成要素,但形成要件(规范)之后,那些与要素相关的分析或原理是否仍然能继续适用于要件。解决问题的最好办法,莫过于观察与分析要件在实践中的真实形态。

第一节　识别规范的实证分析

识别要素向识别规范的转化,其实是一个"对象化—概念化—体系化"的过程。在这个过程中,民法规范存在着概念化、体系化的优势,并影响着识别规范的进化。

一、民事规范对识别规范的影响

一个好的识别规则,不是权力机关可以随意制定的,而是从私人社会的发展规律中尤其是民法中提取的最具有"质"的代表性的一面。但识别规则向识别规范转化的过程中,是否会因为角色多元化(既可能是小结构中的角色,也可能是税法规范的结构要件之一),而导致"质"的本性变得不清晰,甚至发生了变迁或异化? 此时,是否需要权力介入?

或者恰恰相反,识别规则向识别规范的转化,不是使"质"变得模糊了,而是使"质"变得清晰了。

示例而言,权力机关确定课税对象或划定征税范围之初,并不具有完全的能力认识与发掘事物的"质"。对权力机关而言,课税对象的确定,难免要从"现象"或"表象"入手,如"转让土地,承受人需要缴纳契税",这就是一种从表象入手的表述,在这个表述中,税法规则之下的识别要素非常清晰,就是"转让＋土地"。如果换一种表述,"转让土地权属,承受人需要缴纳契税",识别要素就是"转让＋权属","权属"自然具有民事规范的内容,因而要素的内涵变丰富了,要素也就开始向要件转化。那么,是"土地"的表述更清晰,还是"权属"的表述更清晰？或者换一个角度而言,私人社会的规范体系是否有能力识别"现象"之下不同的"质",从而帮助权力机关校准应该选择的空间？

不同的"质"会存在相同的表象,这不仅为权力机关留下了空间,也为私人社会留下了空间。从逻辑结构历时性的特征出发,我们并不希望权力在自己留下的空地内自由驰骋,而希望私人社会的规范具有自我校准或定位的功能。

假设具有这种功能,可能会出现如下结果：① 经过民事规范的校准,课税对象消失了,怎么办？② 经过民事规范的校准,显然与税法其他规范发生了冲突,怎么办？

我们还是借助实务案例予以观察。

二、案例观察与分析

本案例选取契税的课税对象予以观察和分析。

(一) 案情简介

A 公司与某房产公司签署办公楼买卖合同一份,已付房款人民币 1.5 亿元(其中 1 亿元由 B 公司提供融资,房产公司提供担保),缴纳契税 450 万元,相关交易资料已提交房地产交易中心。

在房地产交易中心受理期间,B 公司起诉 A 公司及担保方房产公司清偿欠款,并申请法院查封该办公楼,由此导致 A 公司一直无法取得产权证书。

后因 A 公司无法清偿 B 公司债务,该办公楼被法院依法处置,但由于 A 公司未取得该办公楼的产权证书,办公楼被处置时,只能以房产公司的名义挂牌拍卖,最终 B 公司以约 1.5 亿元竞得该办公楼。尽管处置的是房产公司的财产,但房产公司并无实际损失,各方债务就此终结。

鉴于该办公楼已由房产公司过户至 B 公司,A 公司自身从未取得该办公楼的产权证,A 公司遂向税务机关申请退还契税。税务机关认为,该办公楼被处置时,虽在房产公司名下,但房产公司并未向 A 公司追偿因此造成的损失,该办公楼实质上是作为 A 公司的财产用于偿付 B 公司的债务,故不予退税。

最初,税企双方争议的焦点在于该办公楼究竟属于 A 公司的财产还是 B 公司的财产。随着争论的深入，双方就 A 公司与房产公司之间的债权关系达成共识，即房产公司名下的办公楼被拍卖后，房产公司之所以不向 A 公司追偿，在于该办公楼应当交付 A 公司但实际未能交付，房产公司对 A 公司由此也负有债务，鉴于双方之间互负的债务可以抵消，①故房产公司没有追偿的必要。但税务机关仍然认为，A 公司既然能够处置合同权益，就表明 A 公司享有合同权益，而契税的纳税义务发生时间正是基于合同权益的存在。②

（二）争议焦点

《中华人民共和国契税暂行条例》第一条规定，"在中华人民共和国境内转移土地、房屋权属，承受的单位和个人为契税的纳税人，应当依照本条例的规定缴纳契税"。根据该条的表述，存在多个识别要素：转移、土地、房屋、权属。究竟哪一个识别要素构成契税的征税对象呢？

这一问题，即使在理论界也众说不一，有学者认为，"契税的征税对象是发生土地使用权和房屋所有权权属转移的土地和房屋"，③该观点即认为契税的征税对象是作为交易标的的"土地和房屋"；但又有学者认为，"契税的征税对象是土地、房屋权属转移的行为"，④该观点即认为契税的征税对象是作为交易行为的"转移"。

这说明，如果税法表述的是一个现象，现象之下可能存在多个可能的"质"。

从民事规范的角度而言，合同权益一般以"债"的形态存在，而合同标的一般以"物"的形态存在，因此，民事规范的这种分类可以将上述争议转化为：契税的征税对象究竟是"交易行为"，还是"交易标的"。进一步沿着民法理论出发，上述争议又可以认为是：契税征税对象的性质应当以物权认定，还是应该以债权认定。

---

① 参见《中华人民共和国合同法》第九十九条第一款"当事人互负到期债务，该债务的标的物种类、品质相同的，任何一方可以将自己的债务与对方的债务抵消，但依照法律规定或者按照合同性质不得抵消的除外"。

② 参见《中华人民共和国契税暂行条例》第八条"契税的纳税义务发生时间，为纳税人签订土地、房屋权属转移合同的当天，或者纳税人取得其他具有土地、房屋权属转移合同性质凭证的当天"。

③ 胡怡建：《税收学》，上海财经大学出版社，2004 年版，第 370 页。

④ 陈少英：《税法学教程》，北京大学出版社，2005 年版，第 358 页。

(三) 分析

1. 民法规范是否存在识别功能？

民法最大的分类莫过于债权与物权。物权与债权的划分在民法体系内究竟基于何种原因产生的，它们是为了区分什么？这种区分是不是税法选择的区分？

大陆法系国家的民法一般将民事权利划分为物权与债权。物权与债权的区分属于民法学的基本问题。物权在本质上是一种支配权。所谓支配权就是指权利人直接支配特定物的权利，与其对应的是请求权，是指权利人请求他人为一定行为或不为一定行为的权利。物权作为支配权，是与作为请求权的债权相区别的，支配权与请求权是两种不同性质的民事权利，作为支配权的物权，权利人可以通过对物的直接支配来实现其利益，而请求权只能借助他人的意志建立与物之间的联系，因而不能直接实现对物的控制。①

我国《中华人民共和国合同法》《中华人民共和国物权法》相继颁布，在立法上业已构建了我国民法制度的物、债两分体系。即使在《中华人民共和国物权法》条文中，也可清晰地表明这一点。②

沿着物、债两分体系，物权又可分为所有权、用益物权、担保物权等，债也可以分为侵权之债、合约之债等。这说明，在民法的体系中，存在对事物分类识别的情形。

2. 民法规范是如何识别的？

针对上述具体的案例，可以试着从民法的角度予以辨析。

在《中华人民共和国契税暂行条例》第一条"在中华人民共和国境内转移土地、房屋权属，承受的单位和个人为契税的纳税人，应当依照本条例的规定缴纳契税"的表述中，既有关于交易的表述（如"转移"），又有关于权属的表述。从民法规范的角度而言，合同与权属是否可以区分呢？

1）合同是债，权属是物

《民法通则》第五章"民事权利"中规定了四项权利，分别为"财产所有权和与财产所有权有关的财产权""债权""知识产权"和"人身权"。根据《民法通则》第五章第二节"债权"中第八十四条"债是按照合同的约定或

---

① 王利明：《论物权法中物权和债权的区分》，《法学论坛》2007 年第 1 期。

② 参见《中华人民共和国物权法》第十五条"当事人之间订立有关设立、变更、转让和消灭不动产物权的合同，除法律另有规定或者合同另有约定外，自合同成立时生效；未办理物权登记的，不影响合同效力"。

者依照法律的规定,在当事人之间产生的特定的权利和义务关系,享有权利的人是债权人,负有义务的人是债务人。债权人有权要求债务人按照合同的约定或者依照法律的规定履行义务"及第八十五条"合同是当事人之间设立、变更、终止民事关系的协议"之规定,合同确定的是"债"的关系,而非"物"的关系。

2)合同是因,权属是果

不可否认,没有不动产买卖合同的存在,可能也不会发生物权效果。但不能将原因关系等同于结果关系。

有关学者对此有专门论述,如,"当事人之间能否发生债权法上的效果,要看当事人债权意思表示是否真实合法;而当事人之间物权变动则应以动产的交付和不动产的登记为要件,原因行为有效成立不一定必然导致物权变动,所以不能以一个有效的合同当作自然发生物权变动的根据",①"土地使用权的移转需要具备土地使用权转让合同生效和土地使用权移转登记两个要件。债权合同的生效区别于物权变动的生效,有效的债权合同是物权变动的基础行为和法律上的原因。债权合同的效力区别于物权变动的效力,请求交付和办理物权变动登记属于债权合同的效力,因登记而发生土地使用权移转属于物权变动的效力。土地使用人只有在办理土地使用权登记并获得国有土地使用权证书后才能依法取得土地使用权,土地使用权证是受让人享有土地使用权和进行法律处分的依据和前提。不具有国有土地使用权证的,则意味着尚未获得土地使用权,转让合同因为无权处分且不被追认或事后不能获得处分权而无效。"②立法部门对此也有充分的解释,"以发生物权变动为目的的基础关系,主要是合同,它属于债权法律关系范畴,成立及生效应该依据合同法来判断。不动产物权的变动只能在登记时生效,依法成立生效的合同也许不能发生物权变动的结果。登记是针对民事权利的变动而设定的,是一种物权的公示方法。"③

3)以登记作为物权的识别标志

登记效力产生的是物权,合同效力产生的是债权。物权法定是一条

---

① 孙宪忠:《物权变动的原因和结果的区分原则》,《法学研究》1999年第5期。

② 王淑华:《土地使用权转让合同与物权变动之效力辨析》,《法学论坛》2009年第5期。

③ 全国人大常委会法制工作委员会民法室编:《中华人民共和国物权法条文说明、立法理由及相关规定》,北京大学出版社,2007年版。

基本原则,即当事人能设立哪些种类的物权只能由法律规定,当事人之间不能创立;设立物权的方式以及物权的具体内容,一般也只能由法律规定,当事人之间的约定与法律规定不一致时不发生法律效力。不动产物权登记的物权设定或变动效力,体现了"登记者不得变动"原则。①

根据《中华人民共和国物权法》第九条第一款"不动产物权的设立、变更、转让和消灭,经依法登记,发生效力;未经登记,不发生效力,但法律另有规定的除外",非经登记则不足以设立物权,物权未经设立,则不足以确定物权权利人。物权权利人之物权的确立标志采用登记主义。

权属登记是否发生以不动产登记簿及不动产权属证书为标志。根据《中华人民共和国物权法》第十四条"不动产物权的设立、变更、转让和消灭,依照法律规定应当登记的,自记载于不动产登记簿时发生效力",第十六条"不动产登记簿是物权归属和内容的根据。不动产登记簿由登记机构管理",以及第十七条"不动产权属证书是权利人享有该不动产物权的证明。不动产权属证书记载的事项,应当与不动产登记簿一致;记载不一致的,除有证据证明不动产登记簿确有错误外,以不动产登记簿为准"之规定,权利人未记载于不动产登记簿或未取得不动产权属证书,则不能视为物权权利人。

以上说明,基于双方当事人之间的意思表示或者说合同并不能自然地产生物权效果,而需要国家强制力或者说登记发生效力。这正是"合同意定"与"物权法定"之间的区别。因而,不能以不动产买卖合同的签署或存在当然地确定权力归属或物权效力。

由上观之,民法体系已确立了一系列规范用于识别物权与债权。无论将契税的征税对象设定为以物权为特征的"土地、房屋权属",还是设定为以债权为特征的"移转"行为,民法规范的引入并不存在让识别要素变得模糊的可能,反而在一系类规范体系的解释下变得更清晰了。在隐形规范的作用下,识别要素向识别规范的转化,其实是一个"对象化—概念化—体系化"的过程。具体对象的"质",在抽象的过程中显现出"特征"来,这就从一种"类比"的识别或者说"形象"的识别上升为"特征"的识别。

4) 权属为契税的征税对象

在契税征税对象的归类上,有人将契税归之于财产税,②也有人将契

---

① 顾华详:《论物权登记效力与合同效力的区分》,《新疆财经大学学报》2008年第2期。

② 刘佐:《中国税制概览》,经济科学出版社,2010年版,第13-14页。

税笼统地归之为财产行为税。① 归类的模糊，也反映了在契税的征税对象的认识上的模糊。

从语义上而言，我们可以认为契税条例所表达的"权属"，就是物权的概念，并可以在民法规范中找到依据。例如，根据《中华人民共和国物权法》第二条第一款"因物的归属和利用而产生的民事关系，适用本法"，以及《中华人民共和国契税暂行条例细则》第二条"条例所称土地、房屋权属，是指土地使用权、房屋所有权"之规定，由此认为，契税所涉土地、房屋权属属于不动产物权范畴。因而，契税纳税义务人必然是物权权利人。或者说，契税是以"物"为征税对象，而不是以"债"为征税对象。

当然，从另一个角度也可以得出相同的结论。

根据《中华人民共和国契税暂行条例》第一条之规定，契税不是对出卖人征税，而是对承受人征税，是以承受的财产为征税对象，由此有别于流转税。流转税是对出卖人征税，即以出卖人的交易行为为征税对象。如果契税也是对交易行为征税，在流转税同时存在的情形下，意味着一笔相同的交易"量"在一笔相同交易中两次被予以课税，在现代税制下，这在税种设置上必然陷入重复征税的逻辑。如同，你可以拔两次鹅毛，但不要在同一个地方拔取。

从中国历代契税的变迁来看，契税的征税对象也是逐渐由散漫的交易收缩、回归于特定的财产，如牛马、田宅。②

以上可以看出，如果识别要素引入民法规范中的"权属"概念，从而成为一个识别规范，它会让民法规范在税法的解释中变得相当活跃。

（四）识别规范与征收规范的冲突

尽管民法规范对识别规范进行了有力的解释，但这种解释是否会导致识别规范与现存的征收规范冲突呢？

1. "先税后证"问题

在征管实践中，对契税的征收存在"先税后证"的处理。即契税的缴纳不是在权属形成之后。这种操作程序主要在于提升征管效率，因为，契税的征收特点是：① 纳税人分散，契税税率低，直接征收成本效益不明显；② 发生一次性，对纳税人来说并非经常性发生；③ 产权交易证明文件集中在房产部门办理。这些特点决定了契税税源分散，直接征收成本高，

---

① 杨龙：《对完善我国财产行为税管理的思考》，《国际税收》2014年第4期。
② 金亮、杨大春：《中国古代契税制度探析》，《江西社会科学》2004年第11期。

征收不经济。① 而采用"先税后证"的做法,无论对征管部门还是纳税人都是便捷的。

需要指出的是,"先税后证"是一种操作程序,而不是法律原理。"先税后证"本身就表明了税、证不可分离的原则,否则就不存在"后证"一说。税务主管部门在税法实践中也没有否认契税与权属的不可分离。例如,《国家税务总局关于办理期房退房手续后应退还已征契税的批复》(国税函〔2002〕622号)规定:

> 按照现行契税政策规定,购房者应在签订房屋买卖合同后、办理房屋所有权变更登记之前缴纳契税。对交易双方已签订房屋买卖合同,但由于各种原因最终未能完成交易的,如购房者已按规定缴纳契税,在办理期房退房手续后,对其已纳契税款应予以退还。

《关于无效产权转移征收契税的批复》(国税函〔2008〕438号)指出,

> 按照现行契税政策规定,对经法院判决的无效产权转移行为不征收契税。法院判决撤销房屋所有权证后,已纳契税款应予退还。

这充分说明,所谓"先税后证",没有"后证","先税"的效力也会丧失,税、证不仅不可分离,而且再一次证明了契税是以权属的最终确立为依据的。

2."契税纳税义务发生时间"问题

《契税暂行条例》规定:

> 第八条契税的纳税义务发生时间,为纳税人签订土地、房屋权属转移合同的当天,或者纳税人取得其他具有土地、房屋权属转移合同性质凭证的当天"
> 第九条纳税人应当自纳税义务发生之日起10日内,向土地、房屋所在地的契税征收机关办理纳税申报,并在契税征收机关核定的期限内缴纳税款。

由此,合同构成了契税纳税义务的起始。由此容易形成误解,即契税仍以合同为征税对象。相反,基于契税的财产税属性的理解,一些税务管理部

---

① 郝玉芹:《房地产契税黑洞的形成与治理》,《税务研究》2004年第9期。

门的人士撰文质疑现行立法关于"契税的纳税义务发生时间"的规定的合理性，①房产管理部门也有人质疑税款征纳前置做法。②

如果能够正确理解纳税义务的完整内涵，契税的财产税属性并不与现行立法上关于"契税的纳税义务发生时间"的规定相冲突。必须指出的是，"纳税义务的发生"并不等于"纳税义务的终结"，只有两者才共同构成契税纳税义务的完整内涵。《财政部、国家税务总局关于购房人办理退房有关契税问题的通知》（财税〔2011〕32号）规定：

> 对已缴纳契税的购房单位和个人，在未办理房屋权属变更登记前退房的，退还已纳契税；在办理房屋权属变更登记后退房的，不予退还已纳契税。

尽管购房人的纳税义务已先期发生，但仍以权属是否确立作为纳税义务终结的标志。"纳税义务的发生"只是一个时间起始点的概念，而不是一个完整过程的概念，它不能指代契税义务的完整内涵。因而，不能将契税义务的履行静态地理解为一个"点"，而应该动态地理解为一系列"点"或一个"过程"。否则，前述所谓的"退税"就失去了法理依据。

如果"纳税义务的发生"是一个时间起始点的概念，必然会产生一个新的问题，即在"纳税义务的发生"与"纳税义务的终结"期间，是否需要计征滞纳金？典型的问题存在于期房合同与现房合同之间，如有学者撰文指出，"期房从其预售到正式交付，其间通常至少会有1～2年的时间，甚至会有更长时间，购房人通常会等到房屋交付使用后，才会去办理契税申报、纳税。因而从纳税义务发生之日到实际申报纳税往往可能推后1～2年。如此，凡购买期房的购房者，依据《契税暂行条例》第八条的规定契税的纳税义务发生时间，均有可能承担未及时申报并交纳契税的滞纳金"，该学者进而提出修改《契税暂行条例》第八条。③

---

① 王周飞、朱桂江：《浅析房屋属转移契税纳税义务的发生时间》，《涉外税务》2010年第12期。

② 许良霞：《房地产权属变更中税款征纳前置问题分析》，《财会月刊》2010年第10期。

③ 陈思融：《商品房权属转移契税纳税义务的发生时间再考量》，《税收经济研究》2013年第5期。

根据《中华人民共和国税收征收管理法》第三十二条，①以及《中华人民共和国税收征收管理法实施细则》第十二条、第十三条之规定，②滞纳金起始于纳税义务发生后的合理期间之外，或者说，现行税收立法上的滞纳金同样是一个"过程"概念，即始于"纳税义务的发生"，终于"纳税义务的终结"。即在"纳税义务的发生"与"纳税义务的终结"期间，当然需要计征滞纳金。从法理而言，这一期间如果不计征滞纳金，"纳税义务的发生"就会毫无意义，"纳税义务"也就不是一项"义务"。那么，如何审视现实中存在的期房问题呢？就合同的标的而言，期房与现房相比较，期房仍然是一项"债"而不是"物"。在期房合约下，"债"本身成了合同的标的。而引发契税"纳税义务的发生"的合同，是以"物"为结果的合同，而不是以"债"为结果的合同，因而，期房买卖合同不是严格契税意义上的"合同"，它不能触发契税"纳税义务的发生"，因而也就不存在所谓滞纳金问题。但是，必须注意到，期房合同项下的标的存在由"债"向"物"转化的可能，例如，一旦房地产开发商取得房地产初始登记证明（俗称"大产证"），则所有与此相关的期房合同的标的即由"债"转化为了"物"，此时即实质触发了契税"纳税义务的发生"，而不管该合约的名称仍在形式上被称为"预售"等。这一纳税发生时点，既不是合同签订之日、发票开具之日、商品房交付之日以及买房人权属登记（俗称"小产证"）之日，而是合同标的转化之日。这一时点，事实上就是许多房地产开发商与当地税务部门乐于在实践中接受的操作时点。这说明，不是理论与实践脱节，而是既没有深刻地理解契税的财产税属性，也没有明察"物"与"债"的转换。

这说明，民法规范为我们提供了一种新的认识角度，在契税征税对象的性质认定上，割裂物权与债权之间的联系也是错误的。

在民法规范的解释下，识别规范似乎具有很大的弹性空间与征收规范和平共处。

---

① 参见《中华人民共和国税收征收管理法》第三十二条"纳税人未按照规定期限缴纳税款的，扣缴义务人未按照规定期限解缴税款的，税务机关除责令限期缴纳外，从滞纳税款之日起，按日加收滞纳税款万分之五的滞纳金"。

② 参见《中华人民共和国税收征收管理法实施细则》第十二条第二款"前款规定以外的纳税人，除国家机关和个人外，应当自纳税义务发生之日起 30 日内，持有关证件向所在地的主管税务机关申报办理税务登记"，以及第十三条"扣缴义务人应当自扣缴义务发生之日起 30 日内，向所在地的主管税务机关申报办理扣缴税款登记，领取扣缴税款登记证件；税务机关对已办理税务登记的扣缴义务人，可以只在其税务登记证件上登记扣缴税款事项，不再发给扣缴税款登记证件"。

（五）案件结论

实践中,存在以下情形:买卖双方已签署不动产合同,契税已交,但一方一直未取得产证。如此情形,是否需要退还契税?根据上文分析,此情形下,契税义务虽已发生,但契税义务是否终结,或者说契税义务是否最终成立,则需基于权属是否能够确认的最终判断。如果权属尚不能最终确认的,则不发生退税的效果,如长期拖延或故意不办理权证的行为等;但凡存在如下法定的判断理由的,则应当予以退税:① 法院判决(如国税函〔2008〕438 号文);② 交易不能(如国税函〔2002〕622 号文)。

在上述案例中,相关办公楼经拍卖已由房产公司过户至 B 公司,说明了 A 公司与房产公司签署的合同已无履行可能,在事实上已不存在权属确认为 A 公司的可能,对应的契税义务因无法终结而失去了成立的要件,因而可以参照国税函〔2002〕622 号等文件之规定退还 A 公司税款。

三、小结

通过综合案例的分析,我们可以得出一个近似的结论:如果税法能够尊重私法世界里的行为规则,只是从私法中选择了识别要素或识别规范,如果征收规范不失之于扭曲,私法的自发秩序或自适性就会在税法规范中体现。但必须注意的是,这一自发秩序并不是一蹴而就的,也不是一成不变的,不能因为私法本身存在的冲突而否定整个体系的不存在或崩溃。例如,有学者认为,随着物权和债权的发展,物权法与债法也出现了多元化的关联,物权和债权之间的区分只具有描述意义而非概念建构意义,形式化判断让位于更为实用性的目的理性判断,实用主义的开放体系逐步取代形式主义的封闭体系。① 即便如此,该学者也不得不承认,物权确定社会和交易基本结构的功能仍然存在,物权法作为私法体系的独立组成部分这一点并未被放弃。② 这说明,体系相对于个别冲突而言,更具有稳定性。当然,对于体系的理解,并不能完全停留于概念体系。如在英美法中,不存在以调整对象为主要根据的法律分类,法律主要以法官的判决为基础。除部分议会制定法外,所谓普通法和衡平法基本上是法官的判例,是法官的经验。事实上,如果对判例法这种看似特别强调经验的法律形式进行深入分析的话,便不难发现,从表面上看,判例法只是一种经验,是

---

① 朱虎:《物权法自治性观念的变迁》,载《法学研究》2013 年第 1 期。
② 同上注。

一系列判例经验的汇集,但在实质上,一方面,每一位法官在某一事实基础上做出判决、形成判例、上升为判例法时,他们已经对事实做出了超越于事实本身的反思,并达到法哲学的高度。而这一高度必须在经验归纳基础上形成一定意义上具有普适性的结论。① 这种普适性的结论对于每个判例来说都有可用性,这就是英美法意义上体系的力量。

如果税法无法与外在的体系隔绝或隔离,就无法摆脱外在体系的影响。

因此,那些属于识别规范的内容,如纳税主体的识别、课税对象的识别、课税事实的识别最好还是交给识别规范而不是征收规范。这并不妨碍权力基于政治的目的而行使,在更广义的、跨度更长的情形下,私法规范与公法规范是一致的,对此,拉兹有精彩的论述:②

> 我再说一次,法律只是政治制度的一个方面,不管这个政治制度具体指什么,是国家、教会、部落或其他。法律的存在和它的特点受到它生活于其中的政治制度的存在和特点的严重影响。如果本书有什么错误,那肯定就是没有充分强调这个方面的意义。本书认为,一种法律体系的超越时空的特性依赖于法律制度只是其中之组成部分的政治制度的持续性,然而,法律也希望能够对一种临时性的法律体系提供一种自治界定。

既然是一致,并不意味着政府可以任意行为,因为公权力的结果总是以被矫正而收场。至于那些让人担心的被私人社会自我扭曲的避税行为,也仍然可以通过"同质错位"规则予以解决。这就是所谓"质"的问题用"质"来解决,权力赤膊上阵是多余的。

第二节　计量规范的实证分析

计量要素向计量规范的转化,是一个"数字化—货币化—会计化"的过程。计量规范在借用会计术语的过程中,计税依据呈现向会计体系接

---

① 谢晖:《判例法与经验主义哲学》,载《中国法学》2000 年第 3 期。
② 〔英〕约瑟夫·拉兹:《法律体系的概念》,吴玉章译,中国法制出版社,2003年版,第 253 页。

近的趋势,虽然计税公式仍然保持了税法的独特个性。

一、会计规范对计量规范的影响

重要的计量术语是计税依据。所谓计税依据,又称税基。如"所得"、"营业额"等概念。计税依据并不直接对应识别规范所呈现的计税事实,直接对计税事实进行量化反映的是借助于会计核算工作。在会计核算中,"量"形成之前,是通过会计科目与事实对接的。因而,仅从操作的意义上而言,计量规范桥接着识别规范与征收规范(不是逻辑结构意义上的),而起桥接关键作用的是会计科目。

目前,从法律、法规层面的计量术语已尽可能与会计科目保持一致,这个原因在于财政部同时主导着会计制度与税收制度的起草、立法等工作。但在实施部门,却存在任意解释计量术语的情形,有很多通过规范性文件的形式体现,规范性文件本身存在的问题较严重。[①] 随着规范性文件公开审查机制的形成,[②] 术语应当会逐渐趋于统一。

术语的统一,很容易让这些术语按照其原来的功能在计量规范发挥作用的初期按会计规范行事,从而逐渐同化计税术语乃至计税办法。

二、实例比对分析——以规范性文件为例

我们以《北京市地方税务局关于明确企业所得税若干政策业务问题的通知》(京地税企〔2002〕526 号)为样本,选取其中的部分计量条款,与上位法分别进行比对分析如下。

(一) 摊销与扣除

观察京地税企〔2002〕526 号文第一条:

一、关于企业对内部退养职工及解除劳动合同职工支付补偿费的税前扣除问题

根据国家税务总局《关于企业支付给职工的一次性补偿金在企业所得税税前扣除问题的批复》(国税函〔2001〕918 号)精神,现明确:企业对已达一定工作年限、一定年龄或接近退休年龄的职工内部退

---

① 宋晓玲、刘一雅:"论行政规范性文件的缺陷及其矫治",载《甘肃政法学院学报》2011 年 5 月

② 李岩松:"论我国规范性文件审查机制的完善",载《法治研究》2011 年第 1 期。

养支付的一次性生活补贴,以及企业支付给解除劳动合同职工的一次性补偿支出(包括买断工龄支出)等,可在发生当年企业所得税税前一次性扣除。

国家税务总局《关于企业支付给职工的一次性补偿金在企业所得税税前扣除问题的批复》(国税函〔2001〕918号)的规定:

> 各种补偿性支出数额较大,一次性摊销对当年企业所得税收入影响较大的,可以在以后年度均匀摊销。具体摊销年限,由省(自治区、直辖市)税务局根据当地实际情况确定。

比对上述差异,国税函〔2001〕918号采用了"摊销"的会计术语,但京地税企〔2002〕526号文在援引国税函〔2001〕918号文却将其直接用计税术语"扣除"予以替代。从会计上而言,"摊销"的内涵不仅仅存在"年限"的问题,还隐含了"配比"的要求,但"扣除"只是一个税收"增减"的概念。

由此可以观察出,会计术语力求反映经济主体的真实经营状况,从这一点而言,在客观性上与识别规范的要求是一致的,而税收上的计量术语更多的考量税收目的的实现,这一点,在基层税务机关显得更迫切一些。

从我们前文的分析可知,计量要素应当呈现客观性,权力意志应当呈现于征收规范。但并不意味着权力面对计量规范无可奈何,权力仍然可以通过选择计税办法、计税公式来实现征税目的,只是这些选择应当在会计核算之后,而不是会计核算过程中的介入。

(二) 收入的确认与分摊

观察京地税企〔2002〕526号文第三条:

> 三、企业取得的会员制会籍收入如何确认收入问题
>
> 企业一次性取得的会员制会籍入会费,在确认收入时可视如下两种情况处理:如果一次性取得的入会费,仅是入会者为了获取会员资格而支付的,会员在接受企业其他商品或服务时,需另行交纳相关费用的,则在一次性收取入会费的当期计入收入总额;如果一次性取得的入会费,不仅是为了获取会员资格,还包括为将来接受企业的商品或服务而预先支付的订购费用,或包括接受公司以低于非会员价格提供的商品或服务,则按企业与入会者协议的受益期间分摊确认

收入,为了便于计算,若受益期间超过30年的(含受益期为终身制的),按30年分摊确认收入。

《国家税务总局关于确认企业所得税收入若干问题的通知》(国税函〔2008〕875号)第二条第一款第(四)项第6目规定:

> 会员费。申请入会或加入会员,只允许取得会籍,所有其他服务或商品都要另行收费的,在取得该会员费时确认收入。申请入会或加入会员后,会员在会员期内不再付费就可得到各种服务或商品,或者以低于非会员的价格销售商品或提供服务的,该会员费应在整个受益期内分期确认收入。

对比以上规定,"国税函〔2008〕875号"文对于"申请入会或加入会员后,会员在会员期内不再付费就可得到各种服务或商品,或者以低于非会员的价格销售商品或提供服务"的情形,其"会员费应在整个受益期内分期确认收入",而"京地税企〔2002〕526号"文"按30年分摊确认收入"。

从会计的角度而言,会员费属于未来得到各种服务或商品的预付款,一般不确认为收入,在会计分录上为:

借:现金或银行存款
　　贷:预收账款

当会员发生消费时的会计分录为:

借:预收账款
　　贷:营业收入

这说明"国税函〔2008〕875号"文所称"会员费应在整个受益期内分期确认收入",与会计上在消费环节结转预收账款基本是一致的,遵循的是会计规范上收入确认原则(不具有"债"的属性),但"京地税企〔2002〕526号"文所谓"按30年分摊确认收入",实质上遵循的是成本分摊的原则。正是会计规范的体系化,才能发现这些细微的差别,实则是南辕北辙的做法。同时,收入确认遵循实际发生而不设定期限与成本分摊设定期限,在会计上又是统一的,因为都是会计谨慎性原则的反映,即对收入的确认从严,对成本费用的确认从宽。这说明会计规范的理论构架,对规范的误用具有矫正功能,这同样会反映在税法规范中。

（三）计税术语

"京地税企〔2002〕526号"文第五条：

> 五、关于查补税款的计算问题
>
> 在税务检查中发现企业有隐匿收入，需补缴企业所得税时，其补缴的企业所得税的计算方法是：隐匿的收入扣除补缴的流转税及能够确认的与这部分收入相匹配的未扣除的成本、费用后，作为应补缴所得，再乘以被检查年度的所得税率计算补缴企业所得税额。

《企业所得税法》的规定：

> 第五条　企业每一纳税年度的收入总额，减除不征税收入、免税收入、各项扣除以及允许弥补的以前年度亏损后的余额，为应纳税所得额。
>
> 第八条　企业实际发生的与取得收入有关的、合理的支出，包括成本、费用、税金、损失和其他支出，准予在计算应纳税所得额时扣除
>
> 第二十二条　企业的应纳税所得额乘以适用税率，减除依照本法关于税收优惠的规定减免和抵免的税额后的余额，为应纳税额。

"应纳税所得额""应纳税额"为税法基本计税概念，属于具有特定内涵的范畴，根据《企业所得税法》之规定，"应纳税所得额"计算要素中的"减项"，应当包括"成本""费用""税金""损失和其他支出"以及"不征税收入""免税收入""允许弥补的以前年度亏损"，共七项。但"京地税企〔2002〕526号"文第五条提出"应补缴所得""补缴企业所得税额"，使基本概念的特定内涵无所对应，导致计算要素中的"减项"仅为"成本""费用""税金"三项，这是典型的会计核算公式。

根据国家税务总局《关于查增应纳税所得额弥补以前年度亏损处理问题的公告》（2010年第20号公告）的规定：

> 第一条　根据《中华人民共和国企业所得税法》（以下简称企业所得税法）第五条的规定，税务机关对企业以前年度纳税情况进行检查时调增的应纳税所得额，凡企业以前年度发生亏损且该亏损属于企业所得税法规定允许弥补的，应允许调增的应纳税所得额弥补该

亏损。弥补该亏损后仍有余额的,按照企业所得税法规定计算缴纳企业所得税。对检查调增的应纳税所得额应根据其情节,依照《中华人民共和国税收征收管理法》有关规定进行处理或处罚。

第二条 本规定自 2010 年 12 月 1 日开始执行。以前(含 2008 年度之前)没有处理的事项,按本规定执行

查增"应纳税所得额"的"减项",应当依据《中华人民共和国企业所得税法》第五条的规定确定,也当然包括"亏损"。而"京地税企〔2002〕526 号"文第五条确定的"减项"也不包括"亏损",因为在会计上,亏损是作为其后调整的。

除此外,《中华人民共和国企业所得税法实施条例》第九条规定:

企业应纳税所得额的计算,以权责发生制为原则,属于当期的收入和费用,不论款项是否收付,均作为当期的收入和费用;不属于当期的收入和费用,即使款项已经在当期收付,均不作为当期的收入和费用。本条例和国务院财政、税务主管部门另有规定的除外。

"应纳税所得额"的计算方法,应以"权责发生制"为原则,属于当期的费用,不论款项是否支付,均应准予扣除,但"京地税企〔2002〕526 号"文第五条却误用会计上"相匹配"原则与此对应。"应纳税所得额"的计算方法,在扣除环节,《中华人民共和国企业所得税法实施条例》以"有关的、合理的"标准判断支出,判断的基础是知识与经验。而"京地税企〔2002〕526 号"文第五条以"能够确认的"标准判断支出,用语较随意,在实务中的判断就会出现用肉眼而不是智力。

由于人们惯常熟悉于会计术语,对税法自身的计量术语反而出现了随意化的倾向,在随意之中,不乏会计术语的穿插,这也说明,税法自创的计量术语缺少会计规范体系化的约束,且容易被裹挟到会计规范中。

(四)计税凭证

"京地税企〔2002〕526 号"文第七条:

七、企业通过商场销售商品,给商场返利的税前扣除问题

根据《北京市地方企业所得税税前扣除办法》(京地税企〔2000〕445 号)文件第四条规定,按照纳税人税前扣除的五项原则进行判定,

如果企业对商场的返利符合以下条件，可以在税前扣除：

（一）有明确的合同或协议标明返利的金额或比例；

（二）从商场取得能够证明返利金额的发票，发票上必须写明是销售手续费或销售返还；

（三）在实际支付返利的当期税前扣除，而不能作为预提费用进入销售费用在税前扣除。

如果不同时满足上述三个条件，企业对商场的返利视为销售回扣，按照有关规定将不能在税前扣除。"

《国家税务总局关于平销行为征收增值税问题的通知》（国税发〔1997〕167号）第二条规定：

自1997年1月1日起，凡增值税一般纳税人，无论是否有平销行为，因购买货物而从销售方取得的各种形式的返还资金，均应依所购货物的增值税税率计算应冲减的进项税金，并从其取得返还资金当期的进项税金中予以冲减。应冲减的进项税金计算公式如下：当期应冲减进项税金＝当期取得的返还资金×所购货物适用的增值税税率。

《国家税务总局关于商业企业向货物供应方收取的部分费用征收流转税问题的通知》（国税发〔2004〕136号）第一条规定：

商业企业向供货方收取的部分收入，按照以下原则征收增值税或营业税：（二）对商业企业向供货方收取的与商品销售量、销售额挂钩（如以一定比例、金额、数量计算）的各种返还收入，均应按照平销返利行为的有关规定冲减当期增值税进项税金，不征收营业税。

根据上述规定，供货方依据《关于纳税人折扣折让行为开具红字增值税专用发票问题的通知》（国税函〔2006〕1279号）及《增值税专用发票使用规定》（国税发〔2006〕156）开具红字增值税专用发票，商业企业依据《开具红字增值税专用发票通知单》冲减进项税金，不存在另行开具"京地税企〔2002〕526号"文第七条所谓"销售手续费或销售返还"发票，并因此再次发生流转税的情形。

尽管流转税与所得税有所不同，但以"发票"为连接点，使两者之间形成了冲撞。如果两个税种在具体实施环节不一致,会导致企业账务处理的困难。这说明,发票作为计税凭证虽然属于税法中十分独特的计量规范,但也会存在不能自适的情形。

三、实例比对分析——以实务案件为例

(一) 案情简介

A 公司持有某国有日化厂(非公司制法人)100％股权,日化厂账面净资产值为 5 000 万元。经资产评估,日化厂产权价值为 1.5 亿元。又经挂牌拍卖,A 公司以 1.5 亿元将日化厂产权全部转让予 B 公司。B 公司收购日化厂后,拟进行公司制改制,经测算,企业计税基础若以公允价值确定,企业账面净资产值将调增为 1.5 亿元,这必然导致所有者权益增加 1 亿元,增加企业所得税为 2 500 万元。B 公司为此不敢改制,甚至认为 A 公司应当缴纳该笔税款。

(二) 分析

《财政部 国家税务总局关于企业重组业务企业所得税处理若干问题的通知》(财税〔2009〕59 号)规定:

> 企业重组,除符合本通知规定适用特殊性税务处理规定的外,按以下规定进行税务处理:
> (三) 企业股权收购、资产收购重组交易,相关交易应按以下规定处理:
> 1. 被收购方应确认股权、资产转让所得或损失。
> 2. 收购方取得股权或资产的计税基础应以公允价值为基础确定。
> 3. 被收购企业的相关所得税事项原则上保持不变。

B 公司以资产评估价格受让标的企业,即以该受让价格作为其标的企业的计税基础,反映于 B 公司自己的"长期股权投资"会计科目,而不意味着标的企业自身持有的资产负债的计税基础发生相应改变。

资产评估系以《资产评估准则》为依据,而账务处理则依据《企业会计制度》和《企业会计准则》,按评估值改变资产的计价,不符合历史成本原则。标的企业自有资产和负债的计税基础只有在清算等特定情形下才能改变。

《财政部 国家税务总局关于企业清算业务企业所得税处理若干问题的通知》(财税〔2009〕60 号)

第一条 企业清算的所得税处理,是指企业不再持续经营,发生结束自身业务、处置资产、偿还债务以及向所有者分配剩余财产等经济行为时,对清算所得、清算所得税、股息分配等事项的处理。

第二条 下列企业应进行清算的所得税处理:(一)按《公司法》、《企业破产法》等规定需要进行清算的企业。

《公司法》

第一百八十一条 公司因下列原因解散:(一)公司章程规定的营业期限届满或者公司章程规定的其他解散事由出现;(二)股东会或者股东大会决议解散;(三)因公司合并或者分立需要解散;(四)依法被吊销营业执照、责令关闭或者被撤销;(五)人民法院依照本法第一百八十三条的规定予以解散。

第一百八十四条 公司因本法第一百八十一条第(一)项、第(二)项、第(四)项、第(五)项规定而解散的,应当在解散事由出现之日起十五日内成立清算组,开始清算。

《企业破产法》

第二条第一款 企业法人不能清偿到期债务,并且资产不足以清偿全部债务或者明显缺乏清偿能力的,依照本法规定清理债务。

《财政部 国家税务总局关于企业重组业务企业所得税处理若干问题的通知》(财税〔2009〕59 号)

第四条 企业重组,除符合本通知规定适用特殊性税务处理规定的外,按以下规定进行税务处理:

(一)企业由法人转变为个人独资企业、合伙企业等非法人组织,或将登记注册地转移至中华人民共和国境外(包括港澳台地区),应视同企业进行清算、分配,股东重新投资成立新企业。企业的全部资产以及股东投资的计税基础均应以公允价值为基础确定。企业发生其他法律形式简单改变的,可直接变更税务登记,除另有规定外,有关企业所得税纳税事项(包括亏损结转、税收优惠等权益和义务)由变更后企业承继,但因住所发生变化而不符合税收优惠条件的除外。

根据上述之规定,标的企业由非公司制法人变更为公司制法人,不属于上述任何应当税务清算之情形。标的企业由非公司制法人变更为公司制法人,"直接变更税务登记"即可。标的企业的"改制"不属于按清算处理应交所得税的情形。

这个案例说明，交易价格在会计体系的约束下，并不能轻易地影响资产的计价，由此不立即发生因评估增值导致的企业所得税，会计规范起着阻却计税公式进一步发挥作用的效果。但为什么税法对此却采取容忍的态度呢？

会计科目在将事实转化为数值的过程中，从历时性的特点而言，计量要素与识别要素即使在小前提的运用中也是同时并存的，这使得计量要素在初期具有天然的采用或适应会计规范的倾向，在计量要素加工后期，计税公式往往受制于前期的工作，而不得不出现向会计规范妥协的情形。

计量规范会计化的过程，一定意义上也契合了量能课税原则。会计以资金运动为对象，而税收亦以提取资金为目的，会计反映的资金为征税提供了基础，使征税并非空穴来风。相反，在环保税法草案中，计税依据放弃了会计核算，而以排放量或污染当量为依据，就会出现企业在亏损的情形下还不得不承受环保税。如果税收是基于公共财政目的而为，其目的并不是体现惩罚功能（该功能应当由已经颁布实施的《中华人民共和国环境保护法》来承担），就应当考虑税收可以汲取的可能性，就应当充分考虑在征收环节与资金运动相关联。计税依据如果直接与技术指标相关联而不与货币资金相关联，从多排污多缴税的角度讲是公平的，但仅就税法的功能与意义而言，容易人为制造冲突并减损征税效率，问题的症结就在于背离了量能课税这一基本原则。从一个侧面也说明，计量规范的演化路径是向着会计化也是体系化的方向发展，而不是倒退回数字化或者技术化的时代。尽管不同的企业处于不同的产业链，但彼此是相互依存的，不能让一个在特定产业链上排放污染的企业承担所有的环保税。以排放量为计税依据，本质上是针对个体、局部而言的，具有就事论事的色彩，而如果以资金运动为计税依据，却具有整体或系统性。当然，环保税尚属于新生事物，在初期阶段人类还不一定能找到有效的手段实现污染量向资金量的转化，但完全将两者隔绝却是错误的。即使是美国以及欧盟一些国家，也尽可能通过生产环节、消费环节课征环保税，只是在一些与资金关联较为困难的领域采用了排放量的概念。我国环保税法以排放量一以概之，是一种过于理想化的做法，说明在基础问题的认识上、对西方国家经验的吸收与转化上还不够透彻。如果环保税的计税依据提取的只是技术数字，而不与货币或生产环节的资金运动相关联，显然会在税制选择的方向上出现重大偏差。

四、小结

克拉尼斯基定律指出，"如果纳税人的财务会计方法致使收益立即得到确认，而费用永远得不到确认，税务部门可能会因所得税目的允许采用这种会计立法；如果纳税人的财务会计方法致使收益永远得不到确认，而费用立即得到确认，税务部门可能会因所得税目的不允许采用这种会计方法"。① 但我们在本节的案例中，却看到了完全不同的情形，计量领域有其自成一体的规则，这些计量规则甚至比识别规范更具有超越法系、国别的穿透力，如"税不可以成为税的成本扣除"，②这并不是一个基于不得重复征税的应然判断，而是避免陷入循环计算的科学规律使然。

围绕事务的"质"与"量"，由于私人社会强大的自治性、自适性，权力的选择空间一点点地在每一个细微之处被蚕食，权力的任何选择最终都是费力不讨好的办法。即使就中国的中西部存在的转移支付而言，青木昌彦也有同样的认识：③

> 资金、知识等的自由流动，可以使整个经济更加良性地发展。对于各地区发展的不均衡性，中央政府加大了转移支付力度。现在的问题是转移支付遵循什么样的标准、如何来动员地方政府的积极性，以及怎样保证转移支付更加透明。
>
> 对中西部地区的转移支付，仅仅是补偿的一种措施。城乡差距、地区差距的生成有其历史地理条件的客观性，也有政治、经济的人为性。从制度的内生性角度来说，最重要的还是由落后地区自己生成能够自我维系的制度安排，这样才会更长久。所谓内生的自我维系的制度安排，是适应于中西部落后地区自身历史、地理和文化等环境的经济发展政策和民间部门的自组织试验。

通过内生的自组织解决问题，这看起来是一件好事。但其实蕴藏着相当的危险，因为权力会被迫挣脱一切桎梏而不管不顾起来，克拉尼斯基

---

① 魏长升：《探讨克拉尼斯基定律的必然性》，载《涉外税务》2003 年第 5 期。

② Daniel J. Lathrope, *Selected Federal Taxation—Statutes AND Regulaitons*, West，2010 Edition，p. 595.

③ 李冰心：《青木昌彦比较制度分析理论及其现实意义》，《甘肃行政学院学报》2007 年第 2 期。

定律就会起作用。这就是人们经常说的税法的强制功能的体现。但多数人对此只是概略的认识，殊不知这种强制功能一旦闯入识别规范、计量规范领域，就像一头蛮牛闯进了瓷器店，唯一的作用就是破坏。

或许，正应了一句话，"恺撒的归恺撒，上帝的归上帝"。如此，就能一切和谐吗？

本书开始就提出了法律主体与会计主体的冲突，以及法律事实与会计事实的冲突，让税法无所适从的问题。说明私人的世界里远没有如此的和谐。从形式化逻辑的角度而言，事务的"质"与"量"本不应该冲突，但在要素向要件转化的规范化运动中，就存在争夺地盘、彼此重叠的情形，且现在的"质"与"量"只是民法意义上的"质"、会计意义上的"量"，究竟谁能代表真正的"质"与"量"呢？这为权力重新提供了一个裁决者的选择空间。权力不需要创设什么，只需裁决。这个裁决就是一种选择。所以，面对上述难题，权力不需要进行任何民法与会计的比较的思考（谁是谁非，自有时间解决），而只需像上帝掷骰子一样，任意选一边即可。如果遵循克拉尼斯基定律选边，也行；情势不对，再换一边，也行。权力的这种摇摆运动，看似逐利，实则是有益的。这会迫使任何未被选中的一边重新定位和思考，在这个过程中，就开始了会计法律化、法律会计化的新的趋同运动，直至最终，权力退出裁决者的角色。这个退出是值得的。

比如，对于跨境销售数据化产品问题，①究竟应当征收营业税还是增值税，究竟是目的地课税，还是产地课税，看似是一个管辖权问题，但权力在选择的过程中不仅受制于国际间的权力制约，还受制于事物的客观性。在国际税法领域的征收规范，一定程度上属于强化的征收规范（相对于国内征收规范而言），在权力被约束的情形下，征税权力就会成为一个选择的权力，这种选择迫使权力者不得不回归于计量规范的选择、识别规范的选择，这就是国际税法中为什么存在大量的关于常设机构的识别、接受方所在地的识别等关于识别规范的问题，以及税收抵免、重复课税等计量规范的问题。但不得不指出的是，随着要素向要件的转化，识别规范与计量规范彼此存在重叠的情形会使这一问题变得更为复杂。质与量相比，质具有多元性，而量具有单一性；质具有具体化的特征，量具有抽象化的特征。因而，在复杂的情形下，选择从量的角度解决问题可能更为简单，从这个意义上讲，金融中介是可行的办法。同样，在前文"导论"部分提出的

---

① 廖益新：《远程在线销售的课税问题与中国的对策》，载《法学研究》2012 年第 2 期。

所谓合伙企业向法人合伙人分红的问题,以及合伙企业流转税课税主体与所得税课税主体不一致问题,如果不从识别规范的角度解决问题,而从计量规范的角度解决问题,将会简单得多。例如,在企业所得税之下,合伙企业仍然可以是一个纳税实体,但其企业所得税税率却可以按零税率设置,如此,则会计与民商法的主体冲突则消失了,税法中的两难问题也不存在了(如合伙企业向法人合伙人分红究竟免不免税导致的"直接投资"与"间接投资"之辩),所有问题的解决取得了一致性的基础。即使将合伙制企业纳入企业所得税法中,也不是一件奇怪的事情,因为在我国企业所得税法中,非法人实体本身也是存在的,如事业单位、实际管理机构等。

计量规范相较于识别规范,具有更精细化的特点,反而有助于拓展识别规范。例如,在笔者实务工作中存在这样一个案例:

> 房产公司(甲方)购买电梯公司(乙方)电梯,货款人民币 1 200 万元。双方约定:待房产公司房屋可预售时,用四套房(1 000 平方米)折抵货款。后,房产公司取得预售证,通知电梯公司前来签约,但电梯公司告知房产公司,希望房产公司直接将房屋出售给买房人,扣除税费后的余款再付给电梯公司。房产公司按照电梯公司指示将上述房屋直接出售给第三方,售价 2 000 万元,扣除交易税费 350 万元后,余款 1 650 万元返还给房产公司。

就上述案例,如果单纯地从识别规范而言,电梯是不会增值的,房产公司多付的 450 万元只可能来源于房地产预售权益的转卖,而根据

《中华人民共和国城市房地产管理法》
第四十五条商品房预售的,商品房预购人将购买的未竣工的预售商品房再行转让的问题,由国务院规定。
《关于做好稳定住房价格工作的意见》(建设部、发展改革委、财政部、国土资源部、人民银行、税务局、银监会发布)(2005 年 5 月 9 日国务院办公厅转发)
七、切实整顿和规范市场秩序,严肃查处违法违规销售行为
根据《中华人民共和国城市房地产管理法》有关规定,国务院决定,禁止商品房预购人将购买的未竣工的预售商品房再行转让。在预售商品房竣工交付、预购人取得房屋所有权证之前,房地产主管部

门不得为其办理转让等手续;房屋所有权申请人与登记备案的预售合同载明的预购人不一致的,房屋权属登记机关不得为其办理房屋权属登记手续。实行实名制购房,推行商品房预销售合同网上即时备案,防范私下交易行为。

之规定,预售权益的转卖显然属于违法行为,因而在会计处理上,该450万元就属于"营业外收入",因而会得出该450万元无需课征增值税的结论。这是从识别规范的角度推导计量结果。

如果从计量规范的角度而言,则可以就上述行为作出多种判断。首先,可以考虑"非货币性资产交换",会计处理如下:

借:投资性房地产——成本　　　　　　　　　12 000 000
　贷:主营业务收入　　　　　　　　　　　10 256 410
　　　应交税费——应交增值税(销项税额)　　1 743 590
借:主营业务成本　　　　　　　　　　　　　 8 000 000
　贷:库存商品——电梯　　　　　　　　　　8 000 000
借:银行存款　　　　　　　　　　　　　　　16 500 000
　贷:其他业务收入　　　　　　　　　　　 16 500 000
借:其他业务成本　　　　　　　　　　　　　12 000 000
　贷:投资性房地产——成本　　　　　　　　12 000 000

根据上述会计分录,则对房屋的处置在流转税的适用上则是营业税而不是增值税。但在以上情形下,必须基于资产是可入账的资产,根据《企业会计准则第7号——非货币性资产交换》之规定:

第二条　非货币性资产交换,是指交易双方主要以存货、固定资产、无形资产和长期股权投资等非货币性资产进行的交换。该交换不涉及或只涉及少量的货币性资产(即补价)。

第三条　非货币性资产交换同时满足下列条件的,应当以公允价值和应支付的相关税费作为换入资产的成本,公允价值与换出资产账面价值的差额计入当期损益:

(一)该项交换具有商业实质;

(二)换入资产或换出资产的公允价值能够可靠地计量。

换入资产和换出资产公允价值均能够可靠计量的,应当以换出资产的公允价值作为确定换入资产成本的基础,但有确凿证据表明换入资产的公允价值更加可靠的除外。

第六条　未同时满足本准则第三条规定条件的非货币性资产交换，应当以换出资产的账面价值和应支付的相关税费作为换入资产的成本，不确认损益。

即使资产是可确认的，但对于签约当期而言，一个尚未预售的房屋，其计量也是困难的，因而可以排除前述案例适用于"非货币性资产交换"。

如果不是资产交换，则至少可以说电梯公司对预设的房屋是存在合同权益的。从识别规范的角度而言，电梯公司享有并处置债权的权利。但从计量规范的角度而言，则被认定为特定约束条件下的"债务重组"，会计处理如下：

借：应收账款　　　　　　　　　　　　　　12 000 000
　贷：主营业务收入　　　　　　　　　　　 10 256 410
　　　应交税费——应交增值税（销项税额）　　 1 743 590
借：银行存款　　　　　　　　　　　　　　16 500 000
　贷：应收账款　　　　　　　　　　　　　 12 000 000
　　　营业外收入——债务重组收益　　　　　 4 500 000

根据上述会计分录，则 450 万元因归入"债务重组收益"而不存在课征流转税的可能。但根据《企业会计准则第 12 号——债务重组》之规定：

第二条　债务重组，是指在债务人发生财务困难的情况下，债权人按照其与债务人达成的协议或者法院的裁定作出让步的事项。

第三条　债务重组的方式主要包括：（一）以资产清偿债务；（二）将债务转为资本；（三）修改其他债务条件，如减少债务本金、减少债务利息等，不包括上述（一）和（二）两种方式；（四）以上三种方式的组合等。

第九条　以现金清偿债务的，债权人应当将重组债权的账面余额与收到的现金之间的差额，计入当期损益。债权人已对债权计提减值准备的，应当先将该差额冲减减值准备，减值准备不足以冲减的部分，计入当期损益。

如果电梯公司、房产公司均不存在财务困难，则不能适用"债务重组"。即使存在财务困难，"债务重组"也是一种折让行为，而不是从 1 200

万经过"重组"反而上升到 1 650 万。而在识别规范之下,所谓债务重组并没有这些约束条件,这也说明计量规范的发展相较于识别规范而言,在计量特征的识别上更加精细。

在计量规范下,如果既不能按"非货币性资产交换"处置、也不能按"债务重组"处置,是否会存在上述 450 万无账可入的情形呢? 这当然是会计所不允许的。就电梯销售当期而言,在会计上可以将应收账款 1 200 万元视为预购某项资产的预付款,会计处理如下:

借:应收账款	12 000 000
贷:主营业务收入	10 256 410
应交税费——应交增值税(销项税额)	1 743 590
借:预付账款——预付房屋	12 000 000
贷:应收账款	12 000 000

如果房产公司以自己的名义出售了房产,则电梯公司就不可能取得"预付房屋",这就等于两者之间已经撤销买卖房屋的意向,此时,在房产公司与电梯公司之间仅存的法律关系就是电梯买卖合约。因而,房产公司多支付的 450 万元就只能存在于现存的法律关系之下,因而应当作为补付的电梯款,会计处理如下:

借:银行存款	16 500 000
贷:预付账款——预付房屋	12 000 000
主营业务收入	3 846 154
应交税费——应交增值税(销项税额)	653 846

根据上述分录,450 万元作为电梯款的一部分,因而发生缴纳增值税的后果。在会计准则的重重约束下,可以将双方的行为逐渐校准在"预付款"的定位上。这一定位,即使对识别规范而言,也是可接受的。

但计量规范走多远,仍然能为识别规范所兼容、征收规范所接纳,将是个问题。如,会计学科的发展,已在转移定价与代理问题之间提出双重价格的使用等,[1]这是否会破坏识别规范的客观性以及征收规范的平等原则呢? 这可能隐含着,税法规范只能在一个较为保守的层面接纳外部学

---

① Richard A. Lambert,"契约理论与会计",牛建军译,载 S. P. Kothari 等主编:《当代会计研究——综述与评论》,辛宇等译,中国人民大学出版社,2009 年版,第 376－377 页。

科对三个规范的影响。三个规范之间存在相互掣肘的作用。

从方法论而言，如果计量规范与识别规范能够共同聚焦于同一点，则无疑向正确性迈进了一大步。这是一个非常重要的方法上的启示，即识别规范与计量规范可相互兼容的区域，就是税法规范可以认可的区域。即使识别规范与计量规范存在冲突或排斥，也可以按照相同的思维向上回溯，直至无冲突，在理论上，无冲突点是存在的（回溯至要素环节，便是"质"与"量"的并列关系）。回溯，也是对隐形规范体系自身缺陷的反思与矫正。因而，税法规范并不能盲从于隐形规范，而应该停留于识别规范与计量规范尚属于和谐的区域，再往前一步，就存在迷失的可能。如果计量规范提取计量元素的基础为识别规范所兼容，则计量元素的多元化、计量方法的多种组合等，则应当属于计量规范"自治"的领域，这为税制优化提供了可选择的空间。一般而言，如果计量规范的选择并不导致"质"的变迁，税制设计上就应当优先考虑"量"的优化。因为，征管过程就是一个动态过程，必然受制于历时性的特点，而"量"是"质"向"税"转化的必经通道，转化过程中的减损或效率，取决于"量"的选择或优化。

第三节　征收规范的实证分析

征收规范与识别规范、计量规范之间的关系，前文均已论及。因而，关于征收规范的本节观察，集中于公法体系内的影响因素。从意志的自由发挥到公法体系的约束，征收要素也开始向征收规范的转化，这是一个"暴力化—合理化—合法化"的过程，征收规范也存在一个由较弱的征收规范向较强的征收规范发展的过程，事实就是一个权力逐渐被约束的过程。

一、行政规范对征收规范的影响——以行政法体系为例

2015 年 1 月 5 日，国务院法制办发布《中华人民共和国税收征收管理法修订草案》（征求意见稿）（以下简称《征管法草案》）。以此为例，可以以行政法体系为背景，观察行政法与之的关系。

（一）规则的影响

在《征管法草案》中，涉及争议的条款较多，本处仅选取第一百二十六条"争议"条款示例说明征收规范与行政法体系下的其他法律规则的

关系。

1. 条文

《征管法草案》

第一百二十六条　纳税人、扣缴义务人、纳税担保人同税务机关在纳税上和直接涉及税款的行政处罚上发生争议时,可以依法申请行政复议;对行政复议决定不服的,应当先依照复议机关的纳税决定缴纳、解缴税款或者提供相应的担保,然后可以依法向人民法院起诉。

对税务机关作出第一款以外的与征收税款金额无关的处罚决定、强制执行措施或者税收保全措施不服的,可以依法申请行政复议,也可以依法向人民法院起诉。

2. 争议条款评析

《征管法草案》设置了复议前置程序,即诉讼之前必须复议。根据《中华人民共和国行政复议法》第三十条第一款"公民、法人或者其他组织认为行政机关的具体行政行为侵犯其已经依法取得的土地、矿藏、水流、森林、山岭、草原、荒地、滩涂、海域等自然资源的所有权或者使用权的,应当先申请行政复议;对行政复议决定不服的,可以依法向人民法院提起行政诉讼"之规定,复议前置并不包括税务行政行为。《征管法草案》与此相矛盾。一般而言,诉讼选择权关涉纳税人基本权利的保障,应该由纳税人作出选择,纳税人的选择才是最有效率的选择。

《征管法草案》设置了诉前缴税制度,即诉讼之前必须先行缴纳税款。根据《中华人民共和国行政复议法》《中华人民共和国行政诉讼法》,复议或诉讼并不必然停止执行。因而,相较于纳税人的诉权而言,行政机关有更多的选择,并不必过于担心税款的迟滞。《中华人民共和国海关法》第六十四条规定,"纳税义务人同海关发生纳税争议时,应当缴纳税款,并可以依法申请行政复议;对复议决定仍不服的,可以依法向人民法院提起诉讼"。事实上,《海关法》已经取消了诉前缴税制度。

3. 修改建议

基于以上分析,如果考虑与其他行政法相一致,则应该修改如下:

第一百二十六条　纳税人、扣缴义务人、纳税担保人认为税务机关具体行政行为侵犯其合法权益,可以依法申请行政复议;对行政复议决定不服的,可以依法向人民法院起诉。

　　纳税人、扣缴义务人、纳税担保人对税务机关的纳税决定、处罚决定、强制执行措施或者税收保全措施不服的,可以依法申请行政复议,也可以依法向人民法院起诉。

(二) 原则的影响

　　对征收规范的影响,不仅仅只有其他行政法规则的影响,行政法体系下的行政法原则对征收规范也发挥着影响力。选择《征管法草案》第一百三十条"举证责任"条款予以分析,目的就在于剖析行政法原则对征收规范的影响。

　　1. 条文

　　《征管法草案》

　　第一百三十条　复议过程中,被申请人对其做出的行政决定的合法性、合理性负有举证责任。申请人对下列事项承担举证责任:

　　(一) 其申报的收入、支出、减税、免税、退税的真实性;

　　(二) 依法履行了记录、保存、提供账簿凭证等涉税资料的义务。

　　2. 举证责任条款评析

　　"合理性"表述不当。虽然在行政法治原则中,存在所谓的行政合理性原则,但它是对行政合法性原则的一个补充,在一般情况下不能独立存在,即附属于行政合法性原则。① 行政行为的合法性业已包括:事实、理由、依据。这些无论在《行政复议法》,还是《行政诉讼法》《行政处罚法》中,均有清晰地表述。《征管法草案》不宜再另创设一套判定行政行为适当性的原则性条款。

　　行政相对人举证责任。无论行政复议还是行政诉讼,针对的是行政机关的行为,而不是纳税人的行为。纳税人申报行为的真实性与否,以及是否提供纳税资料,是根据具体法律、法规由行政相对人承担相应的后果,并不是行政机关在依法行政过程中可以违法行政或减轻责任的理由。强行赋予行政相对人举证责任,混淆了行政对象的责任与行政主体的责任,这只会造成责任辨析的困难。因而,在《行政复议法》以及《行政诉讼

---

① 关保英:《行政法的私权文化与潜能》,山东人民出版社,2003年版,第512页。

法》中,确立的均是举证责任倒置原则,而不是相反。即使《最高人民法院关于行政诉讼证据若干问题的规定》(法释〔2002〕21号)中规定的原告举证责任,也仅限于行政相对人"应当提供其符合起诉条件的相应的证据材料",以及在行政赔偿诉讼中,原告"应当对被诉具体行政行为造成损害的事实提供证据"。其中,并没有要求行政相对人承担与行政机关行政行为相关联的证据举证责任。原条文完全混淆了"具体行政行为"的对象与"行政复议"的对象。

二、行政规范对征收规范的影响——以行政法实践为例

一般认为,主观上是否存在"故意",客观上是否存在"后果"等,属于刑法犯罪构成的理论。但在行政法实践中,已开始越来越多地考量行为人在行政法律关系中的主观方面与客观方面。这是因为,行政法规范存在与刑法规范自然衔接的情形,如《征管法》第六十三条关于"偷税"的表述在《刑法修正案(七)》之前,与《刑法》第二百零一条的表述具有相当的一致性。这说明,在法实践中,对权力的维护具有共性的特征。行政规范在司法实践中的运用与发展,同样会影响着税法规范的形成与发展。

仍以《征管法草案》为例,并对照原《征管法》(2001年)予以观察。

原《征管法》(2001年)关于"申报后果"的条款分别涉及第六十二条、第六十三条、第六十四条。

根据原立法者的思路,第六十二条对应于"申报期限"[①];第六十三条对应于"申报凭据"(主要着重于资料、凭证等事实问题)[②];第六十四

---

① 参见《征管法》(2001年)第六十二条"纳税人未按照规定的期限办理纳税申报和报送纳税资料的,或者扣缴义务人未按照规定的期限向税务机关报送代扣代缴、代收代缴税款报告表和有关资料的,由税务机关责令限期改正,可以处二千元以下的罚款;情节严重的,可以处二千元以上一万元以下的罚款"。

② 参见《征管法》(2001年)第六十三条第一款"纳税人伪造、变造、隐匿、擅自销毁账簿、记账凭证,或者在账簿上多列支出或者不列、少列收入,或者经税务机关通知申报而拒不申报或者进行虚假的纳税申报,不缴或者少缴应纳税款的,是偷税。对纳税人偷税的,由税务机关追缴其不缴或者少缴的税款、滞纳金,并处不缴或者少缴的税款百分之五十以上五倍以下的罚款;构成犯罪的,依法追究刑事责任",第二款"扣缴义务人采取前款所列手段,不缴或者少缴已扣、已收税款,由税务机关追缴其不缴或者少缴的税款、滞纳金,并处不缴或者少缴的税款百分之五十以上五倍以下的罚款;构成犯罪的,依法追究刑事责任"。

条对应于"申报错误",其中第一款对应于"计税依据"(主要着重于计算错误问题)①,第二款对应于"不申报的错误(主要着重于不作为的错误问题)"②。这一逻辑体系,既存在按时间序列的罗列(如从期限的设定到内容的设定,直至后果的设定),也存在按空间要素的排列或者说课税要素的排列(如"申报凭据"与"计税依据"的并列,"申报"与"不申报"的并列),多种逻辑链条的交错,造成了原《征管法》(2001 年版)在征管实践中要区分第六十三条与第六十四条第一款关于"故意"的问题,以及第六十二条、第六十三条、第六十四条第二款相互之间关于"后果"的问题是困难的。如果不考虑基础理论问题,以空间逻辑或时间逻辑作为起点,都是可行的。但法律条款如果作为一个法律规则乃至法律规范而存在,就必须将逻辑问题的考量契合于税法规范构成的理论体系中。

　　《征管法草案》关于"申报后果"的处理,基本沿袭了原《征管法》(2001 年)的逻辑架构,但为了避免出现原条款上述所说的识别上的困难,又补充加入了法律要素的识别,即"故意"与"过失",由此形成了草案的第九十六条、第九十七条、第九十八条、第九十九条。根据草案设计者的思路,第九十六条对应于"申报期限"③;第九十七条对应于"申报凭据"④;第九十

<hr>

① 参见《征管法》(2001 年)第六十四条第一款"纳税人、扣缴义务人编造虚假计税依据的,由税务机关责令限期改正,并处五万元以下的罚款"。

② 参见《征管法》(2001 年)第六十四条第二款"纳税人不进行纳税申报,不缴或者少缴应纳税款的,由税务机关追缴其不缴或者少缴的税款、滞纳金,并处不缴或者少缴的税款百分之五十以上五倍以下的罚款"。

③ 参见《征管法》(草案)第九十六条"纳税人未按照规定的期限办理纳税申报和报送纳税资料的,或者扣缴义务人未按照规定的期限向税务机关报送代扣代缴、代收代缴税款报告表和有关资料的,由税务机关责令限期改正,可以处二千元以下的罚款;情节严重的,可以处二千元以上一万元以下的罚款"。

④ 参见《征管法》(草案)第九十七条第一款"纳税人采取欺骗、隐瞒手段进行虚假纳税申报或者不申报,逃避缴纳税款的,由税务机关追缴其不缴或者少缴的税款,并处不缴或者少缴的税款百分之五十以上三倍以下的罚款;涉嫌犯罪的,移送司法机关依法处理",第二款"扣缴义务人采取前款所列手段,不缴或者少缴已扣、已收税款,由税务机关追缴其不缴或者少缴的税款,并处不缴或者少缴的税款百分之五十以上三倍以下的罚款;涉嫌犯罪的,移送司法机关依法处理",第三款"第一款所称采取欺骗、隐瞒手段是指下列情形:(一)伪造、变造、转移、藏匿、毁灭账簿凭证或者其他相关资料;(二)编造虚假计税依据,虚列支出或者转移、隐匿收入;(三)骗取税收优惠资格;(四)法律、行政法规规定的其他情形"。

八条对应于"计税依据"①；第九十九条对应于"申报失误"②与"申报补救"③。以此形成三重逻辑链条：时间逻辑、空间逻辑、法律逻辑。

虽然，法律逻辑的加入，一定程度上解决了原条文第六十三条与第六十四条第一款关于"故意"的问题，但草案只是单一地适用法律逻辑环节的主观要件，没有完整地考量法律逻辑环节的其他要件（如客观后果要件），导致原《征管法》（2001年）存在的第六十二条、第六十三条、第六十四条第二款相互之间关于"后果"的问题不是更清晰了，而是更含混了，甚至出现了草案第九十七条第三款第（二）项与草案第九十八条同时指向"编造虚假计税依据"的荒唐情形。

这说明，草案尚没有严谨地排列三重逻辑关系之下各个要素的排列与适用空间。

首先，"申报程序"与"申报后果"在法条适用上存在重叠。草案第九十六条如果限定于纳税人虽然申报了，但属于"晚申报"的情形，则不存在适用"由税务机关责令限期改正"的法域空间；如果第九十六条限定于纳税人在税务机关处理前仍"未申报"的情形，则该"未申报"既可能是故意也可能是过失，还可能造成"未缴或者少缴税款"的情形，则必然在法条适用上与草案第九十七条、第九十九条形成冲突，也为选择性执法留下了空间。"未申报"与"晚申报"虽是一个程序事项，但也可能造成实体后果，因而，第九十六条应当限定在一个单纯的程序事项上，这与其较轻的处罚是相适应的。如何将第九十六条限定在一个单纯的程序事项上呢？这就必须要采用实体后果进行甄别。一旦采用实体甄别，则对于造成"未缴或者少缴税款"的，无论是"补报"还是"修正申报"，均具有同等意义，因而，"补报"情形不宜通过第九十六条"责令改正"处理，而应按第九十九条第二款作同等处理。

因而，第九十六条可以考虑表述为："纳税人未按照规定的期限办理纳税申报和报送纳税资料的，或者扣缴义务人未按照规定的期限向税务机关报送代扣代缴、代收代缴税款报告表和有关资料的，未造成国家税款损失

---

① 参见《征管法》（草案）第九十八条"纳税人、扣缴义务人编造虚假计税依据的，由税务机关责令限期改正，并处五万元以下的罚款"。

② 参见《征管法》（草案）第九十九条第一款"纳税人、扣缴义务人因过失违反税收法律、行政法规，造成未缴或者少缴税款的，税务机关除按照本法第八十六条的规定追缴其未缴或者少缴的税款外，并处未缴或者少缴税款百分之五十以下的罚款"。

③ 参见《征管法》（草案）第九十九条第二款"纳税人、扣缴义务人自法律、行政法规规定或者税务机关依照法律、行政法规的规定确定的申报缴纳税款期限届满之日起至税务检查前办理修正申报，并缴纳税款的，处补缴税款百分之二十以下的罚款"。

的,税务机关可责令限期改正,可以处二千元以下的罚款;情节严重的,可以处二千元以上一万元以下的罚款",对应地第九十九条第二款可表述为"纳税人、扣缴义务人自法律、行政法规规定或者税务机关依照法律、行政法规的规定确定的申报缴纳税款期限届满之日起至税务检查前办理纳税申报或修正申报,并缴纳税款的,处补缴税款百分之二十以下的罚款"。

其次,"主观要件"与"实体后果"在法条适用上存在重叠。草案第九十八条所述"编造虚假计税依据"的,如果在后果上造成了"未缴或者少缴税款"的,考虑存在同样的主观要件情形,则应当适用第九十七条,而不是第九十八条采用"轻罚"处理。为清晰起价,草案第九十八条应直接明示后果要件。因而,第九十八条可考虑表述为:"纳税人、扣缴义务人编造虚假计税依据尚未造成国家税款损失的,由税务机关责令限期改正,并处五万元以下的罚款"。

造成以上问题的原因,在于割裂了程序与实体之间的内在逻辑联系。但若将法律后果要件一一崁入每一个逻辑环节,就能一一甄别每一个法律条款所对应的不同情形,以此避免在多重逻辑关系下的含混。

三、小结

从立法的示例可以看出,征收规范在征收管理上不仅受制于行政法体系,也受制于行政法实践的内在要求。但可以看出,一部即将决定几乎所有征收规范内容的《征管法草案》,仍然在设法扩大征税机关的权力,而纳税人的权利却在萎缩。为什么在法制体系日益健全的情形下,征税机关扩权的请求更强烈了呢?或者说,目前的征税机关既不能回归于"暴力化"阶段,也不想进化至"合法化"阶段,而更愿意停留于具有充分弹性的"合理化"阶段呢?

我们说,识别要素、计量要素是征收要素的前提。在要素向要件转化的过程中,揉入的只是内容。在实例观察中,还没有发现小结构取代大结构的情形。例如,民事规范关于"权属"的识别,仍然是帮助税法规范更准确地识别征税对象,征税对象并不因此而消失了。因而,我们可以认为,其逻辑结构特征仍然存在。适用于税法规则的逻辑结构构成,仍然适用于税法规范。从这个意义上而言,识别规范、计量规范是征收规范的前提。在大前提适用于小前提的情形下,征收规范能够成为一个自然的逻辑结果,当然离不开法治化的要求。征税机关的权力在逻辑之下消失了。如果权力不仅与部门利益相关联,也与官员个人利益相关联,逻辑就是一个可恶的事情。

第六章　税法规范构成的演化分析

我们已经为税法规范的构成建立了一定的理论基础，在这个基础上，我们还需要观察税法规范构成的演变趋势。

第一节　经济学视野下的制度演化概述

就制度的演化分析而言，当代西方经济学界有以"新制度经济学派"为基础的制度变迁理论；以演化博弈论为工具的制度分析；"以知识为基础"的制度演化理论和以系统学为方法的制度演化分析。

一、变迁理论分析

以科斯、诺思、阿尔钦、德姆塞茨、威廉姆森、巴泽尔、张五常等为代表，新制度经济学理论将获取潜在利润看作是制度变迁的原因，认为当制度在新状态下的收益超过了在原有状态下的收益和转换成本的总和时，制度创新就会发生。当现存制度安排的社会净效益小于另一种可供选择的制度安排的社会净效益，也就是出现一个新的盈利机会时，就会产生新的潜在的制度需求，并造成潜在制度需要大于实际制度的供给，形成制度的非均衡。对于原先的制度安排，由于对它的需求减少而造成实际的需求小于实际供给的非均衡状态，各种制度主体为了捕捉这种新的盈利机会，就会力图改变现有的制度结构，选择一种更为有效的制度安排。但新制度经济学对制度变迁原因的解释和路径的解释远不能满足复杂现实的要求，特别是完全理性假设和静态分析方法不断受到人们的质疑。①

二、博弈分析

奥地利经济学家肖特把一种制度当作参与人的均衡解，一个博弈存在多种可能的纳什均衡，一种制度是一个基本博弈中的一个均衡，不同的

---

① 范如国：《制度演化及其复杂性》，科学出版社 2011 版，第 2 页。

制度结构对应着不同的均衡。青木昌彦指出，为了对制度起源和实施进行内生性分析，应该把制度看成博弈过程的内生稳定的结果。① 规则不是外生给定的，而是参与人通过互动产生的，制度以一种自我实施的方式制约着参与人的策略互动，并反过来又被他们在连续变化的环境下的实际决策不断地生产出来。② 同新制度经济学的研究方法相比，博弈论的研究方法显然更适合于对制度演化的分析。

三、系统分析

20 世纪 90 年代，几位诺贝尔奖的得主和数学大师对经济的分析提出了一个崭新的思路，即经济可以看做是一个演化的复杂系统。波茨认为，所有异端经济学研究的核心都是系统，而系统则是要素与要素之间的连接构成的，连接是要素之间的联系与交互作用。演化经济学研究的是要素之间的连接，而新古典经济学研究的则是要素，这是两者在研究方法上的根本区别。进入 21 世纪以来，随着复杂系统及复杂网络理论的出现和发展，复杂系统及复杂网络理论也开始用于制度的演化分析。

四、演化分析

在这个理论框架下，经济主体是知识的携带者，并且在和其他主体互动中利用和创造知识。其中，"连接"是新演化经济学的核心概念，将制度演化抽象为"新连接"的建立。波茨提出的"因素—连接"分析框架将知识利用和知识创造同"连接"的创造、维持、毁灭相联系，这使得对演化过程的分析得到了简化。③ 知识创造与知识利用都离不开认知，因此，该理论在认知模式与制度演化之间搭建了一座可能的桥梁。

五、评述

经济学对制度的研究，大体可以归纳为整体论、组织论、系统论。就"新制度经济学"研究而言，视制度为一个研究单元，仍停留于制度层面的研究，属于宏观性的研究，较难与法学研究接轨，属于法学体系外的研究。

---

① 李冰心：《青木昌彦比较制度分析理论及其现实意义》，《甘肃行政学院学报》2007 年第 2 期。

② 彭涛、魏建：《内生制度变迁理论：阿西莫格鲁、青木昌彦和格雷夫的比较》，《经济社会体制比较（双月刊）》，2011 年第 2 期。

③ 范如国：《制度演化及其复杂性》，同前注，第 2-3 页。

就组织论而言,虽然强调了制度存在演化过程中的自适应、内核等问题,但这种生物进化论的观点是否能够完全适用于规则体系,令人怀疑;就系统论而言,注重"连接"的作用,一定程度上推进了对系统演化进程的研究,但这种"连接"只是一种抽象的连接,所谓连接的"点"也缺少实质内容的对应,反而不如传统法学关于"法律关系"的研究更具有实质的内涵。

鉴于我们已经将抽象的制度解剖为识别规范、计量规范、征收规范,这就可以不再停留于抽象、散漫的制度研究,而可以尝试运用经济学的方法借助法理分析的结果,研究识别规范、计量规范与征收规范之间的互动关系。这是一种经济学研究方法与法学研究方法的结合。使我们有一种全新的视野来理解税法规范构成的可能的演化趋势。

第二节 法理分析与博弈分析结合的尝试

基于征收规范、识别规范和计量规范的建立,规范之间的互动形式可表现为要件规范之间的强弱变化。

如果征收规范被强化,意味着政府的权力可能被限制,因而对识别规范、计量规范的扰动会变小;如果征收规范被弱化,意味着政府的自由裁量权或法律解释权变大,从而对识别规范、计量规范的扰动就大。而征收规范的强弱变化,与市民社会的成熟度或意识相关联,一定程度上,对识别规范、计量规范的过度扰动,会强化市民社会的主体意识,从而形成强化征收规范的推动力。

在征税过程中,由于社会主体意识的形成需要一个过程,面对政府部门的往往是单个个体的纳税人。政府具有天然的弱化征收规范的倾向,从而有权对识别规范、计量规范作出有利征税的设定或解释。而纳税人单个力量的抗争,并不能达到强化征收规范的效果,而只能凭借隐性规范对识别规范、计量规范作对己有利的解释,但这一解释在强大的行政权力面前可能会苍白无力,从理性的角度,纳税人更会选择异化识别规范、计量规范,从而直接逃离征税管辖。这种异化表现为选择税法上无法识别、无法计量或处于模糊空间的商业行为等,或者利用不同主权国家间的识别规范冲突、计量规范冲突达到识别、计量不能的目的。当识别规范、计量规范被异化至特定程度时,就会导致征收规范的失效。纳税人并不具有天然的强化征收规范的倾向,而具有天然的导致征收规范归于无效的倾向,这一定程度上刺激了政府更愿意弱化征收规范而达到强化征收的效果。因而，政府与纳税人之间存在"征收"与"反征收"的紧张关系。

但将纳税人的"遵从"与"反征收"按好人与坏人分类演绎博弈模型，①则是愚蠢的，博弈分析基于理性的人展开，而不是基于道德人的假设。

一般而言，会计制度的产生既不是因为节税的原因，也不因为征税的原因（特定时期除外），而因为自然的原因或计量科学的原因而形成的，在其影响之下的计量规范一般具有中性的特点，即使被异化，其影响也会在特定时期对一方有利，而在另一个时期对另一方有利。因而，在博弈分析中，不特别考虑计量规范的变动。

一、征收主导（政府主导）与识别主导（市场主导）机制研究

（一）主导主体

在一个既定的征税规定之下（以此排斥产业政策、宏观调控等因素的干扰），先预设一国政府内部不存在约束基层税务机关征税的动力。那有什么力量推动政府作出部分改变呢？这个力量有可能来自市场中经营主体的抵制或者说纳税人的抵制，极端的会引发政府稳定性、财政衰竭的疑虑。因而，在政府征收与反征收的行为角色中，具有改变力量的角色就只能定位为政府（G）与纳税人（C）。

（二）策略选择

在没有外部力量干预的情形下，政府选择的策略当然是追逐财政利益。尽管在一个封闭的环境下，政府过度追逐利益的后果就是导致效率低下，经济衰退以至崩溃。从这个意义上讲，政府应当存在自我矫正的内在动力，但崩溃是一个长期过程，而每一届政府的任期又是一个短期过程，因而一个短期的政府很难有真正的动力去矫正一个长期的过程。反而，按血缘关系继承皇位的制度，政府组成反而具有预期，因而具有了长期性。所以，类似朝鲜这样的国家，即使在封闭环境下，其内部仍然存在改变的动力，但仅仅限于接近崩溃的后期阶段。如果一国国内经济与外部经济的联系与依赖日益加重，就很难回到封闭的体系中，因而一般政府的行为应当属于开放体系中的行为，其力量可以假设为更集中于应付外部环境的压力，而不考虑政府内部逐渐积聚的改变力量，同时，外部力量也不允许政府在接近崩溃阶段作出有效改变。因此，从这个意义上而言，

---

① 沈庭洋：《税企关系的博弈分析与理论对策——探求"构建和谐诚信的征纳环境"的最优策略》，载《财会与税务》2008 年第 1 期。

在特定时期,可以假设一国政府不处于存在政府内部具有决定性改变力量的阶段。因而可以假设其内部没有改变力量,其自身策略的选择不是约束政府利益而是追逐政府利益。因而,其在追逐政府利益的过程中与纳税人的关系可以假设为不是合作关系而是博弈关系。

随着政府人员的扩张,政府利益主体的抱团,整个社会有可能分裂为两大利益集团,即不能分享政府利益的市民集团与参与分享政府利益的官僚资本集团。而政府显然是后一集团的核心人物。所以,这两大集团利益的对峙就是通过政府征税与纳税人反征税构成的。

单一的纳税人在市场中不具有改变政府主导征税地位的力量,因而,纳税人策略的典型形态除了在政治社会中的抱怨外,更有效率的措施就是借助私人自治领域形成来源的识别规范脱法避税,这一策略是可行的,因为私人社会存在创设新规范的弹性与自由度。当然,有人认为不必如此麻烦,可以直接一走了之。这一说法过于简单,观察那些"一走了之"的人,其实大部分都是"走了未了",其运作的商业或产业利益仍然持续地来源于本国,他只不过利用了另一套规则逃避税法识别,这与前述的策略没有实质的区别。市场主体这些策略的存在,将直接导致识别规范被异化,征税效用下降,经过发酵,逐渐转化为群体性避税策略进而引发政府的观测与应对。由于私人社会的高度自治性,其异化识别规范也具有高度的灵活性,政府由此伴生的应对策略也不得不相对灵活,因而政府自然地希望弱化征收规范,从而可以便利地对税法作出解释,这就产生了非正式性的税法解释,诸如作出对己有利的解释,或者请示领导意见等,具有一定规范性的解释是在税法实践中存在的"个案批复"。政府部门的"个案批复"与司法裁定是截然不同的,司法部门受制于司法程序及正义的考量,但"个案批复"是基于政府的征税目的由政府自身创制的,由于政府部门受制于税收立法权的限制,"个案批复"也只能是针对个案的,这在一定程度上限制了其适用范围,因而,它本质上是一种"就事论事"的应对反征收的策略。如果"个案批复"越具体、越详细,就越为纳税人从"此事"的识别游走于"彼事"的不可识别重新创设了空间。因而,在现实生态中,政府的策略就是弱化征收规范,扩大行政权力,直接创设、扩展、限制识别规范,以达到强化征收的目的;而纳税人能够选用的策略除利用隐性规范对识别规范的解释力来约束政府的征税冲动外,更多地采用异化识别规范、计量规范的方式达到"反征收"的目的,在极端的异化方式下,会出现隐匿、销毁、篡改账册等情形。政府不存在认可识别规范或计量规范被异化的可能性,但存在认可隐性规范对税法规范解释的可能,但这一认可,却无法换取纳税人的"遵从",因为这一认可是个案性质的,纳税人仍然无法预测其后的行为;如果政府选择强化征收规范(这一强化是来自私人社会的整体压力,因而强化的税收规范具有与识别规范相同的渊源,从而具有一致性的可能),通过法律约束政府的行为,则可以换取纳税人的"遵从"。因而,纳税人现实生态中采取的策略也不完全是"抵制",而是在一些弱的征收规范下是"抵制"的,在一些强的征收规范下是"遵从"的,"抵制"与"遵从"相伴而行。

(三) 静态博弈分析

政府与纳税人的博弈,在早期阶段,可以视为静态博弈。静态博弈的特点是没有任何一方可以预见另一方先行动。

早期阶段的税收执法,不仅仅是税务机关,甚至是基层税务官员,在税务检查中,对税法规范具有任意的解释权,这也出现了今天的解释或许与明天不一样。而税务检查往往具有突然性,纳税人无法预料哪一天税务检查会降临,这使纳税人对税务检查无法预测。税务机关也无法预测哪一个纳税人是遵从的或不遵从的。因而,没有任何一方知道另一方准备如何行动,或者没有任何一方可以预见另一方先行动。

如果一国政府不允许特定纳税人团体以任何形式存在,也不创造充分的税务中介(税务代理机构)空间,因而政府也无法预测哪一个区域或哪一个时点出现"抵制"。就纳税人而言,由于缺少有组织的团体或税务中介,因而其"抵制"行为也是自发的、单个的或事后的,其自身也不具有预见性。一般表现为事后记账、改账等,此时,纳税人对识别规范的异化仅仅停留于篡改或创设其形式阶段,而不是利用知识创设或改变其内涵阶段。

基于以上形态,可以说,该阶段政府与纳税人的关系,应当属于静态博弈阶段。

为了建立静态博弈模型,我们作出如下基本假设:

(1) 只存在政府(G)与纳税人(C)两个角色。

(2) 政府(G)与纳税人(C)均可作出自主选择,而不受控于任何第三方。

(3) 政府的策略只有"弱化"征收规范(如通过"个案批复"、"领导请示"或作出对自己有利的解读等达到强化征收的目的)与"强化"征收规范(非依法定或非经法定程序不得加重纳税人税收);纳税人的策略也只有"抵制"(表现为异化识别规范、计量规范达到少缴税或不缴税的目的)与

"遵从"。其中,

a. 在政府选择"弱化"征收规范的情形下,如果纳税人选择"遵从",政府利益将最大化,设为4,而与此同时,纳税人的利益无法得到法律保障,其剩余利益将持续下降,直至税源维持点,可按1设置。

b. 在政府选择"弱化"征收规范的情形下,如果纳税人选择"抵制",政府可利用强大的行政力量压制或惩罚纳税人,即使存在行政支出,也可能通过罚款得到弥补,因而,政府利益仍可按最大化4设置,但纳税人不仅因为反征收导致支出增加,还因为处罚导致征收支出,可能出现倾家荡产的情形,因而纳税人利益下降至最低点0。

c. 在政府选择"强化"征收规范的情形下,如果纳税人选择"遵从",纳税人的利益会向有利于纳税人的方向上升,但并不因此改变政府的主导性,故纳税人利益可设为3;政府的利益将降至维护公共支出的合理点,可设为2。

d. 在政府选择"强化"征收规范的情形下,纳税人继续选择"抵制",政府应对反征收因受制于强化的征收规范的限制,因而不仅会变得困难,反征收支出也会变大,政府利益将下降至最低点,可设为0;与此同时,纳税人得益于政府被约束,纳税人利益会比"遵从"有所上升,可设为4。

(4) 任何一方的选择都是为了实现利益的最大化,或者说是理性的选择。

由此建立矩阵模型如图6-1所示。

		C	
		遵从	抵制
G	弱化征收规范	(4,1)	(4,0)
	强化征收规范	(2,3)	(0,4)

图6-1 静态博弈模型

在政府与纳税人博弈的过程中,是否存在纳什均衡呢?

(1) 当政府选择"弱化"征收规范策略下,纳税人的选择是(4,1)。

(2) 当政府选择"强化"征收规范策略下,纳税人的选择是(0,4)。

(3) 当纳税人选择"抵制"策略下,政府的选择是(4,0)。

(4) 当纳税人选择"遵从"策略下,政府的选择是(4,1)。

因而,存在一个纳什均衡点(4,1)。也就是说,在该阶段,纳税人与政府的博弈是:

政府选择"弱化"征收规范,而纳税人宁愿选择"遵从"。

该阶段的特征就是以"弱化"的征收规范为特征的,从而识别规范、计量规范被行政权力扰动或直接干预的现象大量存在,识别规范、计量规范不具有稳定性,而为了保持行政权力的自由扩张,政府没有强化征收规范的意愿,因而征收规范表现出超强的稳定性。

(四) 动态博弈分析

动态博弈又称为序列博弈或序贯博弈。动态博弈是指参与人的行动有先后顺序,且后行动者能够观察到先行动者所选择的行动。

动态博弈在什么情形下会出现呢?

尽管纳税人持续的抱怨没有成本支出,但却暗含着纳税人有先行动的可能。政府出于权力高位,受制于官僚体系以及立法权的限制,一般不会成为先行动者,而纳税人在什么情况下会先行动呢?

通过上述静态分析,纳税人虽有先行动或抵制的政治渴望,但纳税人从经济利益的角度而言,宁可选择遵从。因而,纳税人先行动的前提必然是经济利益不能因为先行动而下降。如果纳税人税收的减少是一个节税行为而不是一个避税行为,则纳税人就有获得额外经济利益的可能。所谓节税行为,是指不通过异化手段获取税收利益,而是在现有税法规范体系下寻求识别规范、计量规范对纳税人有利的行为空间,在知识具有垄断性的情形下,要使这一行为处于"弱化"征收规范阶段的政府显著地认同这一行为空间,唯有借助于外部知识团体,即中介税务代理机构。一般而言,处于"强化"征收规范阶段的政府更喜欢税务中介机构的出现,因为中介不仅可以减少行政支出,也可以疏导纳税人。但处于"弱化"征收规范阶段的政府,从本质上而言,它并不喜欢中介税务代理机构的出现。具有讽刺意义的是,正是税收规范的"弱化",使征税官员以税收谋取个人利益成为可能,除了腐败外,唯一的合法途径,便是部分税务官员"下海"成为税务中介,从而更为隐蔽地在体制内外敷设一条利益通道,这使税务中介的出现成为可能。税务中介在发展的过程中,关系主导会逐渐向知识主导转化,因为,利用识别规范来源的庞杂,可以为寻租双方找到一个冠冕堂皇的"知识"借口,尤其在反腐高压态势下,这是税务中介与官员勾搭最为安全的生存法则,这个群体也就这样"知识化"了。知识税务中介的存在,使纳税人具有了先行动的经济可能性。一般而言,纳税人的节税安排尽管可能通过零星或自发的方式进行,但最有效的方式还是通过中介税务代理机构进行。在民事行为的创设以及计量规范、公法规范的解读上,高度的知识综合使中介机构作为一个更有效率的组织而存在。

不可否认，现在仍然存在一些中介机构可能是非知识势力，或者说是一种关系势力，其作用就在于充当征税官员与纳税人之间的掮客，纳税人也会因此得利。政府可能并不知悉某一官员的腐败情形，而纳税人也可能无法预料政府是否会"秋后算账"。如果反腐已成为公法中的一项制度安排，纳税人获得的额外利益只能视为"待征收的税收"，所以，各方并不知道另一方何时行动，这一情形仍然是静态博弈阶段。因而，动态博弈中所指的中介机构，仅指外部知识势力的形成。而外部知识势力又只有借助于反腐制度的有效性。

因此，如果外部知识势力的介入是诱发纳税人先行动的力量，这一阶段的博弈形态就会典型地表现为动态博弈。

动态博弈可作如下基本假设：

（1）参与人：只存在政府（G）与纳税人（C）两个角色（中介机构只不过是纳税人的代理人）。

（2）行动原则：政府（G）与纳税人（C）均可作出自主选择，且是理性的。

（3）行动顺序：总是纳税人先行动，政府后行动。

（4）行动空间：纳税人的策略只有"抵制"与"遵从"，此时所谓的"抵制"，主要指纳税人引入外部知识团体达到减少税收的目的，或者说纳税人更愿意采取文明的行为；政府的策略也只有"弱化"征收规范与"强化"征收规范。其中，

a. 在纳税人遵从的情形下，政府选择"弱化"征收规范，政府利益将最大化，设为4；而与此同时，纳税人没有发生中介费用的支出，但也没有享有节税的好处，纳税人的利益可设为1。

b. 在纳税人遵从的情形下，政府选择"强化"征收规范，纳税人利益会有所上升，可设为3；政府利益会有所下降，可设为2。

c. 在纳税人抵制的情形下，政府选择"弱化"征收规范，政府因为有较大的自由裁量权，无需过度的行政支出仍可使税收利益向政府倾斜。但由于外部知识团体的介入，纳税人的抵制变得合法化，因而招致罚款的可能性降低，且在争诉环节具有主动性（因为自由裁量权过大，政府往往难以遵循程序性规定）。只要政府税收利益不过分减少，政府是具有妥协意愿的，而较大的自由裁量权也为妥协带来了可能性。同时，纳税人在一个"弱化"的征收规范下，同样具有妥协的意愿。因而双方的利益可能会趋于对等化，但由于中介费用的存在，会使一部分税收利益外流，因而政府

与纳税人的利益均可设为2。

d. 在纳税人抵制的情形下,政府选择"强化"征收规范,政府由于受到征收规范约束,行政支出会显著增加;而在"强化"的征收规范下,外部知识团体更容易使税收减少行为合法化,纳税人的妥协意愿降低,因而政府的利益会降至最低点,可设为0;因为中介费用的存在,纳税人的利益也并不会最大化,故可设为3。

由此,建立序贯博弈图形如图6-2所示。

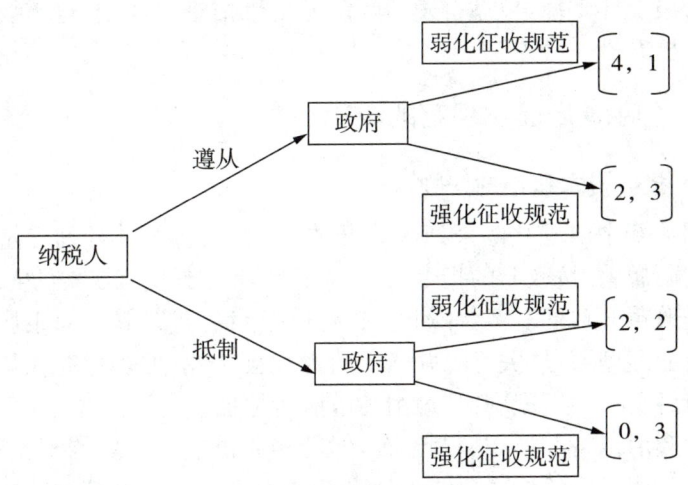

图6-2 动态博弈模型

根据逆向归纳法,可以作出如下判断:

如果纳税人先选择遵从,政府再开始选择。政府选择强化征收规范,其利益为2;选择弱化征收规范,其利益为4。因而,政府必然选择弱化征收规范(4,1)。纳税人决策时,当然会考虑政府的反应,现在已经预见到政府的选择必然是(4,1),很容易发现自己面临的情况是:如果选择遵从,自身利益为1;如果选择抵制,政府必然选择弱化征收规范(2,2),自身利益将为2。因此,纳税人必然作出抵制的选择,而政府必然作出弱化征收规范的选择。

同样,假设纳税人先选择抵制,政府再开始选择。政府选择强化征收规范,其利益为0;选择弱化征收规范,其利益为2。因而,政府必然选择弱化征收规范(2,2)。纳税人决策时,当然会考虑政府的反应,现在已经预见到政府的选择必然是(2,2),很容易发现自己面临的情况是:如果选择抵制,自身利益为2;如果选择遵从,政府必然选择弱化征收规范(4,1),

自身利益将为1。因此,纳税人必然作出抵制的选择,而政府必然作出弱化征收规范的选择。

因此,政府与纳税人动态博弈的纳什均衡为(2,2),即纳税人必然作出抵制的选择,而政府必然作出弱化征收规范的选择。因而,在信息、知识能够充分提供的情况下,一个社会即使进入动态博弈阶段,纳税人的利益虽有所增加、政府的利益虽有所减少,但政府自由裁量的权限不会减少,强化的征收规范不会自动出现。

要打破上述平衡,单靠自发的经济力量恐怕难以实现,这需要社会整体意识的提升。

二、政府弱化征收规范的成因

(一) 社会资本弱小的产物

中国从新中国成立以来到改革开放,一直实行的是计划经济。企业是政府的附属物,按政府的指令行事,企业没有控制税赋成本的需求。

根据改革开放的需要,计划经济逐渐向市场经济转轨,原隶属于政府的国有企业逐渐通过“关、停、并、转”成为社会企业,但仍然有大量企业以关系“国计民生”、“国家利益”为由为政府所把控。

尽管政府以持股形式控制经营,但其实质仍然是政府的利益所在,仍然是政府的附属物。这些企业仍然没有强烈的税赋成本控制需求。中国大多数在市场经济条件下成长起来的企业的规模还没有大到可以跨越国有企业。所以,这些国有企业即使存在税收压力,也可以利用垄断优势将税赋成本转嫁于其他市场主体,层层转嫁的结果,最终仍然是民营企业承担几乎所有的税赋成本,在经济发展上升阶段,民营企业对直接税赋成本以及转嫁的税赋成本并不容易产生强烈的抵抗意识,因为民营企业具有零起步、分散、规模较小等特点,因而导致社会对税赋成本的整体意识偏弱,这在一定程度上纵容了政府权力主导的持续。

(二) 政治利益诉求的产物

税收不仅关系着中央政府的财政利益,也关系着地方政府的财政利益。而财政的需要,在预算制度不健全的情形下,具有相当的变动性与灵活性,这也迫使作为财政来源的税收也要灵活地配合财政的需求。例如,政府在调整产业政策时,很容易运用税收杠杆,甚至赋予一部分产业税收优惠,同时减少另一部分企业的财政支持。这些财政支持往往是与税收相关联的,如减少税收返还的力度,就是一种财政支持的减少。政府在这个过程中,必须具有相当自由的行政权力,才能充当这种税赋转嫁者。

公共服务供给的压力、社会突发事件的出现等,都需要政府具有足以应对的财政储备,财政储备不足时,如果政府有足够的自由裁量权,就很容易从纳税人那里得到补充。当财政收入在某些特定年度过于丰裕时,如果政府有足够的自由裁量权,政府宁愿将过剩的收入暂藏于纳税人,以待其后年度收取。典型的例子便是关于税务指标的讨论。

三、政府弱化征收规范的危害

当今政府主导的形态既不可能倒退到暴力时代,也没有进化到完全法治状态,因而,在弱化的征收规范下,政府的行为主要是通过合理性规则(或者说自由裁量形式)进行的。这一合理性规则主要变现为,在粗略的税收基本法律框架下,赋予行政机关解释权以此掌控基层征税机关的自由裁量权,其实质仍然是为特定的征税目的服务的,但必须在形式表现上具有合理性,即使没有,也可以通过行政机关解释权创设或弥补合理性。

因而,基层征税机关并不是完全意义上的执法者,而更愿意执行政府的意志。在实践中,纳税人对一纸规范性文件的重视远甚于一部《中华人民共和国税收征收管理法》,就是这个原因。

即使"税收法定原则"逐步扩展与深入,基层征税机关的自由裁量权可能会被限缩,但基层税务机关则可以透过执法选择达到自由裁量的目的。这一切均为寻租或腐败提供了合理的参照系。最后,必将出现劣币驱逐良币的现象,一旦本国的税赋成本实际高于境外的税赋成本及迁移成本之和,则会出现资本外逃现象,这不仅增加了纳税人的经营成本,也反过来削弱了本国经济。

四、合理化陷阱

从动态博弈分析的结果看,在纳税人与政府形成纳什均衡点(2,2)之外,还存在一个并不让政府利益变得更差,但能让纳税人利益变得更好的点,即(2,3)点(纳税人选择遵从,政府选择强化征收规范),这是一个代表着美好社会的点,这个点意味着政府由"合理性"阶段上升至"合法性"阶段,成为"依法治税"的好政府,纳税人也成为一个自觉遵循税法的好公民,双方之间没有了摩擦成本,总体利益实现了最大化。但这个点却不能自动实现,纳税人用所有的知识努力挑战政府,开始由"概念化"阶段向"体系化"阶段高歌猛进(不再通过咬文嚼字诠释识别规范,对识别规范的解释更具有系统性),其利益从原来的(4,1)点进化至(2,2)点,但政府却停滞在征收规范的"合理化阶段",其利益反而由(4,1)点退化至(2,2)点,此时政府已陷入"合理化陷阱"而不能自拔,这显然使法治目标变得遥不可及。

第七章　理想税法规范构成的基石

识别规范的"体系化"、计量规范的"会计化",一定程度上可以限制权力的扩张,但却不能实现征收规范由"合理化"自动上升至"合法化",政府也无法脱离"合理化陷阱",纳税人的利益也不能实现最大化。这说明税法规范仅依靠体系内在的逻辑推动力是难以实现完全的进化的。这难免会涉及税法入宪的问题。

其中,讨论最热烈的莫过于"十八大"提出的税收法定原则。税收法定重要的体现之一便是全国人民代表大会收回税收立法权。张守文教授也认为,任何国家都必须特别关注财富的分配,并应当在财富上设定或区分,要在立宪过程中就要进行协调。①

全国人民代表大会收回税收立法权无疑有助于推进依宪治税,但不少人仍以税法的专业性、复杂性等予以反对,简而言之,全国人民代表大会制定税法有损于征税效率,不妨更坦率地讲,征税效率有赖于专业部门的专业权威或精英群体制定税法规范。精英们也时常为他们制定的税法规范进行辩解,"即使通过人大制定税法,也没有一部税法可以做到人人满意","抽象的规范总会牺牲一些个人的利益",诸如此类,等等。一些心怀不满的个人、一些被牺牲了利益的个人也逐渐在精英的"规劝"下麻木了。

无论争论如何,至少涉及两个根本的问题,一是如何通过芸芸众生建立抽象的税法规范以求人人满意;二是已建立的抽象税法规范如何避免对个人利益的忽视?

第一个问题折射的是"公平"问题,第二个问题又隐含着"效率"问题。不回避现实世界中的这两个问题,无疑有助于建立理想的税法规范。

这些问题都是"规范"意义上的价值判断,但正是价值判断才有所谓理想,才能给冰冷的逻辑结构敷设符合人类需要的演化路径。但价值理念不能成为权力的借口而任意改变或创设规则,那么,价值理念如何融入税法规范之中呢?或者说,价值理念的融入能不能不破坏规范内在的逻

---

① 张守文:《税法变革与私法秩序的协调》,《法学家》,2004 年第 5 期。

辑结构关系？最有效的解决办法就是所谓宪政问题，或者说税法规范的元规则问题。如何建立元规则呢？

围绕公平与效率问题，中国征税历史上更接近实用主义，统治者只从多征出发，选择征税对象并不慎重，也不考虑税负公平合理等问题，只是在实行中遇到的矛盾多，行不通时，才不得不进行研究和改革。①

西方经济学家对公平与效率问题多有理论研究。但不少西方经济学家对公平与效率的研究，更多的是一种技术研究，如果只研究其技术而不探寻其思想，则无疑更有利于为精英们"以技治税"提供理论支持，"公平"与"效率"不过是一种口号而已。但盲人纵有一双摸象的手，亦不知"象为何物"。弃技探源，则必须另辟他途。

当然，法学家们也从不回避正义（从广义而言，也包括平等、公平等语义）与效率问题，但在德沃金那里，社会财富根本就不是价值的一个构成因素。② 这种不妥协或拒绝平衡的态度，不仅无助于现实问题的解决，且错失了深入现实问题的机会。

第一节　如何建立公平税制

如何建立"人人满意"的规则，西方的一些宪法学者提出了不少观点，较有影响的是布坎南的"一致同意"理论。回顾与评介这一理论，有助于解答"如何建立公平的税制"。

一、布坎南的公平论

（一）布坎南理论的哲学基础：个人主义

1. 方法论的个人主义

布坎南在《宪法政治经济学的范围》一文中，明确地指出："就宪法经济学而言，其基本立场可以概括为方法论个人主义"，③"在这项研究计划

---

① 陈光焱：《中国赋税发展研究》，中国财政经济出版社，1996 年版，第 59 - 67 页。

② 〔美〕罗纳德·德沃金：《原则问题》，张国清译，江苏人民出版社，2012 年版，第 333 - 336 页。

③ 〔美〕詹姆斯·布坎南："立宪经济学"，《现代制度经济学》（上卷），盛洪主编，北京大学出版社，2003 年版，第 345 页。

中,独立自主的个人是着手进行严肃认真的探讨的必要条件"。① 方法论上的个人主义主要是指这种研究方法不承认有独立于个人成员之外的有机体的存在。个人的价值或利益就是唯一有价值的东西,这是唯一存在的价值。这种方法论认为,即使共同体中的个人可能具有共同的价值,他们可能大致同意其政治组织所要采取的政策确定的具体目标。但是,这一政治组织存在的唯一目的就是增进个人价值与利益。他曾经宣称他自己的事业建立在个人主义——契约论的基础之上。②

方法论个人主义是布坎南宪政经济理论的基本立场。布坎南宪政经济理论分析的逻辑起点是独立自主的个人,且个人根据自己独立的价值尺度,能够有条不紊地对可供选择的对象作出理性选择。他完全从人类个体的角度定位价值,认为个人是价值的惟一源泉,是惟一的意识终极单位,是最终的决策者和最高评判者。无论在政治市场还是经济市场,只有依赖个人自己的判断才能作出选择。③

2. 拒绝承认国家有机体

宪法经济学传承了古典政治经济学及其变体——现代新古典微观经济学都遵循的一个基本的方法论假定。即只有个人才做出选择和行动。集体本身不选择也不行动。社会总体仅仅被看做个人做出的选择和采取的行动的结果。

布坎南在论证个人选择行为与集体选择行为关系时拒绝国家有机体概念,认为"国家不是作为独立于政体中的个人而存在的有机体。国家没有自己的行动,它也不能追求自身的目标。对'社会福利'也不能孤立地加以定义,因为它不能独立存在"。在布坎南看来,集体选择行为是由许多独立的个人选择行为所组成,个人是集体选择的基本组成单位。国家(政府)不是抽象的实体,不是超个人的决策机构,这种机构是不能与个人相分离而独立存在的。国家(政府)是允许集体选择行为发生的诸过程的集合或机器,是个人相互作用的制度复合体,个人通过这种制度复合体作出选择以期满足个人的偏好。国家(政府)实际上是个人作出决策的场所

---

① 〔美〕詹姆斯·布坎南:"立宪经济学",《现代制度经济学》(上卷),同前注,第345页。

② 高景芳:《布坎南宪法经济学思想:逻辑与启示》,载《改革与战略》2010年第7期。

③ 尹长海:《布坎南宪政经济理论的思想密码》,载《社会科学辑刊》2011年第5期。

或机器。因此,布坎南认为一切社会现象都应追索到个人选择行为,都是个人根据自己独立价值尺度进行理性选择的结果,个人选择行为被布坎南置于其宪政经济理论的重要位置。①

(二) 布坎南理论的经济学基础: 古典经济学

1. 经济人假设

公共选择理论将"经济人"假设从经济学领域扩展至政治学领域。用布坎南自己的话说,"立宪经济学比正统经济学涉足'更高的'的研究层次"。

布坎南宪法经济学是通过经济人的假设运用于政治,成功地将现代经济学分析方法与古典宪政思想实现了对接,认为"当人们的政治行为被认为一如他们其他方面一样是追求私利时,宪制上的挑战就成为这样一种挑战: 构造和设计出能最大限度地限制以剥削方式追求个人利益,并引导个人利益去促进整个社会利益的制度和规章"。②

凯恩斯主义经济学对人类的选择行为采取截然不同的两个标准,即在经济活动中,人人都是自利、理性和追求效用最大化者;而在政治活动中,自利、理性和追求效用最大化的人又变成了追求社会公共利益最大化者,政府被视为仁慈的政府,为社会公共利益作出决策。凯恩斯主义创造了"精英政治"的神话。而布坎南将"经济人"假设引入政治领域,指出在政治活动中,无论是政治家、官僚,还是普通的选民,无一例外都具有"经济人"的本性。③

美国历史学家福山认为,"经济人"假设只能解释百分之八十的人的行为,剩下的百分之二十的人的行为是无法解释的。④ 布坎南将"经济人"假设引入政治领域,也存在在政治生活中无法解释的现象。

2. 效用最大化

布坎南认为亚当·斯密所遗下的讯息中,最主要的一项是"个人以追求最大效用为行为选择的准则",即人们在生产、交换、消费过程中都是以自身利益最大化为根本目的。⑤

---

① 尹长海:《布坎南宪政经济理论的思想密码》,载《社会科学辑刊》2011 年第5 期。

② 唐任伍、王宏新:《宪政经济: 中国经济改革与宪政转型的制度选择》,《管理世界》2004 年第 2 期,第 38 页。

③ 尹长海:《布坎南宪政经济理论的思想密码》。

④ 同上注。

⑤ 同上注。

布坎南指出："宪法经济学是这样一些科学家之间的探索和对话的领域，这些科学家把社会互动看作是独立自主的个人之间的一系列复杂关系，其中既有现实的关系，又有潜在的关系，而且每一个人都能作出理性选择。"①

（三）布坎南理论的法学基础：契约论

布坎南认为，整个古典政治经济学的范式是"最大化"的，而不是"交换"的，在功利主义的架构中，规则之间的选择和规则之内的选择这两者的截然不同，几乎会消失。只有当亚当·斯密学说中的要素被嵌入契约论政治哲学传统之内的时候，这些要素才会直接成为宪法经济学的先驱。②

布坎南认为，"只要把价值来源定位于个人，且在人们之间不存在差别，那么就可以把全部政治事务仅仅看作一个复杂的涉及多人的交易或契约系统。个人必须被认为是聚集在一起探求某些问题并最终达成协议，以建立对大家都相互有利的集体组织或安排"。③

布坎南认为，政治是个人之间一种复杂的交换结构，通过这个结构，人们希望集体地获得个人私下确定的目标，而这些目标是不能通过简单的市场交换来有效获得。政治市场的选择是一种更为复杂的交换，主要表现为组织、集团或政党之间的集体选择。个人通过集体选择达成的契约实现他不能通过独立的个人选择所实现的目标，获得他所需要的但又无法通过个人选择获得的公共物品和公共服务。④

布坎南的理论体系都是围绕政治市场的个人选择如何转换为集体选择这个中心主题展开的，即个人偏好如何转换成集体偏好。这种转换体现了契约主义本质。可以说没有政治市场的选择，或者说没有契约主义精神，就没有布坎南理论体系的建构。⑤ 因此，布坎南提出的交换范式也正是在这一理论基础上产生的。

（四）布坎南所构建的理论大厦

1. 交换范式的提出

布坎南指出，公共选择视角包含两个不同的要素：一是把"政治活动"

---

① 〔美〕詹姆斯·M·布坎南著：《宪法秩序的经济学与伦理学》，朱泱等译，商务印书馆，2008年版，第323页。

② 高景芳：《布坎南宪法经济学思想：逻辑与启示》。

③ 尹长海：《布坎南宪政经济理论的思想密码》。

④ 同上注。

⑤ 同上注。

概念化为"交换";二是把经济学家的效用最大化行为模式扩展于政治选择。在方法论个人主义的框架内,布坎南认为,政治活动成为复杂的交易过程,个人在这一过程中寻求任何可以忍受的有效方式集体实现在非集体或私人情况下无法实现的目标。"个人即使不完全是也主要是作为'交换'的一部分,才愿意选择限制自己的行为。"①

在传统经济学中,给定约束条件下的选择,是考虑到外部决定条件的选择,稀缺问题导致约束条件的重要。在宪法经济学领域,约束条件本身是可以选择的。宪法经济学中不存在稀缺,稀缺并没有限制人们的选择。因而,布坎南将传统经济学在资源稀缺性条件下出现的非此即彼的——冲突规范,转向于以契约论为基础的——交换规范。

2. 交换范式之要素——以规则为研究对象

1)研究规则本身

宪法经济学考察对于规则的选择,而不是在规则内的选择。布坎南认为,这样才区分了非宪法性与宪法性选择。

宪法经济学确信人们必须依照规则生活,而规则又是人们能够加以选择的。布坎南认为,经济既没有目的或功能,也没有意图。经济由结构也就是一套规则和制度所规定,该结构约束着许多人在一连串相互联系的博弈式互动中彼此作出的选择。②

2)研究规则的理由

规则界定人们的行为方式和活动空间,让人们彼此之间能够预期对方的选择行为,从而使自己作出利己不损他人的选择行为。布坎南在强调规则的理由时曾说,"我们需要社会规则,是因为如果没有规则,生活就会像霍布斯在三百年前告诉我们的那样,'孤独、贫穷、肮脏、残酷和匮乏'……我们需要共同生活的规则,其简单的理由是,没有规则,我们必会陷入争斗。我们会陷入争斗,是因为一个人的欲望对象也会是另一个人的所求。规则界定着我们每个人从事自己的活动的私人空间。"③

3)研究规则的功用

布坎南的宪政经济理论体系由三大部分构成:政府失灵与政治立宪、财政失灵与财政立宪以及社会失灵与道德建构。布坎南认为,要治理政

---

① 高景芳:《布坎南宪法经济学思想:逻辑与启示》。
② 高景芳:《布坎南宪法经济学思想:逻辑与启示》。
③ 杰佛瑞.布伦南、詹姆斯·M·布坎南:《宪政经济学》,冯克利等译,中国社会科学出版社,2004年版,第113页。

府失灵、财政失灵和社会失灵,就要分别进行政治立宪、财政立宪和道德建构。而政治立宪、财政立宪和道德建构离不开规则,它们本质上就是规则立宪。在布坎南看来,政府失灵、财政失灵和社会失灵是"经济人"自利、理性和追求自身利益最大化使然,治理这些失灵现象就必须用规则约束"经济人"自利、理性和追求自身利益最大化的本性,才能从根本上达到治理的效果。① 布坎南宪政经济理论中规则的实质是通过约束"经济人"自利、理性和追求自身利益最大化的本性,达到治理政府失灵、财政失灵和社会失灵,获得可持续发展的社会秩序之目的。②

3. 交换范式之应用——如何形成规则

通过交换规范进行政治选择,布坎南发现,与经济市场个人选择相比,政治市场的选择具有一定程度的非自愿性、不平等性甚至强迫性。并会出现"多数人暴政"以及阿罗悖论。如何破解"多数人暴政"、阿罗悖论难题,布坎南提出了"一致同意"理论、"元规则"理论。其中,"一致同意"理论是建立"元规则"理论的前提。

1)形成规则的前提——人类的合作潜能

"知觉"属于自然科学范畴,经过大脑加工变成——"想象","想象"使每一个人的感受的相似性下降,由此使个人成为独立的意识单位。因此,通过伦理建设形成社会意识,通过社会意识内化到个人的内心意识,以此构成人类的合作潜能。宪法经济学就是建立在合作潜能的信念之上。

2)形成规则的方法——一致同意

布坎南提出了"不确定性之幕"原则。布坎南认为:"在限制性或理想化的立宪选择模型中,个人必须了解在所有不同的规则条件下各轮博弈中的各种处境的格局或分布,但是他仍然对自身在其中的任何一种格局中的具体处境保持无知。""立宪选择是在'不确定之幕'中,即在无以识别特定身份的情况下进行的。"③

布坎南特别指出,人们就规则取得一致意见,要比在一定规则之下就不同的政策选择取得一致意见容易得多,因为在前一种情况下很难确切地识别出个人的经济利益。因为他或她要从黑黑的"不确定性之幕"背后选择规则。在此情况下,效用最大化会要求人们考虑一些抽象的准则如

---

① 尹长海:《布坎南宪政经济理论的思想密码》。

② 同上注。

③ 李海龙:《作为"宪政政治"的宪法和财税规则的宪法定位——以布坎南宪政经济学为分析视角》,载《法学与社会》2008 年第 11 期(下)。

公平、平等、正义等,而不是考虑较为具体的东西如净收入或财富。"这里关键的是规则的普遍性和持久性。"也就是说,规则的普遍性愈大,有效期愈长,人们愈无法确定可选规则将以何种方式影响他们。所以,他们也就会采取较为公正的立场,从而也就比较有可能达到一致意见。① 当然布坎南也提醒,"在个人选择者的头脑中产生的不确定的制度,往往既减少达成政治协议的成本,又增加在某种分配意义上所犯'错误'的成本"。②

当然在现实政治中,一致同意是困难的,后来布坎南自己也修正了自己的规则理论,呼吁以超多数规则代替多数裁定规则,至少意义重大的、决定性的集体行动应该遵循多数规则。③

3) 形成规则的障碍排除——元规则

为了使"一致同意规则"具备现实可能性,布坎南划分了"宪政政治"和"普通政治"的双层结构,将"一致同意规则"的集体政治决策机制限定在"宪政政治"层次,并以此作为"普通政治"层次运行的合法性基础,进而构建契约主义的新宪政理论。也就是说,越是涉及基本人权和产权的层次,越需要更大比例的多数同意,直至一致同意。最高层次就是宪政层次。这个层次的主要任务,就是对规则进行选择。这一层次的架构决定了在"普通政治"层面什么可以进行、什么不可以进行;低于一致同意的政治决策机制适用于"普通政治"层面。正是因为"普通政治"层面的多数政治决策机制是在由一致同意的政治决策机制所决定的"宪政政治"结构框架内进行的,从而取得了合法性。④

布坎南的这一理论顺利地解决了"多数的暴政"及对应选举程序环节的"阿罗悖论"。布坎南注意到了玩扑克牌与参与政治活动是有很大不同的。因为扑克牌游戏是自愿,玩家不同意游戏规则可以选择完全退出游戏。但国家政治制度中不存在这种退出选择。政治游戏是强制性的,每个公民都得玩。但是如果个人最终无法影响政体的选择,那么积极参与讨论宪法改革或者了解各种宪法方案就不是理性的。这是"理性选择"的

---

① 高景芳:《布坎南宪法经济学思想:逻辑与启示》。
② 〔美〕詹姆斯·M·布坎南:《民主财政论》,穆怀朋译,商务印书馆,2002年版,第167页。
③ 高景芳:《布坎南宪法经济学思想:逻辑与启示》。
④ 黄锫:《规范主义经济宪法学的理论架构——以布坎南的思想为主轴》,载《法商研究》2007年第2期。

悖论。① 多数投票机制所产生的集体政治决策总会损害部分选民的利益。这一判断的基本理由是：在多数投票机制下，处于少数地位的选民不得不接受他们所反对的集体政治决策。要避免这种情况的发生，逻辑上的解决办法是：如果集体政治决策得到所有选民的支持，也就是如果全体选民"一致同意"集体政治决策，那就不会有选民因此而受到损失，也因此达到了帕累托最优的状态。不过逻辑上有解决办法并非意味着现实的可能性。由于交易成本的存在使得"一致同意"的决策机制无法在所有政治决策中应用，因此，划分"宪政政治"和"普通政治"并将"一致同意"的决策机制限定在前者就不失为一种很好的解决途径。②

二、布坎南理论的缺陷

（一）布坎南理论的基本脉络

通过前文，笔者梳理了布坎南理论的整个发展脉络，即以个人主义为基本出发点，以经济人假设和契约论为理论基石构筑交换规范，交换规范建立的基本要素在于规则，规则形成的基本方法在于"一致同意"，实现"一致同意"的路径在于"元规则"（也就是一般意义上的宪政），而所谓"元规则"的建立，则基于人类的合作潜能，而人类的合作潜能又基于社会意识内心化，而社会意识如何能够内心化，又取决于伦理社会的建立，这也就是布坎南为什么将书名题为《宪法秩序的经济学与伦理学》。

（二）布坎南理论的核心

可以说，布坎南的学术精粹在于"一致同意"理论。该理论是建立在十分彻底的个人主义基础上，既是经济人理性选择的经济学上的逻辑结果（帕累托最优），也是个人选择向集体选择转化的契约论上的必然路径（交换规范），"一直同意"理论精妙地实现了两者的统一。"一直同意"理论如同人类社会宪政建设道路上的灯塔，指引人类如何构建宪法，构建什么样的宪法。在这样一个路径下，人类社会如何实现效用最大化。其中，不确定之幕、宪政政治与普通政治的分层等理论的提出，具有十分积极的意义。

（三）理论缺陷

1. 伦理的悖论

现实的困难在于，"一直同意"理论如同"科斯世界"，难以在现实中存

---

① 高景芳：《布坎南宪法经济学思想：逻辑与启示》。
② 同上注。

在。这也是布坎南最终求助于伦理的建设。可以说,布坎南并没有解决"一直同意"理论现实世界的图景。尽管布坎南试图通过超多数规则接近元规则,但仍然存在逻辑上的矛盾。因为,根据布坎南的理论体系,是先有元规则之后,其他规则才在多数表决下取得了合法性,因而,不能以一个接近元规则的子规则等同或代替元规则。或者说,上帝没有产生前,就不应该存在任何形态的上帝使者。所以,超多数规则虽然具有了现实的形态,但它仍然不能代替元规则。

即使通过伦理建设,其能够解决的仍然是多数规则的问题,而不是元规则的问题。事实上,伦理建设本身不能赋予任何多数规则的合法性,只有在元规则之下,多数规则才具有了合法性。伦理反映的不是空间体系或者说规则体系的问题,反映的只是时间体系或者说规则的具体内涵问题,不是规则本身,或规则固有的内涵。

伦理本身是随着社会变迁的,元规则当然也会随着社会变迁,但我们至少可以得出结论,伦理变迁与元规则变迁不可能是同步的。如果伦理变迁滞后于元规则变迁,则无法解释元规则变迁的原因;如果伦理变迁先于元规则变迁,则伦理对元规则的影响只是压缩元规则的范围而不是元规则的全部,除非人类已经不叫"人类",总有那么一些元规则内容是伦理变迁所无法撼动的,这些无法撼动的规则,我们可以称之为"元规则的元规则"。或者说,无论社会如何变迁,我们总能发现一些"元规则的元规则""元规则的元规则的元规则""元规则的元规则的元规则的元规则"等是无法撼动的,即存在一个最初始的元规则,它是与社会变迁无关的。当布坎南没有具体列示一个元规则的具体模板时,我们不妨就可以把这个最初始的元规则姑且当做他所谓的"元规则"。从这个意义上讲,超多数规则不在于代替元规则,而是相反,从元规则中剔出超多数规则或多数规则,或者说,还原超多数规则本身,所有问题在逻辑上就一致了。

2."一致同意"的悖论

究竟是"一致同意"发现了元规则?还是"一致同意"形成了元规则?

如果从伦理的角度讲,元规则存在于人们的信念中,则"一致同意"只是发觉元规则的一个手段而已,或者说,是通过"一致同意"让元规则外在化。根据这一逻辑,元规则的内涵在本质上与"一致同意"毫无关系。因而,精英政治人物也可以偶然地发现元规则,或者说,那些历史人物总是幸运地发现了并运用了元规则。而当代人物在以史为鉴的过程中,总是有可能接近发现元规则。因此,元规则的发现既可以通过当代政治人群通过"一致同意"的横向方式选举产生,也可以通过历史线索或当代特定事件的矫正等纵向方式发掘。如果存在这两种可能性,在中国社会或者说东方社会,人们可能更愿意寄希望于精英政治的效率,或者说人们可能更愿意通过"一致同意"的方式选举产生精英人物,而不是元规则。绝大多数人对人的兴趣远远超过了对规则的兴趣,因为存在这样一个"元规则":规则最终是要靠人去执行的。人们对人的信任度远远超过了那些没有生命力的规则。因而,布坎南的"一致同意"理论在东方社会也就失去了存在的土壤。

如果换一个角度阐述,"一致同意"不是发现元规则,而是创制元规则又如何呢? 如果从形成和创制的角度而言,元规则必然受制于特定的人群或特定的社会,甚至在特定的时刻受制于特定事件的影响,因而,"元规则的元规则"可能就不复存在。甚至让相同的人群在第一天和第二天进行同样的表决,可能结果都不一样。在中国社会,我们可以经常发现在公司中、协会组织中、政党活动中,经常出现一致同意的情形,就我国发生的李昌奎案件而言,相同的审判委员会在不同时段,在一致同意的情形下作出的却是截然不同的判决。当然,人们可以就独立性、个人主义的缺失指责中国社会,但在布坎南的研究对象中,政治生活本身就是尔虞我诈、相互算计,难道政治生活中的中国人作出的表绝不是其最大利益的追求吗? 如果在中国的政治生活中,如果有人背离必须"一直同意"这一潜规则,则意味着其个人损失的来临,反而,跟随"一直同意"这一潜规则,能使个人利益最大化。或许,只有寄希望于更大范围的选举才能解决这一问题,但范围越大,意味着离具体问题越远,最后就退缩到全民参与表决的宪政议题。围绕宪政议题,即使是全民参与,选民的意志仍然会被政治人物所左右和扭曲,或者说是政党政治在左右选民意志,而在西方社会,政党政治又是以对立的面目出现的,因而不可能存在"一致同意",或者说党派总是试图阻止一个真实的"一致同意"。而在东方社会,一个固定的党派总是试图诱导或强迫形成一个虚假的"一致同意"。因此,如果认为"一致同意"不可能存在,也就意味着元规则不可能存在。基于"一致同意"的宪政之路注定无法行得通。

三、如何走出"一致同意"的困境及对理想税法规范的启示

就理论出路而言,笔者宁可相信是"一致同意"创设了元规则,而不是存在一个先验的元规则。问题在于,沿着"一致同意"创设元规则之路,我们如何形成一致同意。

首先的问题是,面对弃权者或反对者怎么办? "一致同意"是如此的

困难,在现实政治生态中,总有人反对或者不积极参与选择。作为同意者可否在此情形下,通过主动或善意地为反对者或不参与者着想而变相达到"一致同意"的效果?福柯在《疯癫与文明》一书中描述了正常人如何为疯人着想,但问题在于正常人如何知道疯人所想呢?正常人所谓善意地为疯人着想的举动,更多是被人诟病的囚禁疯人的疯人院。多数人为少数人着想,即使本着善意,也不一定让少数人满意,同时,在"多数暴政"之下,这种善意地着想是缺少约束的或没有保证的,因此,其存在的稳定性也是值得怀疑的。

元规则需要"一致同意"来创设,但只要"一致同意"建立在个人主义的基础上,"一致同意"就是一条绝路。但人类社会仍然需要"一致同意","一致同意"在宪政建设的道路上有其积极意义,这就迫使我们反思"一致同意"建立其上的基础是否存在问题。

我们不妨尝试离开个人主义研究"一致同意",是否具有可行性呢?通过实证观察可以发现,庞大的分散的个人是难以形成一致同意的,政治团体虽然纷争激烈,但在重大问题上或者说近似于元规则的问题上,政治团体总能设法达成一致,即在政治团体层面是存在"一致同意"的可能性的。即使从美国宪法的产生过程而言,他不是全体公民投票的结果,而是政治团体妥协的结果。如果将布坎南的个人主义出发点转换成政治团体,则所有问题将迎刃而解。

剩下的问题将是,政治团体的选择是否构成团体成员的"一致同意"?显然,从表面形态而言,这两者是不能等同的,因为政治团体内也总可能存在不同意见。但同时,我们发现政治团体的选择可以视为全体成员的"一致同意",因为,即使某一成员不同意,但他仍然愿意停留在这个政治团体内,就表明他愿意接受多数成员的抉择。这个愿意接受并不是强迫的,因为,他也可以选择离开这个政治团体。也许,作为一个公民个人,他无法逃离或选择公共规则,但他面对政治团体却是可以选择的。这就使团体的决策具有了合法性。对于不参加任何政治团体的独立公民又该如何解释呢?这个解释是容易的,因为不参加任何团体,可以视为该公民听任任一政治团体的选择,仍然不妨碍政治团体"一致同意"的构成。

因而,布坎南坚持绝对意义下的个人主义,反而僵化了"一致同意"理论,布坎南的个人主义是静态的、片面的,其对国家有机体的排斥同时也否定政治团体有机体,实质是否定了人与人之间的联系,僵化了个人决策向集体决策的转化,也与现实政治生态图景不符。以个人为视角,研究规则约束之下的经济领域也许是适当的;但以个人为单元,研究权力体系之下的复杂的规则领域，弱小的个人在强大的公权力之下，显得毫无力量，如同在汪洋中挣扎的生命个体，无论如何挣扎均无法改变海的力量，因而，将个人这一研究尺度放之于公共政治领域，显然是不匹配的。故应当在坚守个人主义前提下，放大个人群体。而人类社会对此已有了很好的答案，这就是政党政治。政党政治的选择获取"一致同意"的前提必须是个人的自由，如果离开了个人自由，则政党政治的选择就没有合法性。从这个意义上将，政党政治仍然是以个人主义为基础的，是个人主义的中间形态，而不是背离了个人主义。可以说，政党政治本应该就是相对意义下的个人主义。从这样一个命题出发，容易得出结论，任何没有选择自由的政党政治都是十分危险的。

反观中国税收立法现实，一旦我们意识到"元规则"问题，就能洞悉：问题并不在于精英立法或人大立法，而在于"税法元规则"的建立，并以此确立其在宪法中的地位。如何在"一致同意"的基础上公平地构建"税法元规则"（理想的税法规范的渊源），则必须有赖于政党政治，而政党政治"一致同意"的"税法元规则"是否公平，则取决于个人对政党政治选择的自由。正是选择自由的存在，使个人由个体回归到集体，并在这一回归之路上，构筑了个人内心的"公平"意识，其实现的基础是政治基础而不是伦理基础，其实现的政治路径是开放的、多元的团体而不是封闭的、单一的团体。

第二节　如何建立有效率的税制

如何建立"抽象的规则"而又不忽视个体的利益，仅从制定税法的角度而言，借鉴科斯对庇古税制的批判，有助于解答"如何建立有效率的税制"。

经济学家一般认为，企业在生产过程中对环境造成的污染，属于"外部性"问题。尽管科斯从未认可"外部性"这一概念，但并不意味着科斯不面对关于"外部性"问题的论争。这一点较集中地反映在污染损害赔偿问题上，科斯在《企业成本问题的注释》一文中对庇古所建议的税制进行了激烈的批驳，甚至不无嘲讽地说，"在我年轻时，听说，傻得难以启齿的话可以唱。在现代经济学中，这样的话可以放在数学之中"。[1]

---

[1] 〔美〕罗纳德·哈里·科斯：《企业、市场与法律》，盛洪、陈郁译较，上海三联书店，2009年版，第179页。

一、科斯的效率论

（一）科斯观点与庇古税制支持者观点的区别

1. 关于被征税主体

科斯总结了赞成庇古税制的经济学家的观点，"经济学家跟随着庇古，谈论的是无补偿的损害，并暗含着谁致害谁赔偿，但是，责任规则通常不是经济学家十分关注的论题。大多数经济学家认为，解决因生产者行动产生对他人有害效应的问题，最好的方法莫过于制定相应的税收和补贴机制"。① 这些经济学家由此进一步推论，"竞争性经济的效益实现要求对产生负的（或正的）经济效应的商品征税（或予以补贴）"。② 即在纳税主体上，庇古税制倾向于向产生负的经济效应的商品生产者征税。庇古的税制是以谁损害谁赔偿为原则。

科斯认为，"如果将税收建立在损害的基础上，那么也应该要求那些对负责赔偿损失的企业施加成本的人缴税"。③ 简言之，受烟尘污染损害的人存在可以采取更小的代价避开污染的可能性，这一"更小的代价"是相对于生产者采取消除污染的代价而言的，如果对受损害者课税，则可以实现产值最大化。也就是说，（物理行动上）造成损害的人，不一定要负赔偿、缴税或禁止活动等法律责任，因为这是两个不相容活动之冲突，若是造成损害的活动价值高，则造成损害之人并无理由要负不法责任。④

但有人误认为科斯提倡的对受损方征税，将可能导致既向排污者征税又向受污染者征税的双重税制或类似税制。其实，科斯并不提倡所谓的双重税制，科斯只是说，被征税主体存在多元化选择的可能，多元选择的存在才可能实现产值最大化。在科斯的观点中，被征税主体可能是生产者，也可能是受损害者，还可能是两者同时被征税。具体谁为被征税主体，取决于比较、选择以求产值最大化的结果。

对比以上两种观点，科斯的视野更为宽广，被征税主体是多元化的；而庇古税制支持者的研究视野则比较局限，被征税主体是单一化的。

---

① 〔美〕罗纳德·哈里·科斯：《企业、市场与法律》，盛洪、陈郁译校，上海三联书店，2009 年版，科斯书，第 173 页。

② 同上注，科斯书，第 174 页。

③ 同上注，科斯书，第 175 页。

④ 简资修：《科斯经济学的法学意义》，《中外法学》2012 年第 1 期。

2. 关于征税客体

庇古税制的支持者认为，"税收等于烟污造成的产值下降量"。① 因而其征税客体或者说征税对象是"产值下降量"。由于被征税主体已由庇古税制的支持者设定为生产者，因而税收成为工厂主在缴税还是追加成本上进行考量，从而作出产值最大化的决定。

科斯认为，"我在《社会成本问题》中讨论的税制是一种税收等于所受损害的税制"，②即在科斯的观点中，征税客体应当基于"损失"，而不是"产值"。科斯甚至直截了当地认为，其论证的起点就是基于"税等于造成的损失的价值"，③但科斯并没有就其论证的起点作过多的阐释。

比较两者的观点，可以发现，科斯是从"污染损害"这一问题的起点出发的，而不是从问题的推论（即由"损失"到"产值"的推论）出发的。就这一点而言，科斯选择的征税客体更接近问题本身，论证的出发点也更坚实一些。而庇古税制支持者选择的征税客体较科斯而言，稍稍远离了问题本身，推论环节的存在也就意味着出发点存在风险的可能。

（二）科斯对庇古税制的批驳

科斯对庇古税制的批驳，主要集中于对其代表人物鲍莫尔的批驳。科斯认为，"我不否认鲍莫尔的税制是完备无缺的，并假如付诸实践，会出现他所说的结果。我的反对意见（在我文章中已提出）是：这种税制是难以付诸实践的。"④

为什么庇古税制是难以付诸实践的呢？科斯认为：

（1）以生产产值（最广义的）的下降为基点征税，虽然可防止过高的成本，但这样做须详细了解个人偏好，然而，这样的数据是难以得到的。

（2）烟尘排放方式举不胜举，确定方式需要收集信息，但每一方式抵消污染效应的措施取决于该方式持续的时间，因而，数据收集亦需要很长时间。

（3）确定排放成本须了解损害程度，了解损害程度，需了解受损害的人群，而人群可能是变动的。即使人群不变动，人们也不一定能够或者愿意披露上述信息。

科斯根据以上几点由此得出结论，"没有任何方式可以采集到实施庇

---

① 〔美〕罗纳德·哈里·科斯：《企业、市场与法律》，同前注，第 177 页。

② 同上注。

③ 同上注，第 174 页。

④ 同上注。

古税制所需的信息"。①

（三）科斯的方法论基础：整体主义

科斯认为，他所讨论的税制是一种税收等于所受损害的税制，与庇古的税制相比，它所需要的信息较少。但科斯并不就此认为其所讨论的税制是最优的，而认为，所有的税制都有严重的缺陷，因而也不会产生经济学家所认为的最优结果。但选择方法的运用却可以避免那些"傻得难以启齿的话"。

由上观之，科斯并不拘泥于税制孰优孰劣的评判，也不试图寻找一个最优的税制。科斯更注重评判的是方法而不是结论。从科斯的论证过程也可以表明这一点。科斯在论证过程中，并没有去反驳庇古税制支持者关于被征税主体、被征税客体在出发点上有何错误，对于它们之间演绎的理论上存在的最优结果也不表示怀疑，甚至用示例帮助庇古税制支持者展示他们清晰的逻辑，但科斯又不容争辩地论证了他们所谓的最优结论只能停留在"黑板上"。这就触发了人们去思考、探究他们研究角度、研究视野的差异。这就是科斯所愿意看到的。科斯毫不讳言地讲，"庇古的研究方法在现代经济学家头脑中根深蒂固。我只希望这些注释将有助于减弱这种根深蒂固的程度"。②

通过前文关于"征税主体"的分析可知，庇古税制支持者的研究视角仅限于生产者或者说污染制造者，是从单一的角度寻求解决问题的途径；但科斯的研究角度并不局限于此，而将被损害对象亦纳入研究视角，一定意义上是从整体的角度寻求问题的解决。

正因为科斯将研究视野置于整体，他就必须考虑生产者、受损害者、国家（一定意义上税收的制定者）这三者之间的互动关系。从特别的意义上而言，科斯已经不满足于"交易成本"的概念停留于企业与市场之间，而开始在企业与国家之间运用"交易成本"的概念，讨论庇古税制便是其研究"法律"制度或者说国家角色的开始。科斯也试图引导研究者从零交易成本的科斯世界走向现实的税制世界。

就方法论上而言，科斯的方法论既是整体的又是务实中不断进化的。这对中国的税制改革是有启发意义的。譬如，在中国关于开征环境税的讨论中，如果将被征税主体仅仅限定于污染制造者，限定于特定的发展阶

---

① 〔美〕罗纳德·哈里·科斯：《企业、市场与法律》，第 177 页。
② 同上注，第 155 页。

段,这种"黑板上"的税制显然就犯了方法论上的错误,等于放弃了寻找最优选择的可能性,也就丧失了对税收效率的追求。

二、如何走出规则扼杀个体的困境及对理想税法规范的启示

从方法论的整体主义出发,虽然为税制"效率"找到了出路,但却可能出现受污染者缴税这一"不公平"或"不正义"的结果。

无论是科斯还是庇古税制的支持者,他们都是经济学者,本不应该考虑价值评判问题,或者说法律领域的"正义"问题,但既然经济学研究者的视野已经深入到法律制度的层面,如果仅仅以经济学家为借口而回避价值问题,新制度经济学派也会变为"黑板上"的经济学。

通过前文庇古税制支持者与科斯研究路径的对比分析,我们可以清晰地发现,这两者除了视野的差异外,他们演绎结论的路径也是截然不同的。

庇古税制是从被征税主体出发(谁损害谁赔偿),继而寻求解决征税客体的问题,这也就形成了从"损害"到"产值"的推演。而科斯是从征税客体出发(及"损害"基础上),继而选择被征税主体,这也就出现了从"生产者"对"被损害者"的选择。正是这一出发点的差异,才造成了学术结论的迥异。

从实证的角度而言,可以说科斯驳倒了庇古税制的支持者们。但从规范的角度而言,无论是科斯还是庇古税制的支持者们,都没有对他们的出发点予以充分的阐述。

首先,就庇古税制而言,其研究的出发点是以主体为原点展开的,是从"人"开始的,这一主体出发点是建立在"谁损害谁赔偿"这一价值判断上,而这一价值判断不仅来源于私法,至今仍然是民商法体现"公平"的重要原则。但遗憾的是,庇古税制沿着"公平"的原点出发,却无法走上最优配置之路。

其次,就科斯观点而言,其研究的出发点是以客体为原点展开的,是从"物"开始的,主体或者说"人"成了客体推演的选择或工具,因而科斯的出发点是不内涵价值判断的,其结论就有可能出现人们不能接受的这一现象:让受损害者买单或者说受损者纳税。科斯对此也颇显无奈,"任何税制都是困难重重,十全十美的税制是不存在的"。① 科斯在寻求最优配置的道路上,碰到了"公平"问题。

---

① 〔美〕罗纳德·哈里·科斯:《企业、市场与法律》,第175页。

科斯运用的是整体的方法论，就这一点而言，我们关注问题的视角不能仅仅局限于经济学，而可以将研究视角扩大到法学本身的发展运用历程。

就"谁损害谁赔偿"原则而言，一般适用于具体的个案，在这个原则之下都是具体的人、具体的物。但民法自身的发展表明，民法越来越向"形式化"运动并趋向于"工具理性"，抽象性、一般性或普遍性被认定为法律的重要特征，具体的个人被私法以"抽象人"取代了，"民法正是从此种抽象的人格出发来建构其制度的"。① 而无论是庇古税制的支持者还是科斯本人，他们对问题的研究都不着眼于具体的人或具体的事，而寻求的是制度抽象。因此，具体人的价值判断不应再束缚经济学的研究视野，科斯的研究更具有冷静的工具理性的色彩，如同民法一样，"私法唯一能做的就是其自身必须没有目的"，②正是在这一预设下，抽象的人复活了，因为，即便根据科斯的观点对受损害者征税，受损害者仍然存在选择成为生产者的可能，没有预设的人或者说抽象的人通过"私人自治"或"自发机制"同样能达到他们都愿意接受的配置。从这个意义上讲，正是选择自由的存在，使个人存在脱离于特定整体的可能，使个人由集体又回归于个体，并在这一回归之路上，实现了整体的"效率"，其实现的基础是允许个体自由选择的自由市场经济的存在。这说明，如果选择是完全自由的，就有可能存在一个充分自治的私人社会，识别规范与计量规范也就存在完全自治、自适的可能，而无需担心权力的介入，因为权力本身可能因为税收竞争关系的存在，在私人社会自由的选择下，权力会被空前地削弱，从而权力介入"前件"的可能就消失了，税收也就具有了"公共产品"的对价的可能，而不再是所谓模糊其词的"文明"的对价。

第三节　公平与效率统一的税制理论基础

相较于布坎南在方法论上的个人主义，科斯运用的是方法论上的整体主义。如果说，方法论上的个人主义为税制"公平"找到了出路，则方法论上的整体主义则为税制"效率"找到了出路。而解决"公平"与"效率"相互冲撞的出路，则基于选择自由的存在。但选择自由并不是个人主义与

---

① 易军："私人自治与私法品行"，《法学研究》2012 年第 3 期。
② 同上注。

整体主义调和的产物,选择自由的理论归宿仍然是个人主义。

　　1944 年,哈耶克的《通往奴役之路》出版。在这样一个东西方阵营相互交错的年代,哈耶克以惊人的勇气回答了当时社会最重大的争议问题,但更难能可贵的是,在激烈的争吵中回答的问题,今天看来,仍然不失其预见性。这说明,哈耶克的《通往奴役之路》闪烁的是冷静的智慧,就像深埋海底的明珠,具有穿越黑暗和时空的魅力。如此穿透力只能来源于一个最简单或最基本的立论,这就是个人主义。

一、个人主义的基本特征

　　在《通往奴役之路》一书中,哈耶克所阐述的个人主义,其基本特征就是,"把个人当作人来尊重;就是在他自己的范围内承认他的看法和趣味是至高无上的,纵然这个范围可能被限制得很狭隘。也就是相信人应该发展自己的天赋和爱好"。①

　　从这段阐述中,喻示着个人主义的三个基本特征:

　　(1) 存在的自由。"把个人当作人来尊重",本质上就是肯定个体作为"人"的存在,而不是作为"物"的存在,因而,个体不能被任意地消灭、占有、支配。从生物学的意义上而言,属于同类生存的法则之一。一定意义上而言,经济学上的"利己"假设,就是基于个体的存在法则。

　　(2) 思想的自由。"就是在他自己的范围内承认他的看法和趣味是至高无上的",哈耶克从一个严格限定的狭小范围内,仍然坚守着个人对自我的肯定。这说明,在哈耶克的个人主义中,"肯定自我"既是一个自我生存的基本法则,也是一个表达看法的自由。从更广阔的角度而言,哈耶克试图在表达人类具有思想的自由这一更基本的特征。从人类具有理性以来,思想的自由是天赋存在的,甚至不是一个选择或努力的结果,而是一种天然的存在。

　　(3) 选择的自由。"就是在他自己的范围内承认他的看法和趣味是至高无上的,纵然这个范围可能被限制得很狭隘。也就是相信人应该发展自己的天赋和爱好",虽然这段话表达了哈耶克对个人思想自由的观点,但同时哈耶克也不得不承认,"这个范围可能被限制得很狭隘",这说明,个人自由是存在限制的,这种限制既可能来自同类,也可能来自自然界。个人突破限制的最好选择就是"发展自己的天赋和爱好"。对此,哈耶克

---

　　① 〔英〕弗里德利希·冯·哈耶克:《通往奴役之路》,王明毅、冯兴元译,中国社会科学出版社,1997 年版,第 8 页。

又进一步阐述，"个人活力解放的最大结果，可能就是科学的惊人发展，无论何处，只要除去自由运用人类天才的阻碍，人很快就能满足不断扩大的欲望。"。

二、个人主义的核心

通过上述分析可知，个人主义的本质特征就是"自由"。但哈耶克个人主义的核心既不在于个体"存在的自由"，也不在于个体"思想的自由"，而在于"选择的自由"。

如果没有这种选择的自由，人纵然有"思想的自由"，但却不能转化为"存在的自由"。从这个角度而言，"选择的自由"是"存在的自由"与"思想的自由"的桥梁和纽带，也是个体走向更大自由的必经之路，而危险也正在于"选择的自由"，它又往往导致个体迷失于群体之中，这也容易导致税制在"公平"与"效率"中纠结。笔者认为，哈耶克所提出的"选择的自由"，才能真正解决公平与效率的冲撞，才能真正识别"选择的自由"究竟是个人主义还是集体主义？

（一）哈耶克强调自然的选择，而不是人类"主动"的选择

哈耶克借用了卡尔·曼海姆博士的话：我们从来不必建立和指导整个自然体系，就像我们今天迫不得已对社会所做的那样；人类越来越倾向于调节全部社会生活，尽管从来不曾打算创造一个第二自然。①

人类是自然选择的结果，人类不可能妄想创造第二个自然，人类应该更多地遵循自然的规律，或遵从自然的安排。

（二）哈耶克注重自发的社会力量，而不是人类"主动"的计划

哈耶克认为，"在安排我们的事务时，应该尽可能多地运用自发的社会力量，而尽可能少地借助于强制，这个基本原则能够作千变万化的应用。"②

据此，哈耶克运用了大量的实证示例予以阐述在人类积极"干预"下的社会并不比法西斯主义更好。如，列宁的老友马克斯-伊斯门先生自己不得不承认，"斯大林主义与法西斯主义相比，不是更好，而是更坏，更残酷无情、野蛮、不公正、不道德、反民主、无可救药"，并且它"最好被称为超

---

① 〔英〕弗里德利希·冯·哈耶克：《通往奴役之路》，第 10 页。
② 同上注，第 12 页。

法西斯主义"。①

哈耶克进一步阐述了计划的荒谬，

"他们寄托于计划的希望并不是对社会全面观察的结果，而是一种非常有局限性的观察的结果，并且常常是大大夸张了他们所最重视的目标的结果。但是这些最渴望对社会进行计划的人们，如果允许他们这样做的话，将使他们成为最危险的人——和最不能容忍别人的计划的人。从纯粹的并且真心真意的理想家到狂热者往往只不过一步之遥。经济学家最不会自命是拥有调节者所必需知识的人。他要求的是一种既能实现这种调节而又不需要一个无所不知的独裁者的方法"。②

"我们必须承认：通过强制的标准化或禁止超出某种程度的多样性，在某些领域中富裕的程度可能会增加到足以补偿对消费者的选择的限制而有余。但牺牲这种可能的现时利益，我们保存了推动进一步发展的重要刺激力。虽然在短时期内我们为多样化和选择的自由所必须付出的代价有时可能是很高的，但在长期内即使是物质福利的进展也将有赖于这种多样性，因为我们不能预见从那些可以提供商品或劳务的许多形态中，究竟哪一种可能发展出更好的东西来。为自由而辩护的理由，正是我们应该替难以预见的自由发展保留余地"。③

（三）哈耶克注重运用民主的手段进行选择，而不是集权与命令

哈耶克认为，"民主尽可能地赋予每一个人价值，而集权主义却仅仅使每一个人成为一个工具、一个数字。民主在自由之中寻求平等，而集权主义则在约束和奴役之中寻求平等"，"民主在本质上是一种个人主义的制度，与集权主义有着不可调和的冲突"。④

集权主义，尽管也存在选择，但发展的是集权者的选择，而不是个人的选择，在选择的过程中已背离了个人主义。集权主义也允诺"新自由"，但这个"自由"不过是权力或财富的代名词。而在集权主义体制下，却不可能实现真正的财富。因为个人不能发展自己的爱好和天赋，人的创造性因禁锢而不存在。集权主义也强调"法制"，但这种"法制"，是没有民主基础的法制，是不能约束权力，也不能保障个人自由的法制。

---

① 〔英〕弗里德利希·冯·哈耶克：《通往奴役之路》，第 12 页。
② 同上注，第 19 页。
③ 同上注。
④ 同上注，第 11 页。

三、选择自由——理想税法规范构成的基石

"选择的自由"特征表现为：自然的选择、自发的选择、民主的选择。这些特征，决定了选择自由的理论归属必然是个人主义而不是集体主义，即使是科斯描述的整体主义，也是在自由经济或者说个人主义基础之上建立的，其方法论上的整体主义并不否定其个人主义基础。因而，在中国的现实政治生态中，所谓精英制定税法，无一不是利用威权制定税法，或者说，无一不是集权者的选择，在理论归属上无一例外不是集体主义，当与"选择的自由"水火不相容。

布坎南在方法论上的个人主义为税制"公平"找到了出路，科斯在方法论上的整体主义则为税制"效率"找到了出路。而解决"公平"与"效率"相互冲撞的出路，则基于选择自由的存在。因而，选择自由应当是税法入宪的基本起点。选择自由的自然结果直接表现为宪法条文所载明的政治自由与经济自由的存在，因而，选择自由的政治结果决定了税制公平，选择自由的经济结果决定了税制效率。

从这个意义上讲，征收规范权力的来源，是通过政治团体赋予的，在"选择的自由"下，政治团体不是来源于集体意志，而是来源于个体意志，这使征收规范承载的使命，就有可能是公平的使命，因为公平意识是来源于个体的认知；识别规范、计量规范来源于私人社会，私人社会的分散与自治，存在着天然的"选择的自由"，这使识别规范、计量规范承载的使命，就有可能是效率的使命。征收规范与识别、计量规范在选择自由的基础上，使公平与效率走向统一成为可能。

第四节　基于选择自由对税法规范演化的重新检验

基于选择的自由，就有了存在政治团体的可能。从税收的角度而言，这一政治团体可以是社会形态下的"社会团体"。这使我们可以重新审视"合理化陷阱"问题。

一、社会团体的出现

在前文的博弈分析中，是因为"知识势力"的介入，诱发进入动态博弈阶段。最终出现的纳什均衡是纳税人必然作出抵制的选择，而政府必然作出放任自由裁量的选择。社会处于紧张与对立之中。

知识势力是在现有的税法规范体系下运用税法、解释税法,其仍然受制于已有的税法规范体系,其努力的结果是使"处罚"的可能性降低了。相较于知识势力,社会团体的追求更高,其可能不满足于解释税法,而是改变税法。其行为不再是"灰色地带"的个案行为,而是"合法"下的共同行为。社会团体对纳税人的支持,不是要求纳税人支付中介费用,相反给予纳税人予以行动的支持资金。因而,纳税人改变纳税状况的选择,将优先选择社会团体。

二、法治化陷阱——永恒的税法难题

基于社会团体的加入,我们可以重新演绎动态博弈分析。

纳税人先行动的前提必然是经济利益不能因为先行动而下降。故如果存在外部力量补偿纳税人先行动的损失的可能,则纳税人就存在了先行动的经济可能性。

外部补偿虽可能通过零星或分散的方式进行,但可能最有效的方式是通过社会团体进行,包括资金的筹集与使用。因此,纳税人先行动的持续可能基于社会团体的出现。

因此,社会团体的介入是诱发纳税人先行动的力量,这一阶段的博弈形态就会典型地表现为动态博弈。

动态博弈可作如下基本假设:

(1) 参与人:只存在政府(G)与纳税人(C)两个角色(社会团体仍然充当纳税人的代理人)。

(2) 行动原则:政府(G)与纳税人(C)均可作出自主选择,且是理性的。

(3) 行动顺序:总是纳税人先行动,政府后行动。

(4) 行动空间:纳税人的策略只有"抵制"与"遵从",此时所谓的"抵制",主要指纳税人引入社会团体达到减少税收的目的,或者说纳税人更愿意采取更高阶的文明行为;政府的策略也只有"弱化"征收规范与"强化"征收规范。其中,

a. 在纳税人遵从的情形下,政府选择"弱化"征收规范,政府利益将最大化,设为4;而与此同时,纳税人没有享有税收减少的好处,纳税人的利益可设为1。

b. 在纳税人遵从的情形下,政府选择"强化"征收规范,纳税人利益会有所上升,可设为3;政府利益会有所下降,可设为2。

c. 在纳税人抵制的情形下,政府选择"弱化"征收规范,政府因为有较

大的自由裁量权,无需过度的行政支出仍可使税收利益向政府倾斜。但由于社会团体的介入,纳税人的抵制变得强烈而持续,即使政府具有妥协意愿,纳税人也不愿意妥协。由于社会团体不需要纳税人支付中介费用,纳税人最终可实现利益最大化,可设为4;而政府因被迫应对所有行政程序、执法的检视而持续发生行政支出,政府利益最终趋于0。

d. 在纳税人抵制的情形下,政府选择"强化"征收规范;而在"强化"的征收规范下,社会团体的政治目标空间较为狭小,通过政治诉求减少税收可能性降低,由于社会团体不妥协的特性,政府仍然需要有应对支出,因而政府的利益会适当最低,可设为1;纳税人在社会团体的支持下,仍可实现利益最大化,可设为4。

由此,建立序贯博弈图形如下(图7-1)。

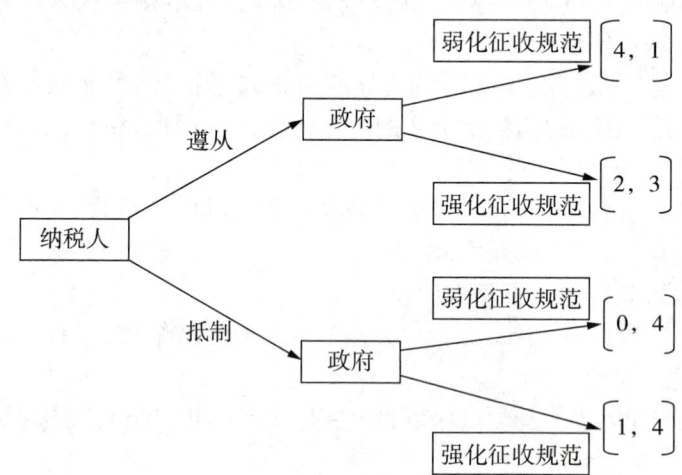

图 7-1 社团介入下的动态博弈模型

根据逆向归纳法,可以作出如下判断:

如果纳税人先选择遵从,政府再开始选择。政府选择强化征收规范,其利益为2;选择弱化征收规范,其利益为4。因而,政府必然选择弱化征收规范(4,1)。纳税人决策时,当然会考虑政府的反应,现在已经预见到政府的选择必然是(4,1),很容易发现自己面临的情况是:如果选择遵从,自身利益为1;如果选择抵制,政府必然选择强化征收规范(1,4),自身利益将为4。因此,纳税人必然作出抵制的选择,而政府必然作出强化征收规范的选择。

同样,假设纳税人先选择抵制,政府再开始选择。政府选择强化征收规范,其利益为 1;选择弱化征收规范,其利益为 0。因而,政府必然选择强化征收规范(1,4)。纳税人决策时,当然会考虑政府的反应,现在已经预见到政府的选择必然是(1,4),很容易发现自己面临的情况是:如果选择抵制,自身利益为 4;如果选择遵从,政府必然选择弱化征收规范(4,1),自身利益将为 1。因此,纳税人必然作出抵制的选择,而政府必然作出强化征收规范的选择。

因此,政府与纳税人动态博弈的纳什均衡为(1,4),即纳税人必然作出抵制的选择,而政府必然作出强化征收规范的选择。

这说明,即使政府完全实现了"法治化",纳税人仍然会选择抵制。社会团体的作用仅仅在于约束了政府的行为,并没有改变双方的紧张关系。各方仍然陷入与"合理化陷阱"等同效应的"法治化陷阱",但却进化至社会福利最大的(1,4)状态:政府行为处于法治约束之下,纳税人又原意遵从税法的理想世界。这说明,识别规范、计量规范、征收规范只有在社会团体出现时才能实现了"体系化—会计化—法治化"的最高配置阶段。尽管,政府行使权力更不方便了,但纳税人的公平感觉增加了。尽管人类社会在迈向法治理想的进程中,从未放弃和谐一致的追求,但对税法而言,"法治化陷阱"也许是永恒的难题。

结　语

　　法律关系是在法律规范调整社会关系的过程中所形成的人们之间权利与义务关系。法律规范既不是法律形态的最小单元，也不是法律生活的全部，但它是连接法理学与部门法学的桥梁。就税法而言，法律规范的实践在部门法中已现实地存在，而法律规范的研究尚停留于法理学中。因而，税法规范的研究无疑有助于填补税法学研究的一个理论空白。

　　事实上，税法基础理论的研究并不是空白的，而是如火如荼，但几乎都是从本体论的角度型构税法，很少有学者从认识论的角度研究税法。当然，从本体论的研究无疑有助于民意与发展的权衡，但难免存在观察者无法观察自己的问题。在纷繁嘈杂中，从形式逻辑的角度研究税法，会额外显现一份冷静与客观。如果我们承认，即使在纷争的人群中，仍然共享着人类共同的智识逻辑，那么，这份冷静与客观，就有了形成"共识"的意义。

　　必须承认，由于法理学高度抽象，而部门法相对具体，一方涵摄另一方，或者说并不在同一个层级上，要将两者具体结合出新意，的确存在困难。但也从另一方面启示我们，法理学与部门法在对接上的断档与空隙正是部门法哲学之所在。① 在法理学的视野中，法律规范由要件与后果构成，如同语言由单词与语法构成一样。但如果单词加载了韵律，则会成为唐诗宋词；部门法就如同诗词一样，通过对要件加载了不同的功能而成为部门法。研究这些加载项，便需要观察与研究税法规范的构成。但这一研究并不是基于税法规范而直接展开的，而是基于税法规则及其要素展开的，基于一个纯粹的"自然法"的基础上展开的。这使论文在研究初始避开了很多纷扰。但世界又是"实在法"的世界，如同诗词还会加载旋律而成为歌曲。这难免需要去分辨是曲好听还是词更美，或者是两者结合之美。因而，从税法规则转向税法规范的研究成为必然，尽管税法规范成因复杂，好在超验的"自然法"总能像北极星一样高悬于经验的"实在法"

---

　　① 宋显忠：《什么是部门法哲学?》，载《法制与社会发展（双月刊）》2009 年第4 期。

之上。这在研究方法上，具有建立部门法哲学的启示意义。

在规范分析与实证分析相结合的基础上，在客体（质与量）与本体（意志）相互交错与联系中，税法规范的逻辑结构基于识别规范、计量规范、征收规范而形成，这使复杂的税法问题具有了归类和溯源的可能。在形式逻辑的演绎下，即使识别规范、计量规范缺失或冲突，权力应基于选择而不是创制，且选择也应是消极的、遵循逻辑的。这既有自然的原因，也由于一些隐性规范中内含的"应然"要求渗透于税法规范之中。这的确会给人一种乐观的鼓舞，一切自发、一切自成。但制度经济学的分析却表明，征纳双方有可能陷入"合理化陷阱"而不能自拔，这说明规范在自我演绎的过程中仍需要外在的力量，这一力量又来自自发社会"选择的自由"。

政府有权选择，可以弥补识别规范、计量规范的不足；纳税人有权选择，可以强化征收规范，弥补政府不足。"选择"是一个沉重的话题，本书试图将"选择"稍稍学理化一点，但仍然感觉缺少一种清晰的逻辑的力量将两种"选择"合理地统一起来，这不能不说是一种遗憾。

参 考 文 献

一、中文论文

[1] 刘剑文,陈立诚. 税收法定原则的生命在于落实[J]. 检察风云,2014(7).

[2] 刘剑文. 入分配改革与财税法制创新[J]. 中国法学,2011(5).

[3] 刘剑文,王桦宇. 公共财产权的概念及其法治逻辑[J]. 中国社会科学,2014(8).

[4] 刘剑文. 论财政法定原则——一种权力法治化的现代探索[J]. 法学家,2014(4).

[5] 刘剑文. 我国应重视税收债法的研究[J]. 税务研究,2004(1).

[6] 刘剑文. 税收执法内控机制刍论[J]. 中国政法大学学报,2009(4).

[7] 刘剑文. 私人财产权的双重保障——兼论税法与私法的承接与调整[J]. 河北法学,2008(12).

[8] 熊伟. 重申税收法定主义[J]. 法学杂志,2014(2).

[9] 陈少英,曹晓如. 论税法解释的目标[J]. 税务研究,2008(1).

[10] 张守文. 税法变革与私法秩序的协调[J]. 法学家,2004(5).

[11] 张守文. 论税收法定主义,法学研究[J]. 1996(6).

[12] 张守文. 论税法上的"可税性"[J]. 法学家,2000(5).

[13] 施正文. 中国税法通则的制定:问题与构想[J]. 中央财经大学学报,2004(2).

[14] 施正文. 论税法的比例原则[J]. 涉外税务,2004(2).

[15] 潘修中,石龙. 从税法解释角度论"实质法治"与"税收法定"[J]. 财会月刊,2011(2).

[16] 孙健波. 税法漏洞补充理论研究[J] 中南大学学报(社会科学版),2008(6).

[17] 包子川,李初仕. 诚实信用原则与税收法定主义原则[J]. 税务研究,2002(8).

[18] 韦清. 论量能课税与税法原则的耦合与其独立价值[J]. 法制与社会,2014(12).

[19] 王茂庆. 量能课税原则与当代中国税法的变革[J]. 广西社会科学,2010(5).

[20] 叶金玉. 税法与私法"接轨"的理念与技术配置——基于实质课税原则的反思与超越[J]. 云南大学学报法学版,2014(5).

[21] 陶翀,孟繁超. 论税收之债[J]. 行政与法,2003(7).

[22] 汤茵洁. 税收之债与法治理念分析[J]. 税务研究,2005(4).

[23] 张瑞琰. 公法视角下的税收撤销权制度解构[J]. 税务经济,2007(5).

[24] 王鹏,吴慧. 米尔利斯最优税收理论模型的一种非数学表述[J]. 成人高教学刊,2001(2).

[25] 熊伟. 房地产税改革的法律逻辑[J]. 税务研究,2011(4).

［26］董鸿波.税收中性与房地产税制改革［J］.哈尔滨市委党校学报,2006(1).

［27］张富强.论税权二元结构及其价值逻辑［J］.法学家,2012(2).

［28］张富强.税法的概念、本质和特征新论［J］.安徽大学法律评论,2007(2).

［29］蔺翠牌.对中国税法理论的突破与创新的几点疑问［J］.税务研究,2005(2).

［30］黄桦.论税法作用的法理［J］.税务研究,2008(11).

［31］李刚.税法与私法关系总论——兼论中国现代税法学基本理论［D］.厦门大学博士后学位论文,2008(3).

［32］包子川,李初仕,等.诚实信用原则与税收法定主义原则［J］.税务研究,2002(8).

［33］廖益新.远程在线销售的课税问题与中国的对策［J］.法学研究,2012(2).

［34］孟磊.税法与私法的冲突及其解决途径［J］.淮北煤炭师范学院学报(哲学社会科学版),2006(6).

［35］杨龙.对完善我国财产行为税管理的思考［J］.国际税收,2014(4).

［36］金亮,杨大春.中国古代契税制度探析［J］.江西社会科学,2004(11).

［37］郝玉芹.房地产契税黑洞的形成与治理［J］.税务研究,2004(9).

［38］王周飞,朱桂江.浅析房屋属转移契税纳税义务的发生时间［J］.涉外税务,2010(12).

［39］许良霞.房地产权属变更中税款征纳前置问题分析［J］.财会月刊,2010(10).

［40］陈思融.商品房权属转移契税纳税义务的发生时间再考量［J］.税收经济研究,2013(5).

［41］魏长升.探讨克拉尼斯基定律的必然性［J］.涉外税务,2003(5).

［42］翁武耀.新企业所得税法免税收入具体问题探析［J］.当代经济,2007(7).

［43］徐必珍,章韶华.联系对于质与量的重要意义［J］.学术月刊,1983(12).

［44］胡世华.质和量的对立统一与数学［J］.哲学研究,1979(1).

［45］乌杰.关于差异的哲学概念［J］.系统科学学报,2008(4).

［46］雷磊.法律规则的逻辑结构［J］.法学研究,2013(1).

［47］信春鹰.罗纳德·德沃金与美国当代法理学［J］.法学研究,1988(6).

［48］李旭东.法律规范与法律规则——凯尔森与哈特的法律概念之比较［J］学术交流,2006(6).

［49］张静.论法律概念的特征［J］.西南政法大学学报,1999(11).

［50］陈历幸.法律规范逻辑结构问题新探［J］.社会科学,2010(3).

［51］菅从进.凯尔森法律规范理论论要［J］.徐州师范大学学报(哲学社会科学版),2011(7).

［52］李新.凯尔森的"法律规范"理论与哈特的"法律规则"理论比较分析［R］.西南大学硕士学位论文,2010(4).

［53］谢晖.部门法法哲学的长成逻辑——兼论"部门法学"的学理化问题［J］.文史哲,2002(1).

［54］谢晖.判例法与经验主义哲学［J］.中国法学,2000(3).

[55] 宋显忠.什么是部门法哲学?[J].法制与社会发展(双月刊),2009(4).

[56] 王利明.论物权法中物权和债权的区分[J].法学论坛,2007(1).

[57] 孙宪忠.物权变动的原因和结果的区分原则[J].法学研究,1999(5).

[58] 王淑华.土地使用权转让合同与物权变动之效力辨析[J].法学论坛,2009(5).

[59] 顾华详.论物权登记效力与合同效力的区分[J].新疆财经大学学报,2008(2).

[60] 朱虎.物权法自治性观念的变迁[J].法学研究,2013(1)

[61] 宋晓玲,刘一雅.论行政规范性文件的缺陷及其矫治[J].甘肃政法学院学报,2011(5).

[62] 易军.私人自治与私法品性[J].法学研究,2012(5).

[63] 刘荣.会计规范与税收制度比较研究[D].天津财经大学博士学位论文,2007.

[64] 刘丽娜.会计的契约本质与企业会计规则变迁研究[D].山东大学博士学位论文,2007.

[65] 尤雪英.税会关系模式——国际的经验与中国的实践[D].厦门大学博士论文.

[66] 黎精明.法律制度变迁与会计科学理论的发展[J].武汉科技大学学报(社会科学版),2011(4).

[67] 吴革.日本会计制度及其借鉴[J].辽宁财税,1998(1).

[68] 刘荣.会计规范与税收制度比较研究[D].天津财经大学博士论文.

[69] 刘燕,孙乃玮.证券回购交易法律与会计定性的冲突与妥协——对雷曼"回购105"事件的解读与反思[J].证券法苑,2010(3).

[70] 颜延.法律背后的会计理念——从反倾销法涉及的会计问题看会计对法律的影响[J].会计研究,2004(2).

[71] 颜延.会计改革的法律背景初探[J].会计研究,2006(5).

[72] 冯萌.会计契约经济性质及法律规制研究——一个公司契约理论的视角[D].复旦大学博士学位论文,2006.

[73] 张巍.浅议我国会计规范的变迁[J].财会研究,2008(3).

[74] 李岩松.论我国规范性文件审查机制的完善[J].法治研究,2011(1).

[75] 罗俊杰,刘霞玲.税法私法化趋势的经济学与法学理论探源[J].浙江万里学院学报,2008(7).

[76] 苏毓敏,李蓉,等.企业并购治税的国际经验与中国税制变迁模式走向[J].开发研究,2008(4).

[77] 焦耘.制度经济学视野下税制变迁类型研究[J].税务与经济,2010(2).

[78] 肖育才,谢芬,李建军.税收流失的制度经济学分析[J].山东财政学院学报,2012(1).

[79] 武辉.从制度经济学角度优化我国税收征管制度[J].中央财经大学学报,2007(7).

[80] 周冰,靳涛.青木昌彦的制度观与制度演化的进化博弈思想评析[J].江苏社会科学,2004(3).

[81] 李冰心.青木昌彦比较制度分析理论及其现实意义[J].甘肃行政学院学报,2007(2).

[82] 唐任伍,王宏新.宪政经济：中国经济改革与宪政转型的制度选择[J].管理世界,2004(2).

[83] 彭涛,魏建.内生制度变迁理论：阿西莫格鲁、青木昌彦和格雷夫的比较[J].经济社会体制比较(双月刊),2011(2).

[84] 简资修.科斯经济学的法学意义[J].中外法学,2012(1).

[85] 黄锫.规范主义经济宪法学的理论架构——以布坎南的思想为主轴[J].法商研究,2007(2).

[86] 李海龙.作为"宪政政治"的宪法和财税规则的宪法定位——以布坎南宪政经济学为分析视角[J].法学与社会,2008(11).

[87] 尹长海.布坎南宪政经济理论的思想密码,社会科学辑刊,2011(5).

[88] 高景芳.布坎南宪法经济学思想：逻辑与启示,改革与战略,2010(7).

二、中文著作

[89] 沈宗灵.法学基础理论[M].北京：北京大学出版社,1988.

[90] 张文显.法学基本范畴研究(修订版)[M].北京：中国政法大学出版社,2001.

[91] 王莉君.法律规范研究[M].北京：法律出版社,2012.

[92] 李鑫.法律原则适用的方法模式研究[M].北京：中国政法大学出版社,2014.

[93] 梁晓俭.凯尔森法律效力论研究——基于法学方法论的视角[M].北京：山东人民出版,2005.

[94] 廖益新.国际税法学[M].北京：高等教育出版社,2008.

[95] 黄茂荣.税法总论——法学方法与现代税法[M].植根法学丛书编辑室编辑,2005.

[96] 胡怡建.税收学[M].上海：上海财经大学出版社,2004.

[97] 陈少英.税法学教程[M].北京：北京大学出版社,2005.

[98] 施正文.税收程序法论——监控征税权运行的法理与立法研究[M].北京：北京大学出版社,2003.

[99] 刘佐.中国税制概览[M].北京：经济科学出版社,2010.

[100] 陈红彦.跨国股息征税问题研究[M].北京：科学出版社,2011.

[101] 刘继虎.法律视角下的信托所得税制——以民事信托所得课税为中心[M].北京：北京大学出版社,2012.

[102] 蔡连增.美国联邦所得税法外国税收抵免制度研究[M].北京：科学出版社,2011.

[103] 林德木.美国联邦公司并购税收制度研究[M].北京：科学出版社,2010.

[104] 龙卫球.民法总论[M].北京：中国法制出版社,2002.

[105] 陈小文.行政法的哲学基础[M].2版.北京：北京大学出版社,2009.

[106] 全国人大常委会法制工作委员会民法室.中华人民共和国物权法条文说明、立法理由及相关规定[M].北京：北京大学出版社,2007.

[107] 盖地.税务会计研究[M].北京：中国金融出版社,2005.

[108] 董树奎,孙瑞标.税收制度与企业会计制度差异分析及协调[M].北京：中国财政经济出版社,2003.

[109] 谭立,张苏彤.法务（司法）会计前沿问题[M].北京：中国时代经济出版社,2009.

[110] 朱为群.消费课税的经济分析[M].上海：上海财经大学出版社,2000.

[111] 范如国.制度演化及其复杂性[M].北京：科学出版社,2011.

[112] 杨永福.规则的分析与建构[M].中山：中山大学出版社,2004.

[113] 李霞.波斯纳：法律的经济分析[M].哈尔滨：黑龙江大学出版社,2009.

[114] 卢现祥.西方新制度经济学[M].北京：中国发展出版社,1996.

[115] 甘行琼.西方财税思想史[M].北京：中国财政经济出版社,2007.

[116] 龚辉文.后金融危机时代——世界税收政策比较研究[M].北京：中国税务出版社,2012.

[117] 曹立瀛.西方财政理论与政策[M].北京：中国财政经济出版社,1995.

三、外文文献及译作

[118] 〔美〕E.博登海默.法理学：法律哲学与法律方法[M].邓正来,译.北京：中国政法大学出版社,2010.

[119] 〔英〕约瑟夫·拉兹.法律体系的概念[M].吴玉章,译.北京：中国法制出版社,2003.

[120] 〔日〕北野弘久.日本税法学原论[M].5版,郭美松,陈刚,译.北京：中国检察出版社,2008.

[121] 〔美〕维克多·瑟仁伊.比较税法[M].丁一,译.北京：北京大学出版社,2006.

[122] 〔美〕大卫·D·弗里德曼.经济学语境下的法律规则[M].杨欣欣,译.北京：法律出版社,2004.

[123] 〔美〕戴维·L·维默.制度设计[M].费方域,朱宝钦,译.北京：上海财经大学出版社,2004.

[124] 〔美〕斯蒂芬·R·小刘易斯.寻求发展的税收：原则与应用[M].谢学智,郭庆旺,译.北京：中国财政经济出版社,1998.

[125] 〔美〕戴维·罗默.高级宏观经济学[M].北京：商务印书馆,1999.

[126] 〔美〕哈维·S·罗森.财政学第4版.平新乔,董勤发,杨月芳,等,译.北京：中国人民大学出版社,2000.

[127] 〔美〕詹姆斯·M·布坎南.宪法秩序的经济学与伦理学[M].朱泱,等,译.北京：商务印书馆,2008.

[128] 〔英〕弗里德里希·冯·哈耶克.自由秩序原理[M].邓正来,译.北京：三联书

店,1998.

[129] 〔美〕罗纳德·哈里·科斯. 企业、市场与法律[M]. 盛洪,陈郁,译. 上海：上海三联书店,2009.

[130] 〔美〕詹姆斯·布坎南. 立宪经济学[M]. 盛洪,主编,北京：北京大学出版社,2003.

[131] 〔美〕罗伊·罗哈吉. 国际税法基础[M]. 林海宁,范文祥,译. 北京：北京大学出版社,2006.

[132] 〔美〕罗纳德·德沃金. 原则问题[M]. 张国清,译. 南京：江苏人民出版社,2012.

[133] 〔荷〕杰克·J·弗罗门. 经济演化——探究新制度经济学的理论基础[M]. 李振明,等,译. 北京：经济科学出版社,2003.

[134] 〔美〕S. P. Kothari,等. 当代会计研究——综述与评论[M]. 辛宇,等,译. 北京：中国人民大学出版社,2009.

[135] 〔英〕弗里德利希·冯·哈耶克. 通往奴役之路[M]. 王明毅,冯兴元,译. 北京：中国社会科学出版社,1997.

[136] BORIS I B. Fundamentals of International Taxation/U. S. Taxation of Foreign Income and Foreign Taxpayers, Thomson Reuters, 2009：65 - 45,65 - 48.

[137] STEVEN A B, KIRK J S. Business Tax Stories, Foundation Press, 2005：105 -132.

[138] MICHAEL J G, DEBORAH H S. Federal Income Taxation/ Principles and Policies. Foundation Press,340.

[139] BEN J H, JENNY E L. Tax Policy, the Macroeconomy, and Intergenerational Distribution,IMF Staff Papers, 49(1).

[140] DANIEL J L. Selected Federal Taxation—Statutes And Regulaitons, West, 2010.

[141] Nobes C W. A Judgmental International Classification of Financial Reporting Practices. Jounal of Business & Accounting, 1983,10：1 - 19.

[142] JOSEOH B. DARBY Ⅲ. *Practical Gudie To Mergers. Acquisitiongs and Business Sales*, CCH a Wolters Kluwer Business, 2006：179 - 181.

[143] MICHAEL J GRAETZ, DEBORAH H S. Federal Income Taxation—Principles And Policies(Six the Edition). Foundation Press, 2009.

[144] CAMILLA E W. Tax Procedure And Tax Fraud, Thomson/West, 2006.

后　记

　　我首先要感谢我的导师廖益新教授,导师那百科全书式的精准与广博永远让我仰之弥高,钻之弥坚。更让我终生受益的是,导师永远是那样谦和,我甚至不记得导师有过急促的语气,这份修为,常常在我工作急躁之时,卓尔于前,虽不能及但心向往之。

　　其次,我要感谢王全兴教授、单飞跃教授、刘水灵教授、张军旗教授,以及公共管理学院的朱为群教授,你们都是一群思维活跃且独特的人,上你们的课、和你们交谈,不仅仅是一种启益,而是一种享受。另外,需要特别感谢的是周仲飞教授、郑少华教授,没有你们的鼓励与督促,我几乎没有勇气去探索基础理论问题。

　　当然,我不得不提起我的同仁。记得1996年撰写关于"并购"的硕士论文时,就感受到了税务问题是并购环节中充满挑战的荆棘地带。由此联想,税务律师一定是一个充满前景的职业。在随后的律师职业生涯中,虽终日奔忙于生计,仍幻想着有一天中国也会有自己的税务律师。难以逆料的是,在上海这块土地上,幻想和现实总是切换得太快。2000年的一天,几个同仁一合议,我们就开始以税务律师自居了,那时也不知道我们算不算国内第一支税务律师团队,但我们创建的国内第一个税务律师网站却是真切的。在印象中,第一个税案便是从网上来的,虽只有几百元的收费,但着实让我们兴奋了很多天,即使今天承接惊天税案,也找不回当年的感觉。所谓"一失足成千古恨",我们这些人的青春就这样洒在了税务律师的拓荒路上了。一路苟且,偶有拾遗,遂成此书。因而,我要感谢那些与我一路走来的同仁,我们的苦与乐是相通的。

　　长期浸淫于税收法律实务,其他案子越来越不会办了,本想破罐子破摔,就这么堕落下去,一睡(税)不醒。不曾想,在睡(税)梦中也不安神,那些往往返返的事、出出没没的魂、反反复复的文着实让人困顿,非长袖者,岂能舞耶? 欲旁观之,却不能自拔于梦魇,唯随梦而游,且梦且醉。某日,游至安徽琅琊山,梦醒,乃因山中有文:醉能同其乐,醒能述以文者,太守也。果能述之以文,岂能不谢同乐之人?

或许,每一份论文背后,总有家人的付出,但也是在这个过程中,为文者被宠坏了脾性,现在是该矫正的时候了。